U0907575

节目主持
批评学

战 迪　叶昌前　著

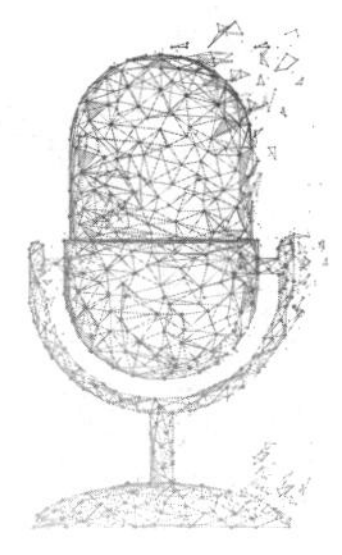

中国大百科全书出版社

图书在版编目（CIP）数据

节目主持批评学/战迪，叶昌前著．—北京：中国大百科全书出版社，2020.1
（深圳大学新闻传播学前沿文库）
ISBN 978-7-5202-0655-6

Ⅰ.①节… Ⅱ.①战…②叶… Ⅲ.①节目主持人—批评
Ⅳ.①G222.2

中国版本图书馆CIP数据核字（2019）第279264号

出 版 人 刘国辉
策 划 人 曾 辉
责任编辑 帖慧祯
封面设计 乔智炜
责任印制 常晓迪
出版发行 中国大百科全书出版社
地　　址 北京市阜成门北大街17号 **邮政编码** 100037
电　　话 010-88390636
网　　址 http://www.ecph.com.cn
印　　刷 北京地大彩印有限公司
开　　本 710毫米×1000毫米 1/16
印　　张 22.75
字　　数 251千字
印　　次 2019年12月第1版 2019年12月第1次印刷
书　　号 ISBN 978-7-5202-0655-6
定　　价 68.00元

本书系广东省教育厅重点平台及科研项目
“特色创新类项目（教育科研类）
《播音主持教育中的学科批评观建设研究》
（2015GXJK127）”最终成果

序

常江

长期以来，播音主持在新闻传播学和广播电视学领域始终处于较为尴尬的位置。一方面，没有人否认播音主持是新闻、广电行业最重要的实践形式之一，这种实践也造就了该行业最具社会显著度和关注度的职业人群，进而反过来有力地界定了行业自身。另一方面，对播音主持实践的学术研究却长期处于能见度极低的状态，不但难以与主流新闻传播学研究体系“汇合”，而且动辄被贴上“有术无学”的标签，在学术生产的边缘地带徘徊。

战迪和叶昌前两位老师合著的《节目主持批评学》就是提升播音主持研究的理论能见度的重要尝试。该书以一种兼容社会科学分析框架和人文科学批评框架的体系，分别从史论、本体论、主体论和话语论等多个维度，建构了一个对播音主持实践进行批判性考察的概念基础。尤其难能可贵的是，两位作者对影响新闻传播行业的新技术和新生态也有着充分的考量，对融媒体环境催生的评价体系多元化的需求，以及机器人主播带来的传播认知与信息伦理问题，都展开了深入的论述。全书落脚在播音主持实践与时代文化、大众审美以及新闻教育之间的关系上，两位作者以一种开放的思路，对播音主持实践介入社会变迁的路径作出了展望，既有“脚踏实地”的学理依据，也有“仰望星空”的价值关怀。

作为一部理论著作，本书与一些同类、同名著作最显著的不同，在于它跟一线行业实践之间的“无缝对接”。战迪博士在进入学界之前，曾是中央电视台的知名新闻主播，拥有丰富的实践经验，并据此展开了大量有价值的行业观察。这使得本书自始至终保持着鲜明的问题意识，其对节目主持实践的批评也建立在牢固的经验基础和逻辑基础之上。

新闻传播学是一个十分特殊的学科，其理论的发展既要坚持开拓新的疆土，也须不断针对现有的行业实践模式推陈出新。在社会科学领域，没有哪一个学科如新闻传播学这样将塑造、培育理想的从业者和理想的行业生态作为学科发展的核心理念，也没有哪个学科如新闻传播学这样坚持在对各种前沿的、流行的、交叉的话语的接合（articulation）之中反复重塑自己的价值地图。很多时候，一个议题的研究价值并不由其自身的外在属性所昭显，而更多要依靠学者们的想象力和责任感。这既是新闻传播学的疲劳之处，同时也是它的迷人之处。

我期望战迪、叶昌前两位老师的这部诚意之作在学界产生良好反响之余，能够启发更多优秀的同仁用自己的学术实践去丰富新闻传播学的光谱，不负时代，不负初衷。

（作者系深圳大学传播学院特聘教授、博士生导师）

目录

序 / 1

绪论 / 1

第一节　研究的目的和意义 / 3

第二节　研究现状和文献综述 / 7

第三节　研究重点、思路与方法 / 10

一、研究重点 / 10

二、研究思路和方法 / 10

第一章　节目主持批评学概说 / 13

第一节　节目主持批评的学理界定 / 16

一、节目主持批评的定义 / 16

二、节目主持批评的类别 / 21

三、节目主持批评与节目主持理论、节目主持发展史的关系 / 24

第二节　节目主持批评的目的与功能 / 25
一、在与业界对话中提升实践品质 / 27
二、在与受众共享、互动中提升鉴赏品味 / 33
三、在与研究者探讨、商榷中凝聚学界共识 / 37
第三节　节目主持批评的特征 / 43
一、紧扣业态的针对性 / 44
二、价值引导的诠释性 / 46
三、消费文化语境的规约性与文化包容的多元性 / 48
第四节　节目主持批评的范式理论 / 58
一、节目主持批评研究的四大范式 / 59
二、节目主持批评研究的学术规范 / 65

第二章　节目主持批评的历史观与语境观 / 67
第一节　语境意识：批评话语有效性的前提 / 70
一、“回不去的 20 世纪 80 年代”——激情燃烧的昨日世界 / 71
二、效率优先的“经济快车”
——文化冲突与价值激变的 20 世纪 90 年代 / 76
三、“公平”“均衡”“协调”的憧憬——文化重构的 21 世纪 / 80
第二节　“加势”与“去势”：当代播音主持批评的语境观 / 86
一、潜隐的智慧——政治话语的角色转向 / 86
二、天鹅绝唱——文化精英的“去势”与折冲 / 90
三、暧昧难明的文化地图
——大众文化的“加势”与文化新语境的建构 / 95

第三章　节目主持批评主体论 / 101

第一节　作为节目主持批评主体的批评家 / 104

第二节　节目主持批评家的素质构成 / 107

一、批评家的文化阅历 / 108

二、批评家的专业素养 / 111

三、批评家的思想素质 / 114

第三节　节目主持批评家主体性的科学建构 / 116

一、视角创新——小众批评与大众批评的良性互动 / 117

二、兼收并蓄——多元批评模式与方法并存 / 119

三、民主对话——批评话语空间的开放性 / 120

第四章　多维视域下的节目主持批评思想 / 123

第一节　语言中国 40 年——关于主持传播的本体批评 / 125

一、语言孕育的研究往事 / 126

二、主持就是主持 / 127

三、语言就是力量 / 130

四、“主持”研究的时代语境和本土情境 / 133

五、理论建构的思路仍在路上 / 137

第二节　文化研究批评模式 / 139

一、文化主义与节目主持批评 / 140

二、意识形态与节目主持批评 / 144

三、性别、性取向与节目主持批评 / 147

四、后现代主义与节目主持批评 / 150

第三节 社会思潮与社会责任批评模式 / 152

一、关于主持人社会责任的传播学理论支持 / 153

二、节目主持人的社会责任批评 / 155

三、节目主持人的媒介声誉管理批评 / 157

第四节 艺术实践本体批评模式 / 159

一、重提语音发声——节目主持审美重建的原点 / 159

二、再论播音主持创作——从打破经典到学院派的复归 / 166

三、也谈分类——分层批评与分类批评的批评路径 / 168

第五章 节目主持批评的理念争鸣 / 175

第一节 传媒艺术视野中节目主持多质性主调的重建 / 177

一、文化溯源视域下的节目主持性质寻根 / 178

二、多元语用格局下的节目主持性质省察 / 182

三、为节目主持实践“艺术化言语传播”主调正名 / 184

第二节 “新阐释时代”电视节目主持人的文化选择 / 186

一、从“阐释时代”到“新阐释时代”的话语方式转型 / 186

二、“新阐释时代”电视节目主持人的媒介角色 / 190

三、电视节目主持人文化自觉意识的科学构建 / 193

第三节 消费文化语境下节目主持艺术语言传播观 / 196

一、播音语言口语化 / 197

二、主持语言时尚化 / 202

三、配音语言多元化 / 205

第四节 当代电视节目主持人的明星文化批评 / 207

一、电视节目主持人明星文化溯源 / 208

二、明星主持现象折射出的时代风尚 / 211

三、明星主持现象折射出的青年文化性 / 215

第六章 选择的批评

——对中国节目主持学科理论与实践的反思与追问 / 219

第一节 时代的发展与话语制度的规约 / 221

一、概念的边界 / 221

二、时代的发展与语言的解放 / 223

三、主持人——一种新型话语制度 / 225

第二节 以人为本、“学”“术”并重的学科理念 / 227

一、“主持”提供了一种对人的构想 / 227

二、主持文本的叙述视角 / 228

三、学科之痛 / 229

四、实践读本 vs. 理论塑形 / 230

五、迷惘与遐思 / 233

第三节 理论之痒与教育之殇 / 237

一、主持学科的理论失语症 / 237

二、主持人培养模式的深层症候 / 239

三、期待启蒙、迎接挑战——节目主持学科批评的世纪之问 / 241

第七章　融媒体时代节目主持批评的价值取向 / 251

第一节　主播的迷雾与主持的悲情

——2016“直播元年”网络主播引发的批评联想 / 253

一、网络世界：直播 + 主播 = 传播？ / 254

二、网络主播的看点和痛点 / 255

三、节目主持研究的新拐点——构造而非规则 / 259

四、主流与边缘的关系问题 / 263

五、主持艺术：是素质教育还是技能培养？ / 265

六、职业操守和专业精神：永不过时的话题 / 267

第二节　新媒体新主持

——新传播模式下主持方式变迁与发展之批评 / 268

一、主持在传受之间 / 269

二、主持个性的新媒体化 / 271

三、公共话语的代言者 / 274

第三节　面对机器人主播

——人工智能时代主持人准备好了吗 / 276

一、又一次工业革命催生媒体变革 / 277

二、技术之殇——人性的博弈 / 280

三、以人为本的传播定律——认知 + 体验 / 286

四、科技之问——技术决定论与人本主义的博弈 / 288

五、人与机器和谐共享——创造传播价值 / 291

第八章　节目主持批评的书写实践 / 293

第一节　主持批评作者论

——“质傲霜清、中国气派”董卿主持艺术圈点 / 295

一、化茧成蝶的华丽蜕变 / 295

二、传必求通的沟通之道 / 297

三、“文以载道”的思想蕴藉 / 300

四、“和而不同”的艺术语言审美张力 / 302

第二节　主持批评现象论

——年龄的尴尬：由李瑞英、张宏民告别《新闻联播》引发的学理思考 / 304

第三节　主持批评文化论

——春晚主持人的审美流变及其文化隐喻 / 312

一、审美范式的转换：从意识形态的神话到全民娱乐的对话 / 313

二、文化隐喻的时代映现：从家国情怀到娱乐新感性 / 317

三、想象的共同体：回归传统的“原点”与人文精神的提升 / 319

第四节　主持批评学理论

——符号学视域下电视节目主持人的文化想象 / 322

一、作为符号的电视节目主持人 / 322

二、“主持人符号”的意义生产机制 / 327

三、“主持人符号”的价值与功能实现 / 329

第五节　主持批评教育论

——节目主持教学中新闻播音的“把杆效应” / 332

一、新闻播音“把杆效应”的学理阐释 / 333

二、新闻播音“把杆效应”的实践运用 / 335

主要参考文献 / 339

后记 / 347

绪论

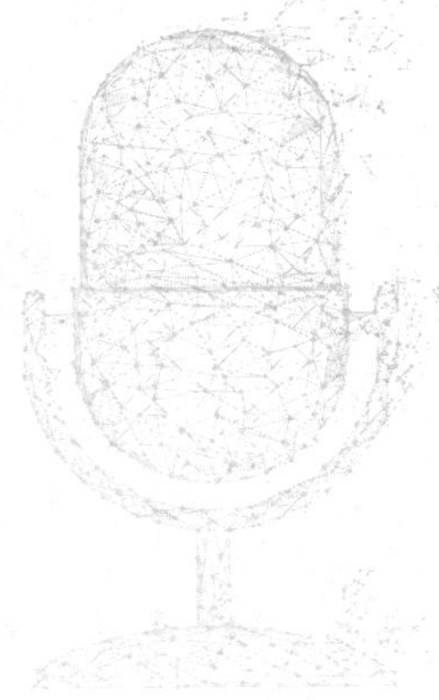

第一节　研究的目的和意义

截至目前，全国主持人队伍已达到近十万人。尽管数量上今非昔比，但“相对过剩”与“结构性短缺”共同构成了当下广电业界的尴尬景象。此外，主持人队伍的思想觉悟、政策水平、价值观念、业务能力等方面参差不齐，很多现实问题亟待解决。

基于融媒体时代的“互联网基因”，非学理性批评的场域热闹非凡。近年来，关于中央电视台主持人跳槽、离职，传统媒体主持人抢滩社交媒体，两会上有代表委员建议《新闻联播》换脸，《中国式新闻主播：不是演员、胜似演员》一文引发的公众讨论等，一系列热点话题在网络空间中持续发酵，显示出了公众对主持人群体关注的热情丝毫没有降温。与此形成鲜明比照的是，“有热点，无前沿”的现象仍旧是当下学界的一大症候。有学者坦言，节目主持批评进入了“理论的冬天”，学理性批评的声音渐趋落寞。因此，厘清当代主持批评的动态与趋向，建构行之有效的学理性批评理论势在必行。

就整个节目主持学科发展而言，权威批评理论的缺失无疑是学科建设的极大遗憾。总之，没有科学的批评范式，就没有科学的管理；没有科学的管理，就没有科学的判断和决策，就会滋生理论盲点。而对节目主持批评理论建设的研究则是“务虚”研究与“务实”

研究的有机融合。

相较于其他成熟的学科门类，节目主持艺术的研究尚显年轻。如果从1940年中国人民广播诞生之日算起，至今不过70余年，即便是从20世纪我国第一家广播电台创办算起，也不过100年的历史。这与其上位学科新闻与传播学几个世纪的传承比较而言，差距立显。

中华人民共和国成立后，特别是21世纪以来，伴随着电子传媒行业的快速发展，信息时代的列车风驰电掣。在现代化进程不断加快与跨文化交流日趋频繁的双重语境之下，社会人文心理发生了激烈的震荡，文化观念在器物层面、精神层面、制度层面都发生了结构性裂变。这些社会思潮在传媒行业中得到了集中体现。尽管受到新媒体和社交媒体的冲击，近期关于当下广播电视传媒公信力的研究表明，电视仍旧是受众最信任的传媒渠道，几乎61.9%的被访者对此持认同观点。[①]作为广播电视媒介与观众之间的桥梁、纽带、中介之序，节目主持人不仅扮演着传媒行业“把关人”的角色，也在受众潜意识的期待“视界”中充当了“舆论领袖”的重要角色。因此，对节目主持艺术研究的重视程度恰恰折射出学界对电子传媒行业文化体认的深度。

节目主持艺术研究以播音业务研究为发端，在总结老一辈无产阶级播音艺术家艺术实践的基础上，借鉴了声乐、曲艺等相关艺术门类的学理经验，诞生了一批相对成形的理论著述。例如，齐越的《献给祖国的声音》、徐恒的《播音发声学》、张颂的《播音语言通

---

① 数据转引自雷跃捷、刘学义、段鹏、沈浩等：《广播电视传媒公信力研究》，社会科学文献出版社2013年版，第123页。

论》《播音创作基础》、吴郁的《播音学简明教程》、姚喜双的《播音学概论》等。这些论著在传承播音业务传统的过程中，归纳、总结、提炼出带有规律性的学理认知，时至今日，其思想仍旧在业内广泛传播。在众多著述中，已故张颂教授主编的《中国播音学》被视为集大成的扛鼎之作，出版十余年来，已经成为国内该学科普遍认同的基础性教材，其研究视角、方法与态度体系，成为构架起播音主持艺术学科的重要基础理论范式之一。

作为一门年轻的学科，节目主持艺术研究具有独特的本体性规律，但毕竟还有待完善和拓展。播音主持创作基于其实践性、形象性、音声性、多质性等特点，给学理总结带来了相当大的难度，其间分歧不断、争鸣不息。将具象化的声音、图像描摹为抽象的文字语言，不易；将转瞬即逝的文化现象勾勒为富于规律性的本行业文化地图，不易；将只可意会不可言传的个性表征转化为审美体认，不易；将跨学科、交叉学科的集合点准确定位，不易。于是，节目主持艺术的研究与广播电视行业的日新月异同行，研究中，离散性的、富于洞见的个体化言说居多，而任何一点同一性共识的达成都显得举步维艰。

20 世纪 90 年代中后期以降，随着主持人队伍的广泛兴起，主持人文化研究引起了学界的充分关注，一大批新观点、新主张层出不穷。以原北京广播学院（现中国传媒大学）播音主持艺术学院为代表的传统学派坚持捍卫播音语言本体论，进而提出播音主持一体论和播音主持涵盖论。而以白谦诚为代表的新锐学派则坚决主张替代论，意为播音员时代已一去不复返，播音员终将为主持人所替代。与此同时，播音主持传播是单向传播亦或双向传播、播音员和主持人是否需要表演、节目主持人的起源问题等，不一而足，引起了研究者的广泛热议。理论交锋此起彼伏，你方唱罢我登场，学界与业界的专家各自秉承着自己的学术立场和理论主张，相持不下。

时代跨越至21世纪，论而不争的话题被暂时搁置，在求同存异的基础上，诸多后起学者借时代发展的东风，凭借各自的学科优势，以跨学科、跨文化的视野拓宽了节目主持艺术研究视域。以广州大学应天常教授为代表的学者从交叉学科的视角出发，独辟蹊径，开创了节目主持研究的南方学派。其专著《节目主持人通论》《节目主持语用学》等将语言学、社会学理论同节目主持艺术研究相对接，其扎实的论证、严谨的态度和鞭辟入里的观点获得了学界的赞许；南京师范大学毕一鸣教授、中国人民大学高贵武副教授则从传播学视域切入，分别出版了专著《语言与传播——广播电视播音与主持艺术新论》《主持传播学概论》；上海戏剧学院吴洪林教授将影视戏剧表演艺术的相关理论与训练方法同主持人培养相勾连，出版了专著《主持艺术》；吉林大学文学院孔朝蓬教授、施斌副教授领衔的团队依托本学院深厚的历史文学底蕴，重新编写了“广播电视播音主持艺术”系列教材，以史论中介、价值趋附、经验认同为研究方法，为节目主持艺术的基础理论研究添砖加瓦。

与此同时，以中国传媒大学播音主持艺术学院为代表的传统精英学派不甘寂寞，相继推出了《朗读学》《朗读美学》《语言和谐艺术论》《中国电视节目主持人文化影响力研究》等一大批著作，其学术脉络的传承性与创新性可见一斑。

多元共存的研究格局创造出一个又一个的学术阵地。然而，在百花齐放的繁华中我们也看到了乱象纷呈的尴尬景观。一些局外学者不明就里，仅靠一腔热忱盲目发表主张的现象屡见不鲜。近年来，在国内新闻及广播电视的核心期刊中，很大一部分关于播音主持的文章令人遗憾。要么停留在感想式、印象式的点评层面；要么作简单的业务总结，学理深度扁平化；要么以花哨的新鲜理论作浮夸式的学术包装，落实到具体问题上，则蜻蜓点水，浮华掠影，核心价值缺失。

作为一门独立的学科，节目主持艺术的研究呼唤理论创新，期待百家争鸣，但也亟须坦诚的基础研究。在过去的几十年中，播音与主持艺术集纳了相关学科的既有研究成果，也正在形成基本的研究方法。当然，受到学科发展的时间和规模等因素的限制，完备的理论体系尚未成形，原有的理论框架中还有很多偏颇之处有待修正，很多细节有待完善。因此，建立相对统一的批评理论范式势在必行，这也是学科发展的内在要求。

第二节　研究现状和文献综述

在哲学社会科学领域中，任何一门学科至少包含学科发展史、学科核心理论和学科批评理论三部分内容。节目主持艺术发展至今，其学科发展史得到了学界的公认，也具备了相对自足的理论体系。然而，关于本学科批评理论的研究却显得相当薄弱。进一步讲，对本学科学界主流批评话语及相关流派的了解与征用还有待拓展，对人文社会科学批评方法的认知尚嫌不足。

在节目主持批评研究的发展历程中，从行业内部的口头、书面批评到受众、非专业机构的“非学理性”批评，直至今天“学理性”批评范式科学构建的愿景，不难窥见，批评形态的发展本身就是一种值得研究的发生学变迁史。严格意义上来说，节目主持批评与节目主持创作活动同时诞生，甚至互为因果，都根植于意识同源的互动性。

时下，关于节目主持艺术批评的研究散见于各家学人的相关著述和学术论文当中，细加辨析，同一性重复阐释居多，鹤立鸡群的真知灼见鲜见；感想式、印象式业务总结居多，学理抽象和挖掘深度有限；哗众取宠的学术包装居多，扎实稳健的跨学科学术视域融合不足。究其根本，是批评理论研究科学性与真理性的缺失。国内批评建构普遍缺乏整体感和系统性，导致批评的缺血和营养不良。

21 世纪仍有部分理论工作者正为此而付出不懈努力，并在其著述中彰显出扎实的学理光芒。例如，老一辈播音主持教育专家张颂教授领衔创作的经典著作《语言和谐艺术论——广播电视语言传播的品味与导向》一书，深入探讨了媒介语言的传播规律，提出“整体和谐”的文化批评观；广州大学应天常教授在其《节目主持人通论》《节目主持语用学》中专门辟出章节对中西方节目主持人的素质、口语修辞展开跨文化比较批评；中国人民大学高贵武副教授在其专著《主持传播学概论》《主持人评价与管理》中从人力资源和品牌管理的维度进行批评探究；南京师范大学毕一鸣教授在《语言与传播——广播电视播音与主持艺术新论》中对主持人舆论引导艺术展开深入反思。又如，笔者依托所主持的科研项目，于《中国电视》《中国广播电视学刊》《电视研究》《编辑之友》等权威学术刊物中发表的系列论文，出版的专著《播音与主持艺术批评》等，都是针对当下节目主持人的创作现状与规律而衍生的学理性批评，旨在从理论上廓清一些认知上的误区，建立批评的“新常态”。

在科研项目方面，中央电视台总编室研究处于2003年8月立项、2007年结项的课题《CCTV主持人屏幕形象管理对策研究》，从实践的角度对主持人的屏幕形象加以权威规范，其标杆效应不言而喻；中国传媒大学所承担的国家社科基金项目《电视节目主持人的综合素质研究》更是从一手材料中梳理出当下电视节目主持人的素质状况，并提出科学规范方案；中国传媒大学播音主持艺术学院曾志华教授基于北京市社会科学理论著作出版基金的支持，出版了专著《中国电视节目主持人文化影响力研究》。书中将“软实力”界定为主持人文化影响力的特别属性，同时，将打造精品、成就经典主持人视为实现主持人文化影响力的时代使命。

本研究试图从节目主持艺术批评的“科学共同体”视域出发，以史论中介、价值趋附、经验认同为基本原则，科学归纳出四大批评范式：技术艺术基础论、社会文化传播本体论、主流意识形态决定论、传播主体文本阐释论，并在此基础上进行拓展和延伸。

此外，我们有必要将节目主持艺术批评作为一个特定的学术领域加以研究，而相关学者则可被视为学术共同体中的成员，在特定的圈层中，他们的批评成果可以被纳入相应的理论范式展开探讨。因此，构建节目主持批评的动态批评系统，既是管理部门规范、监督播音主持从业活动的有效手段，也是促进电子媒介传播能力的实现途径，既可以赋予相关人才商业化的价值尺度，也可以对他们的文化、艺术、思想价值进行必要的品性度量。

第三节　研究重点、思路与方法

一、研究重点

当下学界，关于节目主持批评的界定尚无定论，对于任何一门应用学科的研究，科学性与真理性都应当被置于首位，节目主持艺术的研究理论既要有丰富的阐释力、预测力，也要有强大的实用性。节目主持艺术批评研究固然需要在不断批判与自我批判中建构起符合学科发展内在逻辑的理论范式，更期待着各家学人在视野不断拓展、理论不断夯实的基础上寻求科学有效的范式转型动力。

相较于同类研究，本课题的主要观点和创新之处表现为：

1. 系统分析、鉴赏、识别当下火热的播音主持从业活动，深刻意识到收视的成功也许仅仅意味着产业的胜利，而非文化艺术品性的胜利。

2. 本研究将节目主持艺术批评作为一项专门史加以研究。打破学界批评写作的惯常框架思路，从横切面上把握批评理论研究的历史情境和整体面貌，力求在交叉学科视域融合中将本研究朝纵深化、立体化延展。

二、研究思路和方法

1. 本研究将启用“现象—系统—模式”的研究范式，将节目主持批评理论研究置于广阔的社会文化系统之中，从生态学的功能依存关系（relationship of functional interdependence）和动态平衡关系

（relationship of dynamic equilibrium）出发，深入剖析困扰学界的机制难题，避免了只见树木不见森林、耽于冗长琐事叙述的弊端。

2. 借鉴汤恩比（Toynbee）的“挑战—回应式”阐释方式，以跳跃性思维准确推断，力求使论断做到有的放矢和清晰简明。

3. 对业界、学界相关专家进行深度焦点访谈，总结权威论断。

第一章

节目主持批评学概说

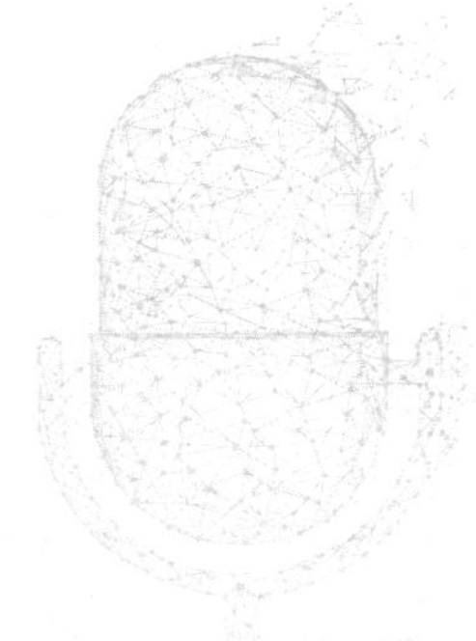

就学科分类而言，播音与主持艺术既属于一级学科新闻学与传播学的分支学科，也在教育部学科体系中被划归为戏剧与影视学的下属学科。其交叉性、综合性、边缘性显而易见。该学科的诞生背景是自 1940 年 12 月 30 日中国人民广播正式开播到中华人民共和国成立，乃至 21 世纪播音员、主持人丰富的创作实践与经验总结。随着电子传媒的跨越式发展，一大批优秀的播音员、主持人及其传媒文化现象被广泛关注，而学界中重量级的专家、学者及其夯实的理论著述也应运而生、不断涌现。每年数以万计的有志青年纷纷报考国内各大院校的播音主持专业更成为了中国高等教育招考中一道靓丽的风景。这一切都为播音主持艺术学科的成熟奠定了坚实的基础。播音主持艺术学科的设立不仅有助于培养更多符合现代传媒生态需求的播音员、主持人，建构播音主持队伍的评价体系，更丰富了媒介文化的内涵，拓展和完善了具有中国特色的传媒批评系统。

节目主持批评无疑是媒介批评的若干分支之一。媒介批评概念最早于 20 世纪 90 年代中期传入我国内地。21 世纪以来，关于媒介批评的各种研究渐入门庭，诞生了一系列相关著述，学界对一些基础性概念、理论和研究方法也基本达成共识。然而令人遗憾的是，学界对电子传媒的重要组成部分之一，即中国特有的学科门类——节目主持艺术的批评理论研究却显得相当薄弱。进一步讲，学界对播音主持学界主流批评话语及相关流派的了解与征用还有待拓展；对科学批评方法的认知尚有不足。本章中，笔者将针对当下节目主持批评研究学理建设的若干基础性问题展开探讨，细致厘清该领域批评的概念、源起、理论与方法论标准等问题，以一孔之见来带动更加深入的理论建设。

第一节　节目主持批评的学理界定

一、节目主持批评的定义

近年来，媒介批评已然成为新闻传播学界的一大显学，“新闻批评”“传媒批评”“媒介评论”等，不一而足。在西方学界，因为“媒介批评”属于一个总括性的称谓，因此其涵括的领域也最为开放，应用范围极广，理论框架也相当成熟。但具体而言，其概念称谓也多种多样，如新闻批评、出版批评、大众传播批评、媒介批评。就专门著作来说，沃里克（Orlik）的《电子媒介批评：应用的视角》、伯格（Berger）的《媒介分析方法》、艾伦（Allen）的《电视与当代批评理论》等，体现了西方媒介批评研究格局的深度和广度，同时也被译成多国文字，特别是对我国学界的媒介批评产生了一定的影响。值得一提的是，这些著作中多有对电子传媒行业中担纲重要传播职能的节目主持人的评介文字。

毋庸讳言，节目主持批评是媒介批评的一个子系统，但对于节目主持的批评首先无法跳脱对于“批评”二字的学理分析。然而，对“批评”概念的分析也涉及丰富的语义史考证。美国文学理论家

R. 韦勒克（Wellek）就曾经认为，无法为“批评”概念“立法”。而学者菲利普·斯摩尔伍德也认为很难清晰界定“批评”的概念。事实上，对于“批评”意义“踪迹”的探寻并非羚羊挂角，无迹可寻。诚如韦勒克所言，“这个词在十九世纪和当代完全是被当做康德的批判哲学术语来使用的”[①]。那么，立足于康德（Kant）的批判哲学思想，可以发现，“批评”是一种人文反思，带有深切的人文关怀思想，在对媒介“宏大叙事”发出质询的同时，以哲学、美学、伦理学为学术武器追问媒介的功能和影响；从存在主义哲学的观念出发，我们不难发现，批评即是借由对“此在”的“解蔽”来“澄明”“存在”的本真状态；新马克思主义批评家特里·伊格尔顿（Terry Eagleton）如是说：“一切批评在某种意义上都是政治的。”[②]这与中国台湾批评学者黄新生所说的通过“否定性思考”来实现“意识启蒙”如出一辙。

可以想见，“批评”并非一元的否定性批判，它更多地带有一种评论色彩。“批评的最终指向是对渗透在整个传播过程中的利益、意识形态与权力（民族的、阶级的、种族的以及性别的）的判断、阐释与评价，它的目的是要揭开利益与权力的意识形态面纱，来实现人类的解放。”[③]在西方电子媒介发展史中，乔姆斯基（Chomsky）、艾柯（Eco）、罗兰·巴特（Roland Barthes）、布尔迪厄（Bourdieu）等学术巨擘大都是站在知识分子的精英立场对广播电视媒介展开批

---

① ［美］R. 韦勒克：《批评的诸种概念》，丁泓、余徵译，四川文艺出版社 1988 年版，第 37–43 页。

② ［英］特里·伊格尔顿：《文学原理引论》，刘峰译，文化艺术出版社 1987 年版，第 246–247 页。

③ 刘自雄：《为“媒介批评”正名》，转引自董天策：《中外媒介批评》，暨南大学出版社 2010 年版，第 7 页。

评的，其深切的历史人文关怀与意识形态色彩洋溢在批评体系的每一条轨迹当中。

基于以上分析，笔者大胆地将节目主持批评加以界定：节目主持批评是媒介批评宏观系统中的一个子系统，各家学人以特定的价值视角和理论立场为依据，对渗透在节目主持工作中的传播主体行为、节目产品、政治经济体制以及传媒消费者消费过程中的权益、意识形态等问题所进行的评介、分析、阐释、判断等活动。

笔者所言的节目主持批评显然不是感想式、印象式等随意性较强的民间非理性批评，而是专业性的学术批评。从国内外较成熟的批评实践与学术理论构建来讲，节目主持批评大致可以分为如下几种批评视角：

1. 文化研究视角

播音与主持艺术是电子传媒文化的重要组成部分之一，节目主持人所承载的文化构念完全可以被理解为大众文化话语的集中体现。因此，对节目主持批评问题的研究有必要借助大众文化研究的视域进行深入考察。

西方大众文化研究尤以诞生伯明翰学派的英国伯明翰大学“当代文化研究中心”（Center for Contemporary Cultural Studies，简称CCCS）为代表，影响最为深远。早期英国文化研究从民粹主义立场出发，呼唤文化传播的通俗性，这无疑是对传统精英式文化观念主导性的一种颠覆，否定了文化体系中森严的等级秩序。此后，文化研究学派再度向“葛兰西”理论转轨，充分肯定了受众在文化消费中的主体性地位，受众的文化消费被理解为“意义争霸”的场域。

在大众文化消费的过程中，广大受众不仅仅是意义的接受者，也是意义的建构者，在读解意义的过程中，受众也在生产某种意义，以此来书写自己的欲望、欢愉、抗争等心理诉求。

在当代社会主义中国，大众传播媒介更被赋予了“三贴近”的原则。贴近生活、贴近群众、贴近实际已经成为了当代中国新闻传播媒介的重要职责与使命。对节目主持文化现象展开批评，自然有必要考虑到主持人传播活动的通俗性、受众的文化体察、主持人的文化影响力等方面的问题，以文化研究的视角来领会当下节目主持批评的题中应有之义。

2. 文本分析视角

节目主持创作作为一种艺术文本、文化文本、权力文本，深刻依存于电子传播媒介生态当中。作为一种媒介话语实践，其艺术化的生活口语传播以“言有尽而意无穷”的审美追求强化了对传播主体表达能力的要求。“规范性、庄重性、鼓动性，亲切感、时代感、分寸感”被视为节目主持语言的基本特征，同时也是有声语言传播批评的基本标准。以此为参照系，可以大致衡量出主持语言是否能够满足大众传播的内在要求，同时，这也是衡量该文本上、中、下三品的依据所在；作为一种文化现象，节目主持人的综合话语体系传达着一定的社会风尚与时代观念。无论是中国传统文化还是西方当下的时尚潮流，无论是官方话语中的规范性传达还是民间话语的解构性诠释，都在节目主持传播中得到映射。可以肯定的是，主持传播本身就是一个充满“当下感”的文化实践；作为一种权力文本，中国当代主持实践活动某种程度上更类似于政府发言人的工作，主持人在大众传播媒介中扮演着“把关人”的重要角色，他们在乱花迷眼的信息海洋中抽取、预设、假定，坚守安全播出的最后一道关卡，将有利于公众的社会信息准确、及时、高质量、高效率地加以传播，确保国家安全、人民利益。

从文本分析视角对节目主持现象加以批评研究还可以借助西方相对成熟的社会科学理论，如符号学、精神分析学、传播学、社会学。通过对显在文本的充分思考，挖掘、凝聚出其背后暗含着的“无意识文本”，在将表层批评引向深入的过程中唤起对当下流行的社会文化思潮的冷峻反思。

3. 社会责任视角

就传播学研究而言，社会责任理论作为一种资本主义媒介规范理论，是对自由主义理论的一种修正与完善。现代社会中的社会责任理论要求：大众传播媒介因其公共性，要对社会和公众承担必要的责任和义务。此外，媒介需在现存法律和制度的范围内从事真实、准确、客观、公正的信息传播活动，在尽量提升传播品味的同时，避免引发宗教、种族矛盾。

值得强调的是，节目主持批评研究中的社会责任视角预设了这样一个前提，那就是默认了既定传播体制的合法性，不对现存政治经济体制发出质疑，并在此立场基础上考察主持人的媒介从业行为是否遵循了专业理念，履行了职业操守，是否从人民群众的根本利益出发行使舆论监督的职责，从而真正体现出媒介社会公器的价值诉求。总之，社会责任视角立足于播音主持传播者的媒介角色，专注于其传播活动所处的社会、媒介语境，对主持人的社会责任意识展开文化批评。

4. 艺术实践视角

节目主持工作是一项以艺术化的生活口语进行传播的媒介实践活动，汉语言意蕴隽永的语音、丰富多样的语汇、意义丰盈的语义决定了传播语言的审美趣味。从艺术实践视角来对播音主持语言展开批评，其核心就是考察内部语言向外部语言转化中的有效性问题。例如，表达愿望与语言思维的互逆性转换是否迅速、自然、晓畅；语言组织是否井然有序，是否丰富、精妙、灵动；有声语言传播中信息内涵的深化、外延的拓展是否能紧扣主题、控纵自如、及时调检和查漏；外部语言的语音面貌是否圆润丰满，气息是否自如运动，基调是否准确和谐，语气是否贴切生动等。简而言之，传播语言从内省到外化，“声中有情有理、有韵有致”是播音主持语言艺术化传播的至臻境界。

总之，我们需要肯定的是，作为一门口耳之学，流动的声音意象是有声语言传播永恒的艺术内核，在音声化的人文精神中充盈着汉民族源远流长的审美积淀，无论社会文化语境怎样日新月异，充满时代风尚的个性表达怎样瞬息万变，从艺术实践的视角出发，对节目主持语言展开批评，都应当遵循一种不变的文化定律，那就是中华民族有声语言所裹挟着的传统美学精神。

二、节目主持批评的类别

节目主持批评作为媒介批评的一个子系统，拥有着一般媒介批评的理论、方法、范式，但基于节目主持传播活动的特殊性，其批评类别的构念仍旧与一般性的媒介批评迥然有别。

就媒介批评的类别而言，各家学人早有丰富的讨论。学者刘晓程、王赟在梳理了大量媒介批评文本的基础上，提出了理论语境视野下的批评分类，即“社会文化批评”语境下的“媒介批评”；“新闻传媒评论”语境下的“媒介批评”；“报刊批评与报刊审读”语境下的“媒介批评”。

学者黄新生则将媒介批评分为哲学批评、报章批评和学术批评。其中，哲学批评特指知识分子依据自身的社会观和个人的观察对大众传媒开展批评，因为不做细致而具体的文本分析，因而显得泛化、空洞。报章批评则以大众化报刊、杂志为载体，开展专栏、随笔、评论一类的文化批评。此类批评模式更容易唤起受众的共鸣，但常常被时效性绑架，难于深入。此外，报章批评也很有可能被利益集团所利用，成为变相商业炒作的温床。作为高校和科研院所专业学者的工作范畴，学术批评则深入、具体而细致，常常会激发学界的深思和热议。然而，学术批评的圈层过于狭窄，仅限于学者内部，小众批评的影响力也仅仅局限于知识界，难于获得广泛的社会影响，指导一线实践的力度也十分有限。

20 世纪 90 年代以来，中国文化批评界将国内思想文化领域的作品分为官方主导文化、大众文化和精英文化三类。伴随着市民社会的全面铺展，大众文化成为了最具普适性、影响力的文化方向。作为电子传媒的显在符码表征，节目主持人显然是大众文化的重要形态之一。而大众文化区别于主导文化和精英文化的最大特点莫过于读解的通识性。即便是普罗大众，也可以轻松分辨出主持人的水平高下。也正是因为这样，在主持人批评的理论构建，特别是在批评类别的视域中，有必要打通大众批评与小众批评，官方批评、媒介批评、业界批评与学界批评的隔阂，在视域融合中锁定其价值归属和文化、艺术品性。客观而言，仅就批评现状来说，对于节目主持的批评可以分为非学理性批评和学理性批评两类。前者带有明显的民间属性，如受众间的口耳相传，网友在互联网论坛和社交媒体中的评论，商业报刊、杂志中的评论、推介性文字。而后者则是专业性的评介，是业内专家、学者针对播音主持文化现象所撰写的学术批评。此前的批评研究认为，非学理性批评因其散在性、直观性、浅见性和碎片化而难以起到观点凝聚的作用，学理性批评才是主持人批评的价值标准。但随着社会思潮的平民化力量不断加剧，借助网络赋权而兴起的非整合性力量风起云涌，学理性批评中过分精英化的成分，泛伦理、道德、审美的批评谱系已经很难获得社会的广泛认同。加之互联网虚拟社区中所形成的“粉丝”力量日益壮大，作为消费者的用户体验势必将上升为主持人评价的一股集中风潮。

基于此，本研究在经典批评的理论建构上，试图以文化语境的变迁为批评话语的根基，以官方评价标准为基本立场，深入整合学理性批评和非学理性批评的价值优势，进而衍生出既能够实现多重维度下主持人价值判断的批评理念，又能够满足、适应和提升受众用户需求的批评方略。惟其如此，才能够在恪守品味、发挥功能、优化传播、满足需求的基础上不断打磨主持人的价值内涵，在此基础上提升其文化影响力的作用空间。

三、节目主持批评与节目主持理论、节目主持发展史的关系

任何成熟的人文社会科学大都由学科核心理论、学科发展史和学科批评三部分构成。学科核心理论明晰了该学科的内涵与外延，指出学科研究发展的基本规律，同时标明学科的边界与作用范围。尽管学科理论并不是一个自足的体系，但相对稳定，具有很大程度上的通约性。亦如文学研究中的文学理论，就为文学发展提供了不可替代的理念支撑。张颂教授的《中国播音学》、姚喜双教授的《播音学概论》、陆锡初教授的《中国主持人节目学》、应天常教授的《节目主持语用学》等著作，共同搭建起本学科发展的综合理论框架。节目主持批评来源于播音主持核心理论，但相较而言，具有较强的独立性、个性化，或者说主观性。批评本身作为基于价值的判断，从各家学人的特定价值视角和理论立场出发，依据播音主持基本理论，给予节目主持活动以评介、分析、阐释、判断等价值观照，学科核心理论是学科批评的缘起和归宿，而稳定、成熟的批评理论将会逐渐纳入学科核心理论的范畴之中。仅就作用对象而言，学科批评大多针对动态的节目主持文化现象，这一点与学科核心理论的规律性阐释有着较大的区别。

著名历史学家庞朴曾经认为，欲了解一事物的现状和未来走向，很重要的一条路径就是研究它的历史。因此，以史为鉴，可知批评的得失。节目主持传播活动源于电子传媒的诞生，因此，西方社会中的主持人现象要早于我国，研究西方节目主持文化的发展历程对于我们立足当下，以跨文化的宏观视野展开对主持人现象的批评，有着很大的启发价值和借鉴价值。但西方历史与中国国情大相

径庭，社会发展思潮、政治文化的作用场域、传媒技术的进步程度、受众文化的族群意识等，都有着这样或那样的区别。因此，欲实现批评的科学性和有效性，就务必对中国节目主持发展史有深入的了解。不难想见，节目主持发展史的浩荡长河就是主持批评的生成背景，任何成功的批评实践，无不在历史的时空中纵横交错，锁定时代目标，准确定位批评理念。

总之，在节目主持批评发展的历程中，学科核心理论和学科发展史是必要的学术基础，缺一不可。但局限于现有理论，则会故步自封，画地为牢。因此，在节目主持批评的未来发展中，仍旧要吸纳相关学科的养分，在交叉学科、边缘学科、跨学科的视野中不断推敲、打磨，以形成圆融的学科体系。

第二节　节目主持批评的目的与功能

对于节目主持批评目的与功能的探究无疑是节目主持批评学构建中至关重要的环节，因其涉及批评体系价值的方向性问题，所以在框架搭建和细节填充中要格外谨慎。

从前文中对于批评类型、批评对象、批评多元性的宏观阐释中，我们不难看到，任何批评模式的建立都必然以不同的批评姿态为立足点，选择与之相应的批评方略，以达到特定的批评目的。就一般的文艺理论、媒介理论和影视理论批评功能而言，大多指向批评的审美功能、意识形态功能、传播功能和哲学价值等。而在本研究中，笔者试图摒弃以上视角，代之以与创作对话、与观众互动、与研究者探讨的三个维度。这样做的理由是为了坚守节目主持批评功能的独特性，防止其因边缘学科、交叉学科属性涉猎过广而带来的批评功能的随意化和泛化误区。节目主持批评的核心在于人，只有以人为本，方能令批评体系的构建根基扎实、有的放矢。

尽管随着时代观念的演变，哲学社会科学分化与交叉日益细化，人们对于节目主持工作的理解也在悄然发生变化，但仅就其批评理论而言，总有一些恒定的议题不会随社会思潮和时代风尚的历时性改变而轻易发生变化。以电影批评为例，著名理论家安德烈·巴赞（André Bazin）早在20世纪50年代就曾在《关于评论的思考》一文中指出："如果说，评论是电影的良知，那么，电影正是借助评论而对自身有了自觉意识"[①]。我国电影批评家尘无早前也曾提到："我相信没有批评，是不会有进步的。这不但电影是这样，一切文化都是这样。"[②]可以推断的是，作为播音主持艺术的分支，节目主持艺术学科的发展自然离不开与之相应的批评构念，科学、系统的批评对于节目主持艺术学科发展的自觉意识的建立具有重大的推动作用。而批评功能论的缺席，将导致该学科发展的停滞不前。"与创作对话、与观众互动、与研究者探讨"这三个维度的确立可以被视作节目主持批评功能论的基础和前提，无论何种批评理论的加盟，都无法跳出以上三个维度，只有依附在三个维度之中，并对其进行不断深入地挖掘与凝聚，节目主持批评理论的科学性、独特性和有效性才能得到完整而具体的体现，进而达成共识，指导实践。

---

① ［法］安德烈·巴赞：《关于评论的思考》，崔君衍译，载《世界电影》1986年第2期。

② 尘无：《批评和骂》，载《中华日报》1932年11月7日。

一、在与业界对话中提升实践品质

与一线创作实践对话无疑是节目主持批评功能中至关重要的内容。在我国播音主持创作发展历程中，历时性的演变与共时性的差异俯拾皆是。由于时代思潮和文化审美观念的演变，业界的创作形态当然会发生渐进式的变化，一些狂飙突进的现象也绝非偶然。与此同时，即便在同一时代，由于创作语境的差异和创作者个人的自然与社会属性迥然有别，所呈现出的媒介形象也不尽相同。事实上，与人类文化史中的美术、音乐、舞蹈、戏剧、影视等艺术形态不同，节目主持艺术起步较晚，而且尚未形成整齐划一的评介标准。往往是业界与理论界针锋相对、相互攻讦、冷眼相向。即便没有公然对抗，彼此之间漠然处之、貌合神离的现象也并不罕见。

业界曾发生过这样一件事情，某电视台在召开关于播音员、主持人的学界、业界研讨会时，某电视台一位中层领导直言不讳地指出，“当前中国传媒大学播音主持专业的教学与业界的需求严重脱轨，他们培养出的无非是毫无生气的‘肉喇叭’”。听罢，在场的一位中国传媒大学著名教授拂袖而去。这一情景令主办方十分尴尬。

也许上述案例确属例外，但一段时间以来，关于节目主持人才的培养、评价等问题，学界和业界各执一词，相持不下。不难想见，在这样的现实情境下，学界与业界间的良性互动很难达成。客观而言，播音主持界的这一状况远比文学界、戏剧界、音乐界、美术界来得复杂和紧迫。

应该说，在我国广播电视发展历程中，学界与业界的良性对话局面并非没有出现过。1978 年 12 月，十一届三中全会以后，我国的广播电视事业获得了骤变。随着北京广播学院（现中国传媒大学）播音专业的复课，无论是学生还是教师，都似久旱逢甘霖般刻苦钻研。特别是 1977、1978、1979、1980 四届学生当中，很多都已经成为了今天中央台、地方台播音主持教育领域的专家、骨干。1979 年，北京广播学院成立研究生科，正式招收播音专业的硕士研究生。这标志着我国播音主持教育从教学到科研的质的飞跃。此前，1978 年 3 月，伴随着全国科学大会的召开，郭沫若创作的《科学的春天》一文经由中央台播音员播出，感染了全国上下的民众。一时间，学科学、用科学、讲科学的热潮席卷华夏大地。与此同时，出自高校哲学教师笔下的《实践是检验真理的唯一标准》一文更是引发了社会各界的大讨论。

在这样的时代风潮下，学界与业界积极对话。1979 年，齐越教授发表了《播音创作漫谈之二》，在深入基层了解地方台、甚至广播站播音状况的基础上，齐越提出了“根基要深”“没有捷径可走”“模仿不是创造”等观点。这些理念得到了业界的一致认同。此后，齐越教授受邀在全国各地方电台、电视台巡回讲座、研讨，反响十分热烈。同一时期，播音理论工作者还翻译了一批国外相关理论著作，如《朗诵艺术》《苏联功勋播音员》，《播音创作漫谈》的一、二、三辑也相继出版。

改革开放初期，随着国家广播电影电视部的成立、第十一次全国广播电视工作会议的召开，我国广播电视事业的发展获得了前所未有的历史机遇。1981 年 8 月，第二次播音经验交流会在北京召开。学界与业界针对新闻播音主要存在的问题展开了热烈的交流和讨论。双方一致认为，为适应改革开放的需要，播音创作的方法也应当深入探索，锐意创新。大会提出的“大胆创新、百花齐放”的口号，极大地激发了从业者理论与实践的创造热情。特别值得一提的是，此次会议所探讨的一些具体问题，影响深远，直至今天仍具有重要的指导价值。例如，会议提出，在播音创作中，应当深入稿件内容，打破播读腔，“使语言口语化、生活化，克服以教育者自居的思想，满腔热情为听众服务。会议指出，新时期任务不同，播出内容不同，宣传对象不同，必须探索新的广播形式、新的播讲方法，进行恰如其分的语言表达，声情并茂，娓娓动听，使播音风格多样化，百花齐放”[①]。

这一时期，北京广播学院（现中国传媒大学）张颂教授发表了一篇题为《研究播音理论是一项紧迫的任务》的文章。张颂教授的这一文章就像是一篇战斗的檄文，又像是一声冲锋的号角，激励着理论界研究工作的奋力推进。此后的十年间，播音理论获得了长足的发展，《朗读学》（张颂）、《播音创作基础》（张颂）、《播音文体业务理论》（毕征）、《献给祖国的声音》（齐越）、《语言发声原理 语言发声练习》（李刚、陈京生）等著作如雨后春笋般出现，共同支撑了未来《中国播音学》这棵参天大树的最终形成。这些理论源于实践，指导实践，又在实践的不断变化中做出必要的调整，日益丰富和深化。如今，这其中的许多重要内容已然成为播音主持界的共识和基础认知，完全可以作为相对恒定的标准对播音主持创作展开应有的学理批评。

时代的发展与理论的提升往往不是相伴而行、比翼齐飞的，随

---

① 转引自姚喜双：《播音主持概论》，高等教育出版社2012年版，第292页。

着20世纪90年代中后期我国广播电视事业的跨越式发展，各种经典的创作理论、严谨的批评方法与价值判断反而退避三舍，因缺席而失语。对此，张颂教授曾对业界奋力疾呼："从屈指可数的明星，变为数不胜数的繁星；从定期定人的名牌节目变为千人一面的克隆节目；从庄重高雅的教化节目变为哗众取宠的娱乐节目；从朴实大方的谈话节目变为疾风暴雨的互动节目……跟随时尚和流行，追逐热闹和低俗，于是我们的主持人便陷入尴尬的境地：有时要突破道德的底线做'大众的戏子'，有时要背叛价值取向'把大众当作喽啰'。这时，主持人的文化身份已经变质，'大写的人'被缩写为'工具'。"[①]张颂教授的激烈言辞恰恰体现出他对于业界境况的心急如焚，他认为，长此以往，原本对"一专多能"的主持人的期待将背道而驰，其应有的"文化影响力"无疑将蜕变为"文化破坏力"。这不能不说是现代化传媒事业中的文化倒退。

值得一提的是，20世纪90年代中后期以来，关于节目主持批评问题，学界与业界的对话也并非全无建树。原广州大学教授应天常曾在某国内权威期刊中以《论倪萍》为题，发表了一席新锐的学术批判。之后，引发了倪萍本人大闹《现代传播》杂志社的媒介现象。此后，倪萍还自费召开学术研讨会，为自己的形象匡正。接下来，应天常教授再次撰文《再论倪萍》，将整个局势推向高潮。当时的《南方声屏报》以整版篇幅报道此事。题目赫然为"大学教授同倪萍较劲"。虽然这一事件最终不了了之，但可以看出，学界具有理

① 转引自曾志华：《中国电视节目主持人文化影响力研究》，北京大学出版社2009年版，第3页。

论锐气和批判意识的学者并不鲜见，而业界已然失去了坦然面对质疑、虚怀若谷的态度。这一方面是由于广电事业的高速发展无形中塑造了主持人的明星身份与地位，令他们产生了膨胀情绪；而另一方面，也显示出业界的浮躁与这个时代急功近利的商业化心态不谋而合。

21 世纪以来，应天常教授又先后出版了《节目主持人通论》《节目主持语用学》等学术专著，以语言学、传播学、文化学为学理武器，对主持人文化现象展开激烈的批评。他诸多鞭辟入里的学术观点被业界认可。“北有张颂，南有应天常”似乎成为了学界“坊间”盛传的认识。无论如何，尽管张颂教授与应天常教授在学理主张上存在分歧，但他们执着的治学精神和与一线对话的积极态度确实值得后人学习和效仿。

诚然，在商品大潮的冲击下，广播电视业界确实喧嚣不已，众声喧哗与空虚浮躁的心态令他们闭目为盲，塞耳为聋，不愿意接受相左的意见，并唯收听率、收视率是从。客观而言，学界自身也有亟待反思之处。学术研究对于学者而言，不仅仅是一种生存状态，更带有强烈的精神层面的认识诉求。然而，当学术研究领域中，一些非学术因素迅速攀升，居于主导地位时，引发的不仅仅是学者自身的精神品性的异化，更有着社会性的学术危机：其一，“学而优则仕”是中国的传统思想，而当一位原本出色的学者因卓越的学术造诣而身居官位的时候，严重的官本位思想和政治化思维将在无形中剥夺一位学者应有的学术良知。当某电视台邀请某高校学者出身的领导参加研讨会时，由于身份地位的限制，高校领导当然不能“信口雌黄”，于是推介性批评、捧场式批评在所难免。长此以往，原本意义重大的专家论证会、学术研讨会很可能变质为茶话会，甚至是通气会。这对于学界与业界的良性互动而言，无疑是一种资源浪费；其二，高校评价体制中对人文社会学科的过度量化导致学术研究中主体意识的缺失。学术成绩考核中对量的需要，促成了人文学科中的“浮肿”现象。原创性成果越来越少，抄袭、复制之作甚嚣尘上。此外还有不少著作基于中国传统“述而不作”思想的羁绊，俨然成为了先验理论的单一阐释。由于理论著作仅仅是对现象的总结和梳理，缺乏指导性，导致业界对学界渐渐失去信任，进而愈发促使学界“失语”。

主持批评学学者在与一线对话的过程中期待着平等的主体间交流。然而令人遗憾的是，时至今日，真正意义上的平等对话仍旧没有能够建立起来。不仅中国如此，西方社会也概莫能外。主持批评学学者要么充当了权威话语与利益集团的“阐释者”和“推介者”，要么基于意识形态的考虑，以道德训诫者或政府检察官的姿态谴责播音主持现象的“三俗”趋势。即便是有学者在充分考察大众传播理论和文化艺术理论的基础上对播音主持文化的矛盾与困惑加以批评，也很难颠覆既有的媒介运作惯例与体制。在此期间，播音主持批评学学者学术尊严沦丧的同时，更丢失了应有的学术公信力，而学术公信力的日渐消弭所带来的恐怕是思想空间的日渐萎缩。与此同时，一线的播音主持从业者和管理者往往在象征性观照意识形态规约性后，依旧我行我素，以商业化为运作规范，疯狂追逐短期利润，缺乏社会责任意识与长远的战略性眼光。于是，由于目标与行动上难以达成一致，批评研究与业界之间的良性对话格局也只能成为可望而不可及的理想境界了。

二、在与受众共享、互动中提升鉴赏品味

与受众共享和互动的播音主持批评，意图在批评主体与创作主体之外，竭力建构出作为接受主体的受众。广播电视主持人节目的传播对象是一般大众，主持人节目创办的应有之义也是从人际化的角度出发，在大众传播媒介中模拟人际传播的情态，以人格化、人际化的交际理念吸引和引导受众注意。因此，没有受众，就没有广播电视节目的生存与发展。以受众的现实需要与接受心理出发来进行播音主持批评研究，可以从受众的立场对播音主持创作进行价值与内涵的理会，同时，也可以从受众的“期待视界”中探析社会、历史与时代的文化症候。另外，如果能够建立起批评主体与接受主体之间的有效交流机制，不但有益于推动创作与批评的发展，也可以在接受美学的引导下完善影视心理学、媒介心理学的理论体系。

美学家滕守尧先生曾谈道：“对话意识是造成当代审美文化的关键。在平等自由的交流中，对话的双方进行着自身情感、经验等信息的表达、呈现和交流，并在这种交流中达到文化视野的相互融合和审美情感的共鸣，由此使自己的文化视野得以扩大，精神境界得以提升，更为重要的是，这种对话可以产生出新的审美境界。”[①]现代哲学社会学体系中接受美学的基础源自德国。20世纪六七十年代，尹塞尔（Issel）、福尔曼（Forman）、姚斯（Jauss）、普莱斯尼茨（Preisendanz）和施特里德（Strideter）五位哲学家在联邦德国南部

① 周建萍：《“期待视野”中的审美视界——接受美学视阈下的电视艺术美学取向》，载《名作欣赏》2008年第14期。

的康士坦茨，展开了关于接受美学的研究项目。其中，尤以姚斯的《试论接受美学》和《审美经验与文学阐释学》最为知名。

接受美学强调接受主体的重要性、客观性和科学性，这无疑将文学艺术的接受主体抬到极高的地位。研究者声言："不研究读者的文学科学，是不健全的文学科学，不注重读者的作家，不是优秀的作家，不关注读者的文学史家，不是全面研究文学史的专家。"[①]在姚斯看来，艺术品的审美价值绝不是客观恒定的，其意义是在读者的精神参与下完成的。此后，姚斯在接受了科学哲学家波普尔（Popper）和社会学家卡尔·麦恩海姆（Carl McEnheim）所倡导的"期待视界"理论后，提出了关于"期待视界"的具体观点，以凸显接受主体的主动性地位。"如果读者在阅读中的感受与自己的期待视界一致，读者便感到作品缺乏新意和刺激力而索然寡味。相反，作品意味大出意料之外，超出期待视野，便感到振奋，这种新体验便丰富和拓展了新的期待视界。"[②]同时，姚斯还认为，接受个体的期待视界与具体的文艺文本间存在着一段"审美距离"，而这一距离也在不断变化，即"当接收者与艺术作品中的角色距离为零时，接受者完全进入角色，无法获得审美享受；相反，当这种距离增大时，期待视界对接受的引导作用趋近为零时，接受者则对作品漠然"[③]。

可以想见，接受主体恰恰是透过文艺文本，与潜在的创作主体进行心灵的对话、灵魂的互答。文学作品如此，与其相关的其他文化艺术门类亦概莫能外。将接受美学的相关理论引入节目主持批

---

① 张首映：《西方二十世纪文论史》，北京大学出版社 2004 年版，第 267 页。

② 陈默：《电视文化学》，北京师范大学出版社 2001 年版，第 47 页。

③ 同上。

评系统中，其价值在于肯定观众、听众的接受主体地位，承认他们才是节目意义的最终决定者。批评家有必要与受众建立起共享、互动的平台和机制，寻求显在和潜在的对话。经典播音学中所强调的“情理之中，意料之外”恰恰是规约着播音主持创作应遵循一般文艺创作的规律，在合乎现实情境的基础上，以适当的、颇具新意的表达形式与技巧超越受众的期待视界，拓展新的视域空间。而时下的节目主持人，也全无必要一味俯就受众，将知心朋友的身份降格为“大众的戏子”。殊不知，恰切的心理距离才是审美意识的起点。曲高和寡与道近易从均不可取，只有在特定的审美距离下，方能使主持人与受众的“主体间性”搭建起来，产生良性互动的机制。

在接受美学的视域下明晰了受众的接受主体地位后，播音主持批评学者将在媒介文化的开放视域下开展受众研究与策划活动，充分运用定量分析与定性研究的方法，从受众收视收听的调查、播音主持创作活动的科学策划两大方面开展研究。前者强调一种统计学分析方法，从市场信息研究、大众使用媒介状况研究、收视收听报告分析角度展开探讨；而后者则主要以文化艺术学为研究取向，考量受众需求与市场定位、品牌形象的策划定位等内容。

近年来，尽管“收视率是万恶之源”的提法得到了业内很多人士的积极响应，但客观分析，以收视率作为一档电视栏目优劣的评价标准也并非全无科学依据。收视率是“收视某节目的人数（或户数）占总体观众的百分比”①。也就是说，收视率实实在在地体现了观众的取舍和好恶。套用戏剧理论中的一句谚语，“没有观众，就没有

① 刘燕南：《电视收视率解析》，北京广播学院出版社2001年版，第94页。

戏剧”，没有观众，也就没有电视的生存和发展。2002 年以降，中央电视台出台的《中央电视台栏目警示及淘汰条例》中所规定的“末位淘汰制”，就是将那些观众认可度和满意度最低的栏目淘汰出局的一种办法。此前，中央电视台的《读书》栏目尽管品味不俗，但因曲高和寡等原因，被无情淘汰。而崔永元从其钟爱的谈话节目《实话实说》中毅然离开，也与收视率在一定程度上关系密切。就像是中央电视台某位领导所说，“崔永元的去留不仅仅是崔永元本人和中央电视台领导的事，全国观众的意见和态度将成为左右这一问题的关键因素”①。可以说，收视率就是一把双刃剑，既体现了观众的价值判断，也制约了电视发展的内在平衡。但无论如何，我们可以想见，作为一种定量调查的方式，到目前为止，还没有更好的方式能够取代收视率调查，也没有一种更科学的方式能够充分反映出观众的态度、情感与愿望。

而针对观众对主持人的文化期待与情感认知的社会问卷调查也同样是学界与观众互动的定量研究方式。此前，研究者关于主持人社会属性的问卷调查、关于主持人文化影响力与吸引力的问卷调查等，都通过对具体一手数据的分析和整理，推断出观众的所思所感。在冰冷的数据背后，折射出的是观众复杂而深邃的思想构念。这些科学的数据总结对于学界建构播音主持文化批评系统具有重要的理论与实践指导价值，令学术研究更接地气，也更富于现实指涉意义。

“如果说文学作品和电视试图将读者或观众从日常生活领域中拽

---

① 《崔永元退不退出〈实话实说〉，全国观众说了算》，大众娱乐频道，ent.dzwww.com 2002 年 9 月 6 日。

出来，把他们带进一个似可信又不可信的境界，那么，商业电视则将它自身的形象、它的故事、它的产品投到观众的日常世界中去。”[①] 总之，电视话语，特别是电视媒介中的主持话语与文学作品和电影作品有很大区别，观众怎样才能够在电视意义的解读中获得快感，很大程度上有赖于播音员和主持人的言语交际行为。主持文化以个性化的张力陪伴着日常化、随意化收看着的观众，将一个个碎片化的世界角落缝合成一件“百衲衣”，一方面将观众从日常的紧张忙碌中解放出来，而另一方面也润物无声地传递出关于这个世界的文化读解，并表现出与众不同的气质魅力。

在播音主持批评体系中，研究者只有深入到观众的思想深处，并以研究主体的身份介入其中，进而产生精神层面的互动，才有可能彰显出播音主持批评功能的题中应有之义。

三、在与研究者探讨、商榷中凝聚学界共识

著名哲学社会科学家、文化学者、吉林大学张福贵教授曾坦言：“没有自由的环境就没有自由的思想，没有自由的思想就没有真正的创新，没有真正的创新就没有一流的学术，没有一流的学术就没有一流的人才，没有一流的人才就没有一流的国家。”[②] 因此，积累和重复既有思想不能促进人文社会科学的繁荣，只有在“自由与创造”的学术本质精神指引下，鼓励思想个性，保护学术叛逆，才是人文

① 李道新：《影视批评学》，北京大学出版社 2002 年版，第 109 页。

② 张福贵等：《文学史的命名与文学史观的反思》，北京大学出版社 2014 年版，第 7 页。

社会科学工作者生产高水平和高质量研究成果的关键保障。

当下的播音主持研究学界存在着同质化、低水平重复建设的理论研究症候。对业界现象的直观描述、对前人思想的趋同性解读、对既有理论的反复阐释等令学术探讨深深陷入带有严重“同构”性质的怪圈之中。当下学界中，恰恰是由于充溢着闪光点的学理主见日渐“失语”，激昂的学术辩论主体渐次“缺席”，才导致播音主持学科的论文被学界普遍轻视的现状。甚至在谈及本学科相关论文的时候，无论是戏剧与影视学科的专家还是新闻传播学科的专家都大感不屑。一些主流学术期刊编辑更是看到播音主持学科门类的论文便挠头不已。从大量数据中不难窥见，改革开放 40 年来，《中国社会科学》《新闻与传播研究》《文艺研究》等国内顶级期刊中，关于播音主持方面的文字几乎难觅踪迹，即便是在《现代传播》《国际新闻界》《新闻大学》一类的权威期刊中，播音主持学科的论文也凤毛麟角。21 世纪以来，此类文章逐渐滑坡到学术研究的边缘地带，偶尔出现一两篇尚佳之作，要么是整版杂志中星星点点的点缀，要么是基于作者身份的权威性和特殊性而勉强刊发的关系稿。而近年来，无论是《中国人民大学复印报刊资料》还是《新华文摘》，抑或众所周知的《中国社会科学》，几乎没有出现对节目主持方面的论文进行转载的情况。从国家社科研究的项目申报情况来看，改革开放 40 年来，仅有中国传媒大学吴郁教授主持的“电视节目主持人的综合素质研究”、曾志华教授主持的“中国电视节目主持人文化影响力研究”、广东财经大学贾毅教授主持的“电视节目主持人影响力研究”等为数不多的研究被批准列入国家社科基金项目和教育部社科基金项目加以资助。此外，再无成功申报高水平科研项目的案例。

中国传媒大学播音主持艺术学院张颂教授曾不止一次地在各种学术、官方场合为播音主持艺术学科正名，并大声疾呼，甚至号召年轻学者不断努力，力争将本学科推向一级学科。然而，除了张颂教授本人的空谷足音外，高水平的理论建设鲜有共鸣；相反，本学科在新闻传播、艺术学、文化学领域中同类学科间的地位在悄无声息地继续滑落。

事实上，播音主持艺术研究此时的尴尬处境固然与急功近利的时代文化心态相关，但同时也和该学科的年轻文化身份相关，和研究者的整体素质相关，和学科间的认识水平相关，和学科门类的独立性相关，和当下的学术研究环境相关。而更为重要的是，研究主体间对话意识的淡漠才是播音主持艺术学科发展的最大壁垒。

亚里士多德曾说过："理论是用来注释天空的。"作为社会科学研究主体的科研工作者之所以能够拥有仰望天空的热情和动力，一方面来源于对现实素材的孩子般的好奇，来源于大量的文献积累和思想积累，另一方面也来源于研究者之间的深入探讨与充满矛盾的理论对话。诚所谓"真理不辨不明"，只有在平等、深入的对话场域中，研究者才能将自己的研究心得果敢陈情，以海纳百川的心态包容不同见解，进而在质疑与包容的对立统一中寻求共识。然而，当下的播音主持艺术研究学界，恰恰缺乏了理论对话的热情与激情，没有将中国播音主持研究的"探讨传统"有效延续至今，这才导致各说各话、互不搭界的言说形态无奈地呈现在世人面前。

其实，在我国并不漫长的播音主持发展史中，研究者之间良性的理论互动和观点交锋格局并不是没有出现过。例如，学界早期关于播音语言风格的大讨论、新闻播音语体的大讨论就直接促成了带有中国气派的新闻播音语体的形成。端庄、稳健、字正腔圆，又不乏生活气息的新闻播音样态就是在学界的不断磨合中达成共识的。20 世纪 90 年代，关于“主持人节目是单向传播还是双向传播”的讨论，关于“主持人是否需要表演”的讨论，关于“节目主持人概念界定”的讨论，关于“播音员、主持人彼此涵盖关系”的讨论等，共同构筑了我国播音主持学界火药味十足却又和谐共生的对话场域。学者们在充满激情的论战中凝聚共识，更催生了一系列与业界实践息息相关的崭新话题。许多具有鲜明时代精神和现实指导价值的理论命题、学术生长点就是在学者间唇枪舌剑般的学术会议和观点犀利的学术著作与论文中彰显其思想光芒的。

在播音主持艺术研究学界，规模最大，影响最深，且最为旷日持久的一场论战无疑是关于播音、主持彼此涵盖问题的大讨论。20 世纪 80 年代，主持人传播形态刚刚在广播电视媒介中萌芽，就吸引了众多学者的目光。由于起步较晚，且尚未形成规模，因此，无论是主持人的角色定位、表现形态，还是主持人自身的媒介修养和从业能力都存在一系列问题。但此时，已经有学者对主持人文化现象大加赞赏。相较之下，中国传媒大学张颂教授却以严谨的传统学术观念进行质疑，他以精英传播的文化立场对当时主持人极端自然主义倾向给予回应称，自然主义是重文轻语的一种翻版，必将导致丰富多彩的传播语言陷入人际传播的汪洋大海，不得自拔。1991 年学者王旭东的一篇发表于《现代传播》的文章《“播音员涵盖主持人”论略》则全面梳理和阐释了张颂教授的主张。而恰恰是这篇原本对经典播音语言“精神家园”加以捍卫和坚守的文字却一石激起千层浪，引发了长久的学界论战。最早发起诘难的是来自广东的一位青年学者李东，他的研究借鉴了霍姆·巴尔特（Hom Balter）的观点：“人类用自己的存在织成语言之网，然而又陷入这张大网。每一种语言都围绕着使用它的人划定了一个魔圈。”[①] 在此基础上，李东发表了题为《走出“魔圈”——主持人与播音员语言特征辨析，兼与张颂教授商榷》的文章，他对“播音员涵盖主持人”这一论点加以驳斥，体现了年轻学者挑战权威、直面问题的理论探究的勇气和锐气。而这篇文章也获得了当年全国主持人节目研究会颁发的“金笔奖”。

经过仅仅一年的时间，张颂教授的全新专著《播音语言通论——危机与对策》于1994年出版。整本专著中处处流露出这位精英学者的焦虑。张颂教授高举“坚持真理，修正错误”的理论旗帜，将李东的文章逐字逐句地加以剖析和批驳，大有“解剖麻雀”的深入与细致之感。文中表达了张颂教授作为学界领军人物的扎实学养，深邃缜密的逻辑思辨精神与博古通今的学术视野，令人叹为观止。更令人信服的是，张颂教授高处着眼、低处入手、深入挖掘、浅处表达的洗练文风，不失一代理论大师的风骨。

然而，同年9月，时任全国主持人节目研究委员会秘书长的白谦诚教授也加入了论战队伍。他跳出播音员、主持人彼此涵盖的表层问题，从根本上撼动了播音本位的精英主义语言传播观。白谦诚声言，“历史翻开了新的一页：‘播音员时代’结束了，一个新的时代——‘主持人时代’开始了”[②]。

---

① 李东：《走出“魔圈”——与张颂教授商榷兼论主持人语言特征》，载《主持人》（第2、3合辑），中国广播电视出版社1993年版，第151页。

② 转引自徐立军：《论播报与主持在电视新闻节目中的运用》，载《现代传播》1996年第2期。

论而不争的文字硝烟延续至21世纪伊始，广州大学应天常教授先后出版了专著《节目主持艺术论》《节目主持语用学》《节目主持人通论》，在行文中，应天常教授结合国内外语言学等相关学科的既有研究成果，对“涵盖论”深入浅出地加以分析，但显而易见，应天常教授对于“播音员涵盖主持人”的提法同样持否定态度。

应该说，这场跨世纪的学术论战至今余音未了。我们抛却孰是孰非的学术结论，仅就探讨学理话题的态度来说，学者间充满昂扬斗志的论战绝非源于个人恩怨，其中，我们可以深切感受到理论研究的热情与激情。在毫无功利色彩的学术探讨场域中，所有的争执都显得纯粹而虔诚。学贯中西的学者在理论研究中更像是天真的孩童，那种对于真理的执着与坚守尤其值得今天的学界效仿和学习。试想，在红尘滚滚的消费文化浪潮下，今之学者又有多少能够拥有那样的研究冲动呢？可以想见，学界共识固然要靠学者之间的理性对话来达成，而老一辈学者的治学态度更值得令人致敬！

一段时期以来，中国播音主持学界的理论话语因被繁花似锦的业界景观遮蔽而湮没不张，甚至被业界嘲笑为纸上谈兵和隔空喊话。但笔者看来，即便仅仅是与自我交流，学界探讨的脚步也决不能停歇。亦如影评界所呼唤的“具有作者野心”的影评人一样，播音主持批评中也应该建构起强大的批评主体。他们的批评文字除了客观陈述外，更带有主观洞见，使批评活动变为一种文化创作。无论是学界、业界，抑或普通观众，在亲近这样的批评文字时能够强烈感受到文化学者的权威性，受批评学者主体精神的感召。

研究者之间的探讨和商榷较一线创作来说，显得更加自由，也摒弃了粗浅的功利性诉求。但此种自由绝非信口开河，而是在充满理据的前提下，学术话语的宏阔表达。更细致地讲，阅读智者的批评文字，在接受其抽取、预设信息及其分析逻辑的同时，可以真切体验到学者们聪颖的灵性与率真的智性。可以肯定的是，良性的理论互动和交流传统的构建对于播音主持学科的发展至关重要。融贯着批评主体思想意蕴与文化底蕴的作品，其艺术品性自然也远在应酬与应景作品之上。

第三节　节目主持批评的特征

作为节目主持批评的上位学科，媒介批评的特征集中体现为批评的主体与客体、批评的内容取向和思维方式三大方面。而影视批评则将其具体特征细化为镜像探讨、文化分析和产业研究。作为更具实践性的交叉学科、边缘学科的节目主持批评，则涵盖着相似又迥异的特质。早在20世纪90年代《中国播音学》研究伊始，就对播音语言特征进行了规定性概括，即为规范性、庄重性、鼓动性、亲切感、时代感、分寸感的“三性三感”。其后，应天常教授对此进行了质疑，他提出，主持人口语是日常生活语言的同调转型，并反弹琵琶，发表了多篇关于主持人语用问题的学术成果。倡导“出口何必成章”“废话的语用功能”“主持人口语不必‘典雅’”等多重批评性理论主张。综合前辈学者关于节目主持理论的成熟观念，可以抽取出符合节目主持批评的一般规律。然而，值得商榷的是，主持人批评绝对不仅仅是针对言语传播现状的语言表达和口语修辞层面的批评研究。作为一个极具典型性的媒介符号，节目主持人的媒介从业活动与社会文化的变迁、社会思潮的当下性有着太多千丝万缕的联系。极言之，主持人作为一个缩影，表征着大众文化领域的一切潮流与症候。透过主持人现象，我们可以透析一个社会、族群、时代的整体性风貌。因此，笔者提炼出节目主持批评的三个典型特征。

一、紧扣业态的针对性

节目主持批评的首要目的和核心功能体现为匡正督导性。这不仅是对主持人从业活动的理性分析、判断，也是对大众传播媒介的价值期待。因此，节目主持批评决不能脱离复杂多变的媒介现象。

从 20 世纪 90 年代主持人行业在中国电子传媒诞生至今，经历了复杂多变的形态转向，也与社会政治、经济、文化、审美语境相生相伴。从播音员转型和记者型主持人的合流到专业院校中主持人教育与播音员教育的观念转轨，从明星主持人的家喻户晓到有热点无前沿的乱象纷呈，从精英化的大众教师到牵手对话的知心朋友，从高度专业化的职业身份到跨界多元的身份角色，从广播电视的优势化传播到泛屏时代向新媒体的积极拥抱，短短二十几年的时间，中国主持人的文化生态和职业样态发生了翻天覆地的变化。其间，有着惊人的蜕变和职业能力的不断攀升，也有着价值观混乱和身份焦虑所衍生的认同危机。今天，看似繁花似锦的主持传播格局背后，却潜藏着积重难返的发展困境。也恰恰是在这样的行业发展瓶颈中，批评话语的引导价值凸显无余。

节目主持行业乱象层出不穷，往往存在着碎片化的特征。但细加分析不难发现，一些热点从业现象背后，却常常反映出相似的问题。如 21 世纪第二个十年伊始，原本居于行业龙头地位、曾经被视为行业最高峰的中央电视台主持阵容出现松动，大批知名主持人的辞职引发了一股势不可挡的“离职潮”。不仅如此，作为国家最高层次传播媒体的中央电视台一家独大的格局也被轻松撼动。不少主持人凭借着多年行业工作所积累的职业经验和知名度转会异军突起的地方卫视和网络新媒体，甚至转行至其他职业。当然，“离职潮”背后的诱因千差万别，有年龄的尴尬、收入的诱惑、发展的瓶颈、个人的原因、新媒体的向好等。无论何种原因，都可被批评研究纳入关注视野，并将错综复杂的关系之网加以整合，提纲挈领，找寻到大传媒行业的变局中，主持人行业发展的良性竞争、资源流动的产业规制，甚至是主持人文化的危机与转机。

专业的批评话语自然要指涉瞬息万变的主持传播生态。规范行业发展、引导行业风尚、促成精品意识的达成、打击不良的职业现象是节目主持批评活动义不容辞的责任和义务。然而，现象当然不仅仅是现象，现象背后总潜藏着无形的驱动力，这驱动力是观念、权力、经济、话语等多重因素的耦合。因此，紧扣业界的针对性既要强调对现象的把脉问诊，也绝不能忽略现象背后所折射出的深层矛盾及其形成机制。因此，现象批评有必要深入而扎实地进行学理追问，权威的批评话语不仅要包含缜密的思辨性，也理所当然要具备对历史发展的回顾眼光和对未来发展的前瞻眼光。惟其如此，方能赋予批评话语打破僵局的震撼力和超越迷雾的穿透力。

二、价值引导的诠释性

无论新闻节目主持人抑或非新闻节目主持人，在中国特有的政治文化语境中，都应具备舆论引导的媒介功能。主持人的文化身份因其导向性的要求而呈现出多元价值共存中的同一化取向。如何处理“灌输”和“满足”、导向与取向之间的矛盾关系，不仅考量着节目主持人的思想修养，也给文化批评带来巨大的挑战。

就价值引导问题，张颂教授曾大声疾呼，强调“国家意识”和“民族文化意识”，并指出：“要大力弘扬优秀的民族文化传统，要奏响主旋律的黄钟大吕，创造多样化的金声玉振，排除不谐和音的干扰，摒弃靡靡之音的诱惑”[①]。就价值引导的问题，应天常教授则提倡“人的尊严高于一切”。他认为，“正是‘以人为本’造就了节目主持人。因为这个传播形式就是对人的价值、作用的尊重，而节目主持人形式强调‘生活化、低声调、一对一的亲切平等的交流’，也是对受众人格的尊重。所以说，主持人节目本身是人文精神的产物”[②]。高贵武副教授同样针对当下主持传播中泛人际化、泛娱乐化和低俗化现象进行了导向性批评。他认为，防范主持传播中不良倾向的策略应当在主持人自律、社会反馈监督机制他律、提高主持人文化修养、建立主持人评价体系几个方面做足功课。

不难发现，前辈学者的批评话语不乏价值判断的深刻省思，基于政治、伦理、道德、文化的价值引导成为各家学人难于规避、也

---

① 张颂等：《语言和谐艺术论——广播电视语言传播的品味与导向》，中国传媒大学出版社 2009 年版，第 8 页。

② 应天常：《节目主持人通论》，武汉大学出版社 2007 年版，第 165 页。

乐于阐释的焦点话题。值得思考的是，在节目主持批评的发展中，如何恪守基本的价值观念，却不陷于主观性的文本阐释、主题凝聚和一般性的文化分析，在复杂多样的节目主持文本中锁定深层症候，并以阐释的力量发挥批评话语的引领性功能，这才是批评实践的真正应用价值所在。

近年来，伴随着市民社会向公民社会的转轨，平民的力量获得了前所未有的彰显。电视节目中明星的平民化与平民的明星化共同构成了整体和谐的风格主调。我们用"庶民的胜利"对其加以概括似乎再贴切不过。早在20世纪90年代末，著名节目主持人白岩松也曾著文指出，"我们生活在一个平民的时代……在这样的一个时代中，平民的力量是最大的，谁不尊重平民，就意味着他将被时代抛弃"，文中，白岩松还呼吁："为生活中百姓的酸甜苦辣而悲喜交加"，"和千千万万平民的心一起跳动"[①]。

一段时间以来，平民意识的普遍宣扬使得整个电子传媒系统一股脑地向其靠拢，更有主持人将"平民化"作为至高职业追求。诚然，"关注人们内心生活进程"，为受众"适时地提供一个充满温暖、同情、理解和信任的心灵抚慰空间"，用节目主持"让平凡人的光彩照亮平凡人，以坦诚的交流呼唤崇高与良知"[②]，是广播电视当代传播的重要理念，但一味俯就、不懂疏导，则很可能泥沙俱下，使大众传播陷入人际传播的汪洋大海。精英意识的湮没不彰不仅令节目主持人流于平庸，更使得高雅的传统文化退居幕后，人文知识分子的

---

① 白岩松：《我们生活在什么样的时代——试论主持人的生存背景》，载《现代传播》1998年第5期。

② 转引自应天常：《节目主持人通论》，武汉大学出版社2007年版，第165–166页。

先导地位让位于大众娱乐的"闲言碎语"。可以想见，诠释的深刻性是节目主持批评中价值引导的关键所在，在乱花迷眼的传播乱象中切中要害、不人云亦云，或许才是独具魅力、意味隽永的价值思辨。

三、消费文化语境的规约性与文化包容的多元性

电子传媒具有极强大的文化包容性，"它本身作为一个融会了多元事物及话语的文化形式，产生了某些最具有主导性的方式以审视和理解人们的世界，组构了我们日常生活中流动的时空特征，深刻地影响着我们的生活方式和价值观念"[①]。因此，在包括主持人批评在内的电子传媒批评中，尊重和包容文化的多元性是重要的批评理念。

电子传媒作为一种文化产业，对于现代人来说并不陌生。尽管作为国家的喉舌需要进行必要的宣传，但我国如今的影视产业早已经脱离了政府的财政拨款，依靠广告收益生存、发展。绝大多数省级广电媒体已经合并为集团，批量生产文化产品。近年来，一些影视文化公司也都像雨后春笋般出现在大众的视野当中。如今的广电产业越来越具有工业化特点，批量复制、商业化包装、媚俗、娱乐至死，在商业利润的驱动下，电视媒介经营者挖空心思地吸引受众以赢得广告投放。西方法兰克福学派曾经对这种文化工业进行尖锐地批评，认为文化工业是"社会的水泥"，只承认效益，而破坏了文

① ［美］罗伯特·C. 艾伦：《重组话语频道》，麦永雄、柏敬泽译，中国社会科学出版社 2000 年版，第 361–362 页。

艺作品的反叛性，它为人们提供的仅仅是一种标准化的文化产品，是机械的、复制的、低俗的。

事实上，至今关于我国传媒业的产业属性还存在着争议，但是其市场化运作的现实是基本得到公认的。所以，有学者指出我国的电视是文化产业而不是所谓的文化工业。文化工业指的是大众文化，而文化产业除了文化工业的生产活动外，还包含着非工业化的经济活动，如节庆、文化宣传、提供自娱自乐的场所和条件。尽管沿用了“文化产业”的概念，但我国还无法回避“文化工业”带来的种种问题。联合国教科文组织把文化产业定义为：“按照工业标准生产、再生产、储存以及分配文化产品和服务的一系列活动。”[①]总之，商品属性是文化工业和文化产业的共同特点，也是我国电视媒介无法回避的问题。作为文化产业，追求效益、吸引受众无可厚非，但是如何趋利避害，弘扬先进文化则是广播电视从业者值得思考的课题。

电子传媒在产业化经营的过程中必然要遵循价值规律，但并不等于就不能兼顾文化品格。大众在收听、收看节目的时候，关心的不仅仅是身心的放松，追求的也不仅仅是纯粹的娱乐，也需要精神的抚慰、哲理的阐释乃至人生的况味。很多节目已经成功地做到了这些，如近年来的《中华百家姓》《传承者》《中国汉字听写大会》《朗读者》等节目，不仅满足了观众求新求异的心理，更普及了知识、陶冶了情操。无论如何，大众的趣味并不都是低级的、庸俗的，他们需要媒介的关怀、培养。这些也都是大众媒介的社会责任所在。

以电视为代表的电子传媒被认为是消费文化时代最具影响力的

① 金丹元：《电视与审美》，学林出版社 2005 年版，第 25 页。

传播媒介，其中一个最显著的特点就是大众化倾向。电视具有信息量大、报道及时、反馈迅速等特点，其平民性和接近性已经在不经意间让人们将广播电视纳入日常生活的一部分。在电视传播媒介中，节目无疑就成为了可作通俗化解读的“文本”。“文本”一词来自英文“text”，另有本文、正文、语篇和课文等多种译法。这个词曾经广泛应用于语言学中，而且文学理论与批评中也比较多见。文本是一个相对封闭、自足的系统。“文本”用一定的符号来表示，它有系统的内部结构。一般来说，文本是语言的实际运用形态。而在具体场合中，文本是根据一定的语言衔接和语义连贯规则而组成的整体语句或语句系统，有待于读者阅读。电视节目作为一种声画结合的语言符号系统也可以理解为一套“文本体系”，不仅具有内在的系统性，还可以通过受众的解读而不断丰富和拓展其内涵。所以，正如阿伯克龙比（Abercrombie）所说，“应用于文学批评的许多观点和分析方法也适用于电视研究”[①]。借助“文本”研究的方法，我们可以深入到广播电视作品结构的深层，从而进一步探讨其结构、组织，以及传播的特点和规律。如今，琳琅满目的节目形态充斥着人们的视听空间，在令大众眼花缭乱的同时，也为大众提供了更多的选择余地。手中的小小遥控器几秒间就可以决定一档节目的去留，这不能不给节目创作者带来巨大的压力。各类节目文本已经成为了大众消费生活中不可或缺的一部分，大众选择了电视，电视也无时无处不彰显着大众文本的一般特点。

---

① ［美］尼古拉斯·阿伯克龙比：《电视与社会》，张永喜、鲍贵、陈光明译，南京大学出版社 2001 年版，第 10 页。

关于电视文本，学者费斯克（Fiske）具体地阐述了其三个层面以及观众介入的主动程度：“首先电视屏幕上有一个基本文本，它被文化工业所生产，且务必看成是工业总体生产的一部分。第二，有一个潜层次的文本，也是被文化工业所生产，尽管有时为文化工业的另一部分所生产。这些包括观众演播室、电视批评和评论、有关演出和影星的特写、闲谈专栏、发烧友杂志等。它们可以表明，原初文本的潜在意义是怎样被不同观众或亚文化所激活的，是怎样转换为它们自己的文化的。在文本性的第三个层次上是观众自己生产的文本：他们对电视的谈论，他们写给报纸或杂志的信，他们在生活中对电视所引导的服饰、言谈、举止及至思考的采纳。”①

从这个意义上讲，受众的解读在电子媒介的生产活动中的重要性已经日渐凸显出来，因此，作为大众化产业的电子传媒有必要将受众的解读纳入整个传播领域的研究范畴，并给予足够的重视。现代传播学中的一种观点认为，“大众是平均的人”，在大众身上，有着平均一律、千人一面的共同属性。尽管这种观点受到理论界的质疑，但直到今天，关于大众的共性化分析仍旧是现代社会文化批判的热点问题。虽然受众的文化、地域、性别、年龄等方面都存在差异，但大众的消费欲求、思想和生活方式在很大程度上是趋同的。电视文本是提供给这些“平均人”解读的文化消费品。那么，大众对于电视文本都有哪些诉求呢？在奥尔特加（José Ortega y Gasset）的大众理论中，“超级民主”成为解释这些问题的一大发现。奥尔特

---

① ［美］约翰·费斯克：《英国文化研究和电视》，见罗伯特·C. 艾伦《重组话语频道》，中国社会科学出版社 2000 年版，第 286 页。

加认为，大众成了少数人的替代者，也就是说，过去曾经被少数人享有的文化，如今已经不再是少数人的特权了，转而成为大众文化消费的内容。大众是一种非个人的社会存在，是一种无形却又巨大的群体力量。大众控制着普通民众，甚至是少数人，同时也控制着文化艺术的创作者。在后来的法兰克福学派的批判理论，以及后现代主义的讨论中，奥尔特加的理论都得到了有力的张扬。

基于以上论述，我们很容易理解，电视文本作为大众文化消费品只有符合一般大众的民主化需求，才能生存和发展。首先，作为文本的节目应当具有普遍性和通俗性的特征，这是大众化解读的前提。但文本本身也应当包含多元的意义，如先锋的、前卫的，这样才能满足不同层次受众的需求。其次，大众文化之所以能够迅速进入日常生活就是因为它的平等性。收看电视节目给受众带来的应该是身心的愉悦和审美的满足。文本表达要突出的是娱乐性和趣味性。相反，那种说教的、曲高和寡的节目肯定会导致受众的反感，遭来非议。总之，消费文化语境下广播电视文本的基本特征是平民性、娱乐性和世俗化的。这不仅符合受众的接受心理，也符合电视的传播规律。

在人类历史上没有任何一种传播手段如电子传媒一样对技术条件有着如此强烈的依赖性，伴随着网络化、数字化进程的加快，整个传媒领域的布局正在重新洗牌，广播电视以及新兴的网络媒体越来越受到大众的关注。技术的飞速革新，使得人们获取信息的速度不断加快，对于广播电视媒体的从业者来说，这意味着更多的挑战。

20 世纪 20 年代，“魔弹论”在传播学界风靡一时，该学说认为，大众就像是打靶场中的靶子，只要传播者对准靶子射击，靶子就会应声倒地。这种学说在当时的历史条件下是符合社会现状的。但今天的人们在当下语境中重新审视时，会发现这一理论的种种局限性。传播学者鲍尔（Bauer）在1964年发表的题为《顽固的受众》一文对于魔弹论是一次有力的反拨。文中指出："大众不是射击场中的靶子，宣传魔弹打到他们身上，他们不会应声倒下。他们会抵抗子弹，重新加以解释，或者加以利用来达到自己的目的。受众是顽固的，不肯倒下。"

以我国的电视发展为例，传播者的理念在1949年后的70年间发生了巨大的转变，从中华人民共和国成立初期以宣传意识为主导的传播模式，到改革开放初期创作主体意识的有力张扬，再到今天市场化的运作中，按照价值规律操作，以受众为中心，传播者理念的更迭直接体现在作品文本当中，带给受众截然不同的解读。

历史发展到今天，传播者已经清醒地意识到，机械的宣教式传播方式已经不能令大众信服，教化功能在大众传播媒介退居次要地位。相反，消费娱乐功能、交流—对话功能、艺术审美功能、信息服务功能乃至记录生活的纪实功能越来越成为主流。如今的传播者在消费文化思潮的推动下，也越发地重视受众的反馈，从受众的接受心理出发来制作节目。传播理念的变革意味着内容的改变、形式的翻新，于是一大批工业化的广播电视文化快餐从流水线上源源不断地涌入大众的视野。

黑格尔（Hegel）认为："美是理念的感性显现。"审美理念的移位，自然会导致表现形式的差异。传统的广播电视从业者从精英美学的角度出发来制作节目，不可避免地流失了很大一部分受众，其后又矫枉过正，低估了大众的审美，娱乐至死、色情、暴力等题材的广播电视节目横空出世，一度引来了受众的惊慌、学界的非议。当下的消费文化生活中，艺术与生活的界限逐渐抹平，高雅文化与通俗文化的分野也越来越不明晰。

后工业社会悄然来临、信息爆炸的今天，传播者的审美理念已经逐渐摆脱了仪式化、神话化、正统化的束缚，代之以后现代的非正规的、变异的、杂糅的方式。如今，我们随处可以发现，广播电视节目中的后现代现象，非中心、消解、拼贴等，一种狂欢化的“文化广场”正在被传播者搭建成形。

将电视定位于大众消费文化，意味着电视的职能发生了深刻的变化，传统的宣教功能逐渐让位于娱乐消遣、信息服务等功能。大众作为消费者开始参与到电视大产业的流通环节中，不仅通过热线电话、来电来信的方式进行反馈，更作为广播电视节目的主宰者出现，因为受众提供了注意力资源，他们的收听收视率，直接决定了节目的生命。因此，我们不仅不能忽视受众的价值，更应当适时改变传播理念。在当今“全球化”语境推动的后工业时代，社会结构悄然发生变化，市民时代已经向我们走近，电视传媒也将由“传者中心”向“受者中心”移位。“使用与满足理论”就是典型代表之一。这种理论模式的主要特点在于，以研究人们如何处置媒介取代了媒介如何对付大众。“这种理论研究把受众成员看作是有着特定‘需求’的个人，把他们的媒介接触活动看作是基于特定需求动机来‘使用’媒介，从而使这些需求得到‘满足’的过程”[①]。

① 郭庆光：《传播学教程》，中国人民大学出版社 1999 年版，第 180 页。

对于受众的研究以英国的文化研究学派最为著名，文化研究的核心是大众文化，大众文化又集中体现在传媒领域，其中的典型代表首推电视。霍尔（Hall）在研究电视话语“意义”的产生和传播时，借鉴了马克思主义政治经济学原理中的生产、流通、消费、再生产四个环节。电视节目生产也包含着这几个阶段。其中尤其以受众的“解码”最为重要。受众对信息有三种不同的解读形态：优先式解读（preferred reading）、妥协式解读（negotiated reading）和对抗式解读（oppositional reading）。三种解读方式体现出受众对于电视话语的解读并不是被动的，而是主动和积极的，可以凭借自己的价值观接受、妥协或是拒绝。这也体现出“意义空间中的阶级斗争”。可以说，霍尔这一理论模式的提出颠覆了受众被动的传统观念，承认了“意义”是在交际过程中产生，并由受众的“解码”后解读的。这在当时的理论界引起一片哗然，最终还是被广泛接受。从这一理论范式出发，我们不难理解，当今社会的受众不再是被动地接触媒介，而是主动地选择甚至是参与媒介的运作，这给传播者提出了更高的要求。

受众角色的变化带来的是话语权的转移。一种声音主宰的时代已经一去不复返。多种声音导致多元共存，传受双方的互动效应加强，人人都能参与游戏的文化广场在广播电视中被搭建起来。多元化和差异化的程度是民主进程的反映，我们已经走进 21 世纪的全球话语交流时代。

消费文化统摄下的媒介文化具有大众化的审美特点，同时又融入了时代所赋予的美学关照。在这个时代，艺术本身的内涵和外延都发生了巨大的变化。后现代社会中，生活和艺术越来越融合为一体，审美的生活方式是社会发展的必然。后现代文化中，生活和艺术难解难分，在这样的时代浪潮推动下，许多看似亘古不变的东西都土崩瓦解。曾几何时，在现代主义文化中，现代主义艺术具有很强的自律性，并和生活保持一定的距离。法兰克福学派的哲学家强调艺术是生活的批判，艺术应该站在生活的对立面，艺术是乌托邦。20 世纪 60 年代以后，西方艺术出现了一系列变化，艺术不再和生活相背离，艺术逐渐和生活融合，传统的界限随之消失了。而到了后现代主义艺术家那里，这种界限更是被有意打破了，艺术品和日常生活用品已经没有本质的区别。这一时期用“艺术走进生活”来描述似乎更为恰当。文化不再如过去一样是一个自在自为的领域，已经逐渐成为生活的一部分，是一种“生活的审美化”。

以受众为中心的理论范式的搭建为我们研究受众的需求提供了前提条件。受众需要什么样的内容，是消费社会广播电视从业者需要着力考虑的问题。受众类型千差万别，自然属性和社会属性都存在着极大的不同，那么，我们首先考虑的是受众需要精英文化还是大众文化呢？精英文化和大众文化的不同就在于其格调、内容、角度的差异。精英文化往往和知识分子联系在一起，追求形而上的古典、高雅文化。而大众文化则相应地表现出俗文化的特质。如果以社会一般大众的审美品位而言，他们更愿意接受那些和他们日常生活息息相关的大众文化。于是，随着大众文化的波涛汹涌，精英文化不免要退避三舍。那么，大众的期待仅仅是所谓的通俗浅白吗？事实证明，大众也需要精品，精英意识和大众文本的融合取得的效果也是显著的。如中央电视台《艺术人生》中对于作曲家谭盾的访谈，对于一位交响音乐大师的访谈也许并不为普通百姓所关注，但谭盾本人的坎坷经历、人生况味以及他作品中彰显的人文关怀，恰恰和普通大众的心理需求相合拍，于是这样的节目很容易得到观众的认可和喜爱。

有人说，随着“后”化社会的到来，广播、电视等电子传媒的审美表征势必是杂糅的、多向度的、去中心化的、平面化和消解的。然而，现代人不可能永远处于后现代式的无深度和狂欢状态之中。人们的审美需求除了消遣娱乐外，也需要理性，除了本能的快感外，也需要深沉的反思。可以说，任何文化产品的思想都是在生产者和受众的审美期待共同作用下实现的，按照姚斯（Jauss）的说法，“一部作品的历史意义就是在这过程中得以确定，它的审美价值也是在这过程中得以证实”[①]。姚斯曾提出过受众审美经验中的五种识别模式，即联想的、仰慕的、同情的、净化的和反讽的。然而由于每位受众个体的审美经验和审美水准存在很大差异，人们或者对五种模式都产生需要，或者仅对其中一种产生需要。即便如此，人的基本审美心理仍具有一定的传承性和相对稳定性，这也是人性的本能反应。研究表明，人的审美属性大体是相同的，尽管由于国家、民族、文化、历史等因素的不同，受众的审美接受会出现差异，但从大范围和欣赏角度讲，人们的趋同性还是比较明显的。大众收听、收看节目的时候的普遍心理需求是消遣娱乐，追求平等互动，要求大众文本通俗易懂。这些都是大众的共性需求。当然也不乏一些个性需求，这也是分众化传播的逻辑起点。

说到底，电视的主宰者是受众，节目文本在产业化流程中的生

---

① ［德］伊瑟尔：《文本与读者的交互作用》，载《上海文论》1987年第3期。

产、流通、消费，无时无刻不和受众发生着千丝万缕的联系。只有传播者的审美取向和受众的接受诉求相吻合，才能达到预期的效果，这才是当代电视的价值归宿所在。在这样的审美体系统摄下的大众传播媒介，势必要遵循消费文化的审美追求。电视的文本更加注重拉近传授双方的距离，满足人们日常生活的需求。在轻松的氛围下带来大众需要的信息，满足大众的消费需求。无论是新闻节目、娱乐节目、谈话节目、生活服务类节目、体育节目，抑或纯艺术的电视剧节目，只有走入生活，才能获得受众的认可。当下电视文化中，艺术并不高于生活，当然也不能低于生活，让艺术生活化，生活审美化，这才是精工细作的文化消费品，就像是营养快餐一样，既要吃得快、吃得饱，又要味道鲜美、营养丰富。

第四节　节目主持批评的范式理论

美国科学历史学家托马斯·库恩（Thomas Samuel Kuhn）认为，任何一门学科只有具备了相对稳定的研究范式之后，才能称其为科学，否则，只能被看作“前科学”。“范式”最早作为一个重要概念被库恩在其《科学革命的结构》一书中提出。范式，是一种组织性的理论视角。就像是一幢建筑，范式一旦被建造起来就拥有了属于自己的生命，它承载了建筑者的梦想，也将梦想具体化。在库恩看来，“范式”一词与“科学共同体”十分接近，科学共同体中所包含的信念、知识基础、研究工具及其总和都可以在范式中得到集中体现。因此，可以说，范式集研究者的信念、知识储备、研究工具、价值判断等要素为一体，聚合着一门学科的理论传统，为其发展道路规划了科学的路径。

在充分认同库恩所提出的“范式”理论的基础之上，可以将节目主持批评作为一个特定的学术领域加以研究，而相关学者则可被视为学术共同体中的成员，在特定的圈层中，他们的成果可以被纳入相应的理论范式，在规定的学术视域下展开研究。

一、节目主持批评研究的四大范式

理论构建的诉求在于解析人类社会不同领域中的思想与现象。以库恩的“范式”理论为方法论武器，研究试图从节目主持艺术批评学科的“科学共同体”视域出发，将共有的信念、知识基础、研究工具作为范式划分的基本依据。

笔者在系统研究了几十年来播音主持艺术相关理论成果的基础上，根据前辈与同行的学术传统、背景、研究习惯与思想惯性，大胆将学界批评研究归纳为四大范式：技术艺术基础论、社会文化传播本体论、意识形态决定论、传播主体文本细读论。四大范式的研究视角、学术基础、思考重点各不相同，但殊途同归，共同建构起节目主持批评这座宏伟大厦。

1. 技术艺术基础论

作为一种独立的艺术形式，节目主持艺术对于技术、技巧的依赖尤为明显。诚如宗白华先生所言，“艺术的本质是技术，所不同的，是一种创造美的技术”。西方著名的符号哲学家卡西尔（Cassirer）

也曾谈到，“艺术给予我们以实在的更丰富更生动的五彩缤纷的形象，也使我们更深刻地洞见了实在的形式结构”①。播音与主持艺术的创作实践表明，“工欲善其事，必先利其器”。缺乏娴熟的有声语言表达技能，再厚重的思想也将“无的放矢”。为了达到张颂教授所指出的“信息共享、认知共识、愉悦共鸣”的有声语言传播境界，以技术、技巧支撑的艺术体验无疑是一条难于规避的学科路径。

节目主持批评研究中的技术艺术基础论恰恰传承了中国传媒大学播音主持艺术学院的学术传统，将播音员、主持人的有声语言视为“人文精神的音声化”。从语音发声、播音创作、文体播音等角度对播音与主持艺术展开系统研究。在这一经典播音主持创作学派看来，自然主义倾向将导致大众传播陷入人际传播的汪洋，不得自拔。“能否在传播活动中创作出富有生命活力的有声语言作品，是体现传播主体生命活力、实现大众传播生命活力的关键。”②

在技术艺术基础论的指导下，经典的《播音发声学》（徐恒）、《播音创作基础》（张颂）、《中国播音学》（张颂等）成为了这一传统学派的滥觞之作。在借鉴姊妹艺术的过程中，大量的原创理论推陈出新，形成了其学科研究发展稳健而扎实的基底。近年来，随着计算机实验技术的发展，大量实验语音学的成果也被引入该研究领域，如以计算机技术替代真人的普通话语音测试、从实验语音学的角度考量播音艺术用声气息的变化。

可以说，技术艺术基础论作为经典的节目主持艺术理论范式，

---

① ［德］恩斯特·卡西尔：《人论》，甘阳译，上海译文出版社 2004 年版，第 235 页。

② 张颂等：《语言和谐艺术论——广播电视语言传播的品味与导向》，中国传媒大学出版社 2009 年版，第 186 页。

以其厚重的历史经验、广泛的学术影响、卓有成效的现实成果成为了国内播音主持研究领域众多维度中的重要一极。

2. 社会文化传播本体论

20 世纪 90 年代中后期以来，我国真正意义上的节目主持人渐次从传统播音员队伍中剥离出来，其独特、鲜活的传播形态受到了受众界、业界、学界的普遍关注。将主持人文化现象搁置在现代化的电子传媒生态中进行审视也成为了各家学人研究的重点。然而，也正是由于对主持人这一新兴媒介现象的广泛的、热切的关注，新旧理论此消彼长，研究景况乱象纷呈。百家争鸣的学术场域演化为一场缺乏学术对接点的芜杂讨论，传统学者忧心忡忡，后起学者愤愤不平。

事实上，将主持人现象作为一种大众文化景观加以考察无可厚非。关键问题是，怎样在深谙传统理论的基础上推陈出新，将学理认知看作一个新陈代谢的渐进过程，而不是一场彻彻底底的大清扫运动。任何盲目的所谓“填补空白”“重大突破”都显得幼稚与可笑。

作为交叉学科和边缘学科，播音与主持艺术的研究有赖于相关学科的成熟理论加以支撑。以社会文化传播本体论的范式为切入点，我们可以大量吸纳哲学社会科学研究成果的精华，将本学科理论研究引向深入。

当今社会语境下的节目主持创作是在大众传播环境下融入人际传播而表现出的口语传播。广义上现代化、后现代化的社会语境以及狭义上电子媒介的播出语境是节目主持人工作的逻辑起点，承认这一点，学者们对主持人角色、功能、社会价值的探讨才可能有同一性的价值归宿。语言符号学中的语境理论、能指所指理论、意义理论、神话理论等可以将主持人传播符号加以细致解剖；传播学中的经验主义、批判主义、媒介环境主义又是对主持人传播文化研究的科学构建；社会学中的角色理论、交往理论、对话理论、主体间性理论等可以深入解读主持人传播的社会价值，搭建起传授双方的对话关系。总之，社会文化传播本体论是一个学术交锋最为复杂的场域，尽管如此，在通晓各家理论基点、厘清学术主张背后的清晰脉络后，这一范式也可能成为深入解读、准确定位当下主持传播形态与观念的一把钥匙。

3. 意识形态决定论

节目主持创作、运作、研究景况在中西方存在着很大差异，这与国家的政治、经济、历史文化观念联系密切。尽管中西方国家对于民主概念的理解不尽相同，但无论哪一国度，大众传播媒介都是意识形态的集中表现场域。节目主持人正是在意识形态的规约下进行着社会文化信息传播工作。因此，从意识形态入手对节目主持艺术批评进行研究同样是一个重要的理论范式。

“意识形态”概念起源于法国启蒙运动时期，后因在马克思主义政治经济学中反复运用而被学术界所熟识。一般意义上来说，意识形态是“在一定的经济基础上形成的，人对世界和社会的有系统的看法和见解。艺术、宗教、哲学、道德等是它的具体表现”[①]。无论是经典马克思主义、新马克思主义、德国法兰克福学派的文化工业理

① 参见《现代汉语词典》“意识形态”，商务印书馆1977年版。

论、英国伯明翰学派的文化研究理论，抑或阿尔都塞的“询唤”理论和葛兰西的霸权观念，诸多学者和研究流派都将媒介文化研究的重要切入点选在意识形态范畴中。广播电视传播媒介“通过各种更加宏观的权力框架来联系各种家庭语境的构建；融合这些统治结构的意识形态理论的不在场；将某些文化活动的作用当作社会控制的诸种形式，这可能比它们的符号丰富性更为重要”[①]。

作为一架虹桥，意识形态将政治规约、媒介体制、选拔管理、使用机制等要素与节目主持人的具体工作紧密勾连。事实上，任何以上要素的细微改变都会对播音主持具体工作造成深刻的影响。不难想见，意识形态决定论范式的提出具有切实的现实意义，而非虚张声势的提法。

在中国当下社会中，广播电视传播媒介仍旧是捍卫国家利益、传播先进文化、引领舆论导向的重要国家机构，节目主持人则是国家、政府话语的重要“把关人”，对于节目主持艺术批评的研究自然不能跨越意识形态规约范畴，用节目主持人的个体价值取向来覆盖带有国家意志的媒介价值取向。在避免极“左”的政治身份简单化的前提之下，主持人的文化身份识别、传播语言引领下的传统文化价值、本土文化价值等都是意识形态决定论范式框架下进行研究的具体内容。在这一范式的指导下，广播电视的根本属性、传播语言的文化地位、有声语言的个性表征相互关联，彼此制约，共生共荣。

---

① ［英］尼克·史蒂文森：《认识媒介文化——社会理论与大众传播》，王文斌译，商务印书馆2013年版，第142页。

4. 传播主体文本细读论

对创作主体的研究在文学、艺术领域中并不鲜见。如文学领域中对某位作家、诗人的研究，艺术学领域中对某位音乐家、导演的研究等，都属于对创作主体的研究范畴。20世纪后半期以来，世界范围内文学、艺术领域中对创作者的研究已然跳脱出狭隘的文献学概念，更强调情境对主体意义的决定性。也就是说，将具体的创作者视为一个开放性的文本，在应用性的范畴之内，一切表意的符号实体都被囊括于其中。就像是法国符号学家罗兰・巴特（Roland Barthes）所声言的，“文本是复数的，具有无法缩减的多义性”①。

在节目主持批评的研究中，当然有必要将某位具体的主持人作为文本加以研究，在文本细读中，梳理出经验性判断、学理主张与文化深意。这就是本文中所称的传播主体文本细读论范式。将具体的播音员、主持人文本当作一个文化现象加以阐释，必然要涉及如下几个方面：其一，主持人作为一个文化现象，总是要具有相应的文化蕴藉，这种文化蕴藉势必通过文化修辞手段呈现；其二，主持人的文化修辞是在特定的文化语境下综合作用的产物；其三，主持人的文化修辞、口语修辞与文化语境的对话、交流可以借用语言学模型等形式分析框架进行阐释。

在传播主体文本细读范式中，绝不仅仅停留在对受众阅听体验的感性描摹层面，传播主体文本有时呈现在受众感知觉范围内的信息是被部分遮蔽和抑制的，只有透过无意识层面，从创作主体与社会文化语境的彼此依赖关系角度出发，去重新发现合理化阐释的结

---

① 程曼丽、乔云霞：《新闻传播学词典》，新华出版社2012年版，第9页。

果。也就是说，潜藏在一般文本之下的，还有更需要挖掘和凝聚的第二重文本。

具体而言，对传播主体文本的深入阐释可以分为以下几个步骤：第一，跨越直观感受，探究文本的边缘、空白处；第二，从边缘、空白处寻觅第二重文本，并对其概括、梳理；第三，把第二重文本搁置在节目主持作品和社会文化语境中，在关系图谱中做合理化阐释。

值得一提的是，就传播主体文本细读论范式而言，广州大学应天常教授于 1999 年出版的《节目主持艺术论》中就不乏成功的个案研究范例，其经验值得记取和借鉴。

二、节目主持批评研究的学术规范

对于任何一门应用学科的研究，科学性与真理性都应当被置于首位，实践是检验真理的唯一标准，学术理论能否在现实生活中加以运用，并经得住业界的打磨，是该理论成熟与否的重要标准。播音主持艺术的研究理论既要有丰富的阐释力、预测力，也要有强大的实用性。当然，研究者的学术背景、立场、思维方式各不相同，研究准则与操守的认定标准也难于统一，因此，很难将离散性的观点简单加以聚合。但研究者理应在变动不居的业界寻找规律，在形式多变的大众心理中寻找契合点，通过不断的社会学习来强化社会大众的共识，进而形成相对一致的价值判断。

就本研究中所论述的理论范式而言，也绝不是固步自封、一成不变的。就像建造摩天大厦，框架已经被搭建，大量的细节还有待填充和完善。客观而言，没有任何一种范式能够为所有观察、研究的结果提供科学有效的解释，即便是作为某一范式忠实拥趸的的学界偶像在研究中有时也会发现与传统范式相左的现象。当相左的矛盾数据积累到足够程度的时候，范式转型就在所难免了。范式转型，是从一种有组织的理论的视角向另一种转变的过程。这也是一场不断批判与自我批判的科学革命。节目主持批评研究固然需要在不断批判与自我批判中建构起符合学科发展内在逻辑的理论范式，更期待着各家学人在视野不断拓展、理论不断夯实的基础上寻求科学有效的范式转型动力。

第二章

节目主持批评的历史观与语境观

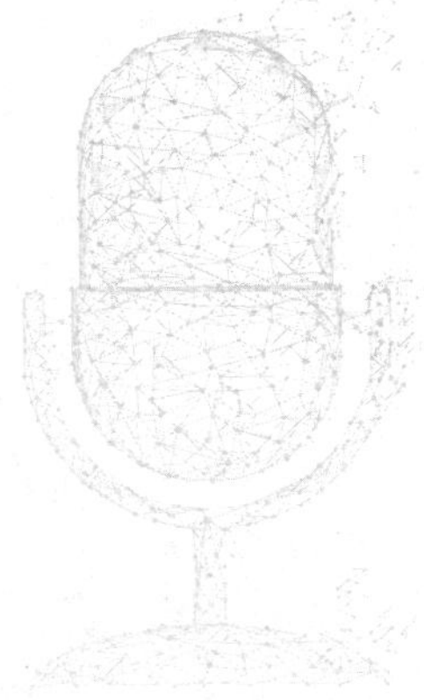

批评语境是批评活动所发生的时代背景、文化场域和作用空间。语境不仅规约了批评者的实践行为，也决定了批评家的历史定位和言说场域。就批评对象来说，其域畴对象和历时性演变的种种可能也无法规避客观语境的约束。然而，语境并不仅仅是静态的、客观的现实环境，更是一张无形的、复杂牵连而又变化发展的关系网络。“在这个网络中，无论是批评的言说者，还是批评的倾听者，都在借政治、经济、文化等社会力量搭建起的框架和舞台，寻求着思想交流的可能与确证自我的机遇。”①

在我国广播电视发展史中，散在的播音主持批评活动由来已久，尽管至今仍未被有效整合成一张逻辑严整、脉络清晰的文化图谱，但仅就不同时代，不同政治、经济、文化背景下的批评话语来说，无不浸透着话语发生的繁复语境观念的影响和制约。脱离语境的创作实践如“无本之木，无源之水”，脱离语境的倾听无异于吸收涣散的噪音，而脱离语境的批评也注定是乏善可陈的无力议论而已。

改革开放新时期以降，无论是众语喧哗、高扬人文主义与终极关怀的 20 世纪 80 年代，还是伴随着“效率优先”的口号，奔驰在

① 杨状振：《重组话语：新媒体时代的中国电视批评》，上海交通大学出版社 2012 年版，第 7 页。

"经济快车道"上的20世纪90年代，抑或强调"公平""均衡""协调"发展，跨文化交流日渐深入的21世纪，政治、经济、文化这三种力量此消彼长、相互博弈，在彼此间的抗衡、校正、扶持中以"交互整合"[①]的样貌呈现为传媒业发展的宏观语境。其间，节目主持批评学者从矫健的强势出场逐渐滑落为系统性"失语"，学术界"有热点、无前沿"的现象已成为不争的事实。近年来，消费主义的恣意泛滥与个人主义的爆发式成长也使得批评话语逻辑混乱、谬误频出。目睹着乱象纷呈的行业景观，太多的文化精英在"一声叹息"过后，选择了回避的态度。偶尔一声振聋发聩的咆哮也很快被淹没在铺天盖地的娱乐大潮中。21世纪的节目主持批评学科图谱支离破碎，却依旧在媒体融合声音甚嚣尘上的传媒大变革年代中逆浪挣扎，尽管"引弓未满、散珠未串"，但依旧不得不迸发出自己独立的宣言。那么，对宣言背后语境观念的系统研究将直接关涉学术话语有效性问题，不得不引起理论界足够的关注。

第一节 语境意识：批评话语有效性的前提

作为一个语言学概念，"语境"最早指涉的是语言使用的环境。欧洲布拉格学派的结构主义学说曾提出过"语境"问题，但由于这一学派的理论兴趣着重于以"结构—功能"为代表的符号功用，着意于从历时性的角度考察语音问题，因此其"语境"问题研究也就

① 王岳川：《中国镜像：90年代文化研究》，中央编译出版社2001年版，第1页。

居于从属地位了。直到波兰人类学家马林诺夫斯基（Malinowski）于1923年出版的著作《原始语言中的意义问题》，以及约翰·费斯克（John Fiske）的“情境”理论中，才对“语境”问题进行了深入研究。在分类基础上赋予了“语境”概念重要的学术地位。在我国，语言学家陈望道先生在其著作《修辞学发凡》中也提出了修辞要适应情境和题旨的主张。在今天，“语境”概念的使用已然突破了语言学的范畴，被广泛应用于人文社会学科的相关学理阐释中。然而，由于语境概念的泛化，被误读和滥用的情况也并不少见。事实上，“尽管就一般意义而言，适应性的潜在相关的语境目标的范围是无限的，但‘语境’不是一个含混的概念，因为语境本身是生成的，或者说语境甚至还是主动建构起来的（为了语言使用的具体需要，从范围无限的可能性中作出选择来）。这一建构过程——又叫‘语境化过程’——是可以在语言基础上追踪溯源的”[①]。“语境必须顺从协商、领会或拒斥、领会的认可或再次协商等方式，才能明晰起来。这一过程叫作语境化。”[②]由于语境的可追踪化，我们可以将具体的批评话语定位在特定的社会政治、经济、文化语境中，在问题研究语境化的过程中减少歧义，凝聚共识。

一、“回不去的20世纪80年代”——激情燃烧的昨日世界

20世纪80年代是中国发展史上一个特殊的历史时期。十一届

① ［比］耶夫·维索尔伦：《语用学诠释》，钱冠连、霍永寿译，清华大学出版社2003年版，第87页。

② 同上，第130页。

三中全会的召开确证了解放思想、实事求是的思想路线，知识精英的历史身份得到重新确认，其文化启蒙的社会价值再一次得到了全社会的一致认同。实现“现代化”目标作为一个可以期待的集体承诺点燃了“文化大革命”后国人热切期盼的希望之火，也吹响了思想解放的隆隆号角。

今天，当人们再次感怀20世纪80年代的时候，似乎“重返”和“追寻”成为两个不可规避的关键词。追忆那段满载着“光荣与梦想”的时代也悄无声息地成为当代知识界普遍的思想潮流与价值认同。自古以来，中国区别于西方社会的典型思想特征即是千百年来所形成的“政治—伦理”型文化范式。“家国同构”“家国情怀”成为文化艺术界普遍追逐的价值尺度和终极目标。20世纪80年代，青年知识分子集体吟诵着《闪耀吧，青春的火光》《祖国啊，我亲爱的祖国》，高唱着《金梭和银梭》《我的中国心》，以充满诗性的理想主义情怀投身于祖国的文化建设事业之中。那个时代的青年人朝气蓬勃，洋溢着乐观主义的文化气质。“方位明晰的文化地图，使每个人都清楚个人的位置，也清楚他们将要达到的目的地。这种漂浮于社会表层的乐观主义气氛也许多少有些肤浅，但它却从一个方面印证了80年代作为一个大时代对未来的共同期待和指向。”①

20世纪80年代的人文气息可以用“复调齐唱”和“主调明丽”加以形容。各种直指终极关怀、人性思考、生命哲学、国家想象的宏大讨论见诸各大报刊、杂志、学术研讨会中，校园中的青年学子

---

① 孟繁华：《众神狂欢——世纪之交的中国文化现象》，中国人民大学出版社2009年版，第18页。

们也心忧生命本体的意义，通过如椽之笔来阐释时代精神、终极关怀、道德观念、民族精神。尽管这场关于人生观与人文精神的大讨论旷日持久，但主调明丽，丝毫不见语焉不详和暧昧难明。

这一时期的人文知识分子充满了参与公众事务的热情，他们以那个时代所特有的使命感和文化信念投身于如火如荼的社会主义现代化建设事业当中。他们的文化批评文字中满怀着民族的自信、历史的宏观意识、启蒙的情怀与愿景。他们不会"为文学而文学""为学问而学问"，身居斗室、心怀天下的思想抱负逼催着他们不断追问"科学真理""价值趋向"，他们也笃信"四个现代化必将实现"。

著名文学评论家、北京大学谢冕教授果敢地提出"开启民族灵智"的希冀，这一启蒙思想与李泽厚的"有助于……"句式不谋而合。在他们的构念中，"知识分子的使命意识是无可逃遁的，在这个大时代、在这个给了我们以机会的时代，知识分子的反思就是'全民的反思'。因此，'代言'的情怀是知识分子找到身份感的一个重要特征"①。

20 世纪 80 年代的破旧迎新和思想解放也迎来了社会主义文艺的春天。在共同文化信念的驱动下，无论是文化创作还是艺术创作，对意义世界的想象都有着惊人的相似之处。20 世纪 80 年代初期，中央电视台恢复了阔别已久的电视文艺栏目，相继创办了《舞台与银幕》《艺苑之花》《音乐与舞蹈》《曲艺与杂技》《周末文艺》等电视文艺栏目。其中，创办于 1979 年的《外国文艺》作为第一档跨文化

① 孟繁华：《众神狂欢——世纪之交的中国文化现象》，中国人民大学出版社 2009 年版，第 21 页。

交流的电视文艺栏目，打开了中国观众异域想象的窗口，一大段时间里，它成为了国人以视听媒介直观了解国外风土民情、文艺动向的唯一渠道。此后，在整个 20 世纪 80 年代，中国电视文化的发展显得异常活跃。1983 年，第一届春节联欢晚会播出，表明带有中国特色的电视文艺形态已初步成形。随后，“全国电视相声大赛”“全国戏剧小品电视大赛”“全国戏剧小品邀请赛”等大型活动轮番登场，这不仅活跃了电视文化的气氛，丰富了电视文艺的表达内容，也为日后中国电视文艺的发展拓宽了道路。

20 世纪 80 年代，在中国电视的主管机构中，学理性批评卓有建树，中国电视文艺“星光奖”、上海电视节“白玉兰奖”相继出现。1984 年 5 月,“全国电视文艺座谈会”在北京召开；1987 年 3 月，“全国电视剧美学研讨会”在太原召开；1988 年 11 月，中国电视艺术家协会“革命历史题材和当代人物传记电视剧研讨会”召开……通过评奖、学术会议等形式延展开来的学术探索不断深入，电视艺术的本体特征、电视艺术的创作自觉也反复被思考、打磨、凝聚。

电视节目主持人的出现始于电视栏目化的革新。20 世纪 80 年代，中国电视荧幕上首次出现了“主持人”的字幕。这无疑与这一时期思想解放带来的观念革新密不可分。1980 年 7 月 12 日，中央电视台《观察与思考》节目中庞啸等资深出镜记者第一次被冠以“主持人”的称谓。1981 年 7 月 11 日开始,《北京中学生智力竞赛》开播，赵忠祥也因此从中国第一位男播音员转变为“主持人”的文化身份。1983 年，改版后的《为您服务》首次设立了固定的电视栏目“主持人”岗位，我国第一位电视女播音员沈力也因此实现了“主持人”的角色转变。

依托《现代传播》《中国广播电视学刊》《新闻大学》《国际新闻界》的思想阵地，整个20世纪80年代，学界、业界、思想界关于播音员、主持人的文化批评文章已经多达数百篇。来自业界的敬一丹、沈力、汪良，来自学界的张颂、陆锡初、于礼厚等纷纷著文。尽管20世纪80年代关于播音员、主持人的批评文字较今天来讲尚显单薄、稚嫩，远未形成宏阔的学术视野。但结合整个20世纪80年代的历史文化语境，我们不难想见，批评者见微知著的洞察力和学术敏感性已然值得钦佩。更为重要的是，知识精英时代的文化批评者们的学术良知、文化感染力和虔诚的真理意识深深镌刻在当代中国文化批评的史册中，给予今天的人们更多勇气、信心和力量。

当代人文社会学家张福贵教授曾坦言，“八十年代是一个社会的整体性的精神风貌，是思想与现实、政治与历史、领导与民众在人类理性和激情的基础上，实现少有一致的时代”[①]。“在当下中国文化发展观上，正处于一个人类思想史上罕见的年代：年轻一代指责年老一代太激进，年老一代批评年轻一代太保守！这是一个极其反常奇怪的文化现象。本来‘父子冲突’是人类思想史和文学史上恒定的母题，是保守与叛逆的一般表述，而这一思想关系在当下中国却被颠倒了过来。如果硬要作出某种解释的话，那就是两代人成长的思想环境不一样。”[②]于是，张福贵教授情不自禁地发出了“回不去的八十年代”这一深沉的思想喟叹。当怀旧成为一种普遍的社会情结的时候，那无疑意味着某种回归和复古的渴望。那是一种对现实不

① 张福贵：《新世纪文学的哀叹：回不去的“八十年代”》，载《当代作家评论》2013年第1期。

② 同上。

满的情绪宣泄，也是一种对现实世界的回避与拒绝。然而，“一个普遍怀旧的时代和全民娱乐的时代一样，都不可能是一个昂扬向上的时代”[①]。相较今天，充盈着民族情怀、终极关怀的宏大叙事已经成为了20世纪80年代特有的文化景观，不可复制。那复调齐唱中的明丽主调也最终在人们的思想深处渐行渐远，日渐模糊。除了人文知识分子的感伤和怀念外，当代中国“精神导师”的“师者”地位、启蒙价值和知识分子的集体荣誉感在变异中渐渐“失语”“缺席”“退场”。

二、效率优先的“经济快车”——文化冲突与价值激变的20世纪90年代

20世纪80年代以降所形成的以经济建设为中心的主导思想在20世纪90年代得到了井喷式的爆发，整个中华民族似乎也在顷刻间踏上了效率优先的“经济快车”。千百年来所构建的“政治—伦理”型社会人文结构和“家国同构”的思想布局被重新阐释、构造、改写。人们在“市场经济”的价值驱动下无言地宣告了意识形态神话的寿终正寝。而此时，曾经作为精神导师的知识分子阶层也在言辞激烈的思想论战后渐趋平复。商品化社会重构了整个20世纪90年代的价值观，也让每个人重新定位自己的主体身份。学者王岳川著文指出：“1993年在文化坐标上是‘欲望膨胀’和‘价值倾斜’的

① 张福贵：《新世纪文学的哀叹：回不去的“八十年代”》，载《当代作家评论》2013年第1期。

一年，是政治沉重感被经济腾飞感剥离的一年。一大批边缘人和淘金者敢为天下先，利用两种制度的'时间差'（意识形态中心化时期与商品经济多元化时期），一夜之间走进了先富起来者的行列。……社会经济秩序失衡，暴富和捞一把成为1993年最大的金钱想象，而政治想象和文化想象终于让位于金钱想象这位后来居上者。"[①]

整个20世纪90年代是知识精英反思与转变的年代。当经济神话的"世俗化"价值触手可及的时候，20世纪80年代刚刚凝聚完成的崇尚知识、信仰、终极关怀的所谓"圣言"已然失去了固有的启蒙意义。此前曾经一度虔诚的"听众们"也悄无声息地离席而去，剩下的只有知识精英们的扼腕叹息。令人讶异的是，20世纪80年代的知识精英们很少慨叹经济状况的窘迫，但在20世纪90年代市场经济的冲刷洗礼下，知识精英也不时发出"世俗化"的抱怨和牢骚。在目睹北京大学中文系高考录取线下滑的现状后，陈平原教授不无感慨地说："穷怕了的中国人（从政府到民间），普遍相信只要经济发展，一切矛盾将迎刃而解。借用今夏北京流行的文化衫上的话：'有钱和没钱，感觉就是不一样！'冷落无法'来钱'的人文科学，对于这个以经济建设为中心的时代，几乎是天经地义的"[②]。在经济利益的催动下，下海风潮成为了司空见惯的社会现象。从早期的教授卖馅饼，到"文稿竞价"，再到学者变身儒商创办公司。一系列匪夷所思的怪相逐渐演变成社会常态，司空见惯。知识分子在这一时期回应社会思潮的方式是一边在行为上迎合、顺应，另一边却没

① 王岳川：《中国镜像：90年代文化研究》，中央编译出版社2001年版，第5页。

② 陈平原：《当代中国人文学者的命运及其选择》，转引自陈平原《学者的人间情怀》，珠海出版社1995年版，第102–103页。

有放弃对言说的钟爱，诚可谓“外化而内不化”。

吴冠中说：“有审美价值的作品迟早要成为商品，作品能在作者有生之余成为商品是一种幸运。”

谢晋说：“我现在可以支付明星的高酬金了。”

而冰心则宣称绝不会拍卖自己的稿件，否则连她的名字也拍卖了。

张贤亮却坦言：“我不下海，终生遗憾。”①

总体而言，在20世纪90年代，人文知识分子被放逐在主流政治话语之外，又被搁浅在经济海洋的沙滩上。挣扎、迷惘、困顿的他们呈现为中国历史上罕见的困窘状态。

与知识分子的精英姿态相对应的则是来自民间的大众文化。尽管大众话语并不与权力相关联，也无法以论证的形式呈现在社会语境中，但作为一种最广泛的民意，大众文化一旦达成某种共识，流行开来，便能够迅速形成支配性力量，并绘制成一张无形的文化地图，全方位地产生持续而深远的影响。以青年文化为例，20世纪80年代，大学校园中的年轻人满怀崇高、浪漫的理想，对政治领袖、科学家、文学艺术家崇拜之至，在乐观主义的人文精神氛围中定位自己的文化身份与价值旨归。然而到了20世纪90年代，大学生们的偶像却被悄然置换为“三星一家”，即歌星、影星、球星、畅销书作家。青年人隐性的价值观念源于明星偶像们的高收入和奢华的消费行为。一夜暴富也因此成为了许多人梦寐以求的夙愿。悬浮在大众头上的经济话语以神奇的力量重构了人们的价值愿景。与此同时，

① 转引自杨晓升：《中国魂告急》，中国社会出版社1996年版，第66页。

在现实利益的驱动下，一股“反智”主义浪潮波翻浪卷，将崇高、庄严、神圣消解殆尽。诚如王朔所言：“卑贱者最聪明，高贵者最愚蠢。”①

“仓廪实而知礼节”，人们对物质财富的追求无可厚非。“每个人都有追求他认定的幸福的权力，但作为社会流行的价值观念并支配着所有人的选择时，无论如何也不是一件幸事。”②

特殊的政治、经济、文化语境形塑了20世纪90年代的大众文化，而通过广播电视等电子传媒折射出的文化艺术景观也在反映、诠释和构造着那一时期的独特文化语境，成为一种推动着语境化的神奇力量。肇始于20世纪80年代末、20世纪90年代初的“珠江模式”“东广模式”作为大众化时代的典型媒介现象，将节目主持人推向前台。他们一改曾经正襟危坐的精英式播报语态，以艺术化的生活口语传递信息、提供服务、分享娱乐。这一时期，无论是开通热线、大板块直播的广播主持新形态，还是广播活动加品牌主持人的产业策略，抑或交通电台成就的明星主持人群体，都成为学界和业界广为热议的话题。

借助邓小平南方谈话的东风，电视人开始重新“检讨我们与观众的关系”，对电视文化作为“家用媒体”的定位进行指认。1990年，中央电视台《正大综艺》《综艺大观》开播；1993年，《东方时空》开播；1994年，《焦点访谈》开播；1996年，《实话实说》开播；1997年，湖南卫视《快乐大本营》开播。无论是新闻类栏目还是以

---

① 王朔：《王朔自白》，载《文艺争鸣》1993年第1期。

② 孟繁华：《众神狂欢——世纪之交的中国文化现象》，中国人民大学出版社2009年版，第34页。

综艺娱乐类栏目为代表的非新闻类栏目的出现，都竭力打造品牌主持人，使他们成为了家喻户晓的文化名人。同时期，学界专家纷纷加入对丰富且浮躁的主持乱象加以文化批评的行列之中。原北京广播学院（现中国传媒大学）吴郁教授将主持人节目的传播特色总结为："个性化、人格化、人际化、互动性。"[①]

对于播音主持学术研究来说，20 世纪 90 年代是最为鼎盛的时期。主持人文化与大众文化的复苏相生相伴，以争奇斗艳之势活跃在电波里、荧屏中。学界也凭借着特有的学术嗅觉和敏锐的洞察力参与到播音主持发展的洪流之中。鉴赏、推介、批评、展望，各种论著相继问世，各种学说、流派争鸣、商榷此消彼长，分外热闹。如果说整个 20 世纪 90 年代是人文知识分子失语、缺席的十年，那么，播音主持学术却在那一时期蓬勃发展，以显学的姿态靓丽妖娆。

三、"公平""均衡""协调"的憧憬——文化重构的 21 世纪

21 世纪的中国已经全面进入了以电子传媒和信息技术的广泛应用为表征的信息社会。由互联网搭建的"信息高速公路"实现了远古以来天涯若比邻的千年梦想。国人通过多媒体信息技术视通万里、纵横捭阖，徜徉在传统媒体和新媒体交织的虚拟世界中，浑然忘我。而此时，"拟态环境环境化"现象已经由曾经的可能变为实实在在的现实。

---

① 吴郁：《主持人的语言艺术》，北京广播学院出版社 1999 年版，第 6–8 页。

由于信息供给的民主性和多元性空前高涨，人们在官方与民间、传统与现代、东方与西方复杂文化观念的碰撞、交融中寻求价值归宿。当下，高速发展的经济社会与相对滞后的人文精神产生了巨大的落差，也激发出了许多不和谐的时代之音。基于此，“公平”“均衡”“协调”的可持续发展已成为公认的社会发展路径，被倡导、实施和推广。随着都市化进程的不断加剧、现代文明的日新月异、跨文化交流的渐涉深水，国人的现实生活时刻处于变化之中。传统中国恒定不变的生存方式和精神诉求瞬间被刷新。21 世纪的中国文化正处于重构之中，与既往截然不同的社会文化新语境呼之欲出。

当下中国正处于两种时间状态之中。以“北上广深”为代表的现代化都市和都市群不断同国际接轨，无论是城市建设，还是城市精神都显示出高度的“世界性”，“去地域化”“去传统化”成为典型的特征。就像是文化学界所描述的“麦当劳化”一样，全球化的现代都市空间亦如遍布全球各地的麦当劳餐厅，以标准化、程式化的方式得以普及。鳞次栉比的摩天大楼、奇观化的购物广场、规格相仿的候机大厅，这一切都在世界范围内改写着现代都市的城际线。有学者为此忧心忡忡，“那千篇一律缺乏个性的翻版模式，以及将消费者与外界阻隔的形式都是对地区意识的破坏”[①]。带有文化消费主义属性的快节奏时代正在到来；与此同时，在广大的边远农村地区，属于劳动者的文化时间却依然静默不动。人们生活在“日出而作，日落而息”的自然时间之中，民族性和地域性依旧是其显著的文化

① ［英］迈克·克朗：《文化地理学》，杨淑华、宋慧敏译，南京大学出版社 2003 年版，第 126 页。

特征。事实上，不同的文化时间塑造着不同的文化趣味，在广袤的中华大地上，两种时间并行不悖，边界清晰。

在中国，大众文化在相当长的一段时间内被认为是低俗的、庸俗的“带菌”文化，被主流价值观念所不耻，更遭到精英知识阶层的拒斥。然而，近年来大众文化在消费主义的浪潮中不断发展，也在自我“除菌”的过程中获得了始料不及的“免疫力”。

历史跨入 21 世纪，40 年的改革开放给中国带来的不仅是物质财富的积累，更是全球化的思维理念。关于当下社会形态应当如何界定，学者们众说纷纭，“后现代社会”“后工业社会”“消费社会”，等等，不一而足。鲍德里亚（Baudrillard）[①]则以生产与消费关系的经济行为为视角来研究当今的社会形态。他认为，资本主义社会已经从生产型社会进入消费社会，消费构成了社会的主导性逻辑。他指出：“消费是一种积极的关系方式（不仅于物，而且于集体和世界），是一种系统的行为和总体反映的方式。我们的整个文化体系就是建立在这个基础之上的。”[②]在生产型社会，人们更多关注的是产品的物性特征、使用与实用价值。而如今的消费社会中，我们的社会生活正朝着富裕的道路迈进。如果说吃饱穿暖是生产型社会的基本要求，那么品牌需求、审美需求的发展则是消费社会的内在诉求。

在消费社会中所形成的意识形态被称为消费主义，按照鲍德里亚的逻辑分析，社会生活当中，一切都成为了消费品，不单单是物品，即便是人的身体、心理、观念，乃至弗洛伊德（Freud）所说的

---

① 又译波德里亚。

② ［法］波德里亚：《消费社会》，刘成富、全志钢译，南京大学出版社 2000 年版，第 1 页。

自然性欲都难逃消费的控制。一句话，“在今天，凡不能成为消费对象的东西，都不具有存在的价值”[①]。消费主义带来的独特文化现象是消费主义文化，或称消费文化。麦克德里克（Mackendrick）等学者将消费文化的形成追溯到18世纪英国的中产阶级，以及19世纪英国、法国和美国的工人阶级，认为当时的广告、百货商店、度假胜地、大众娱乐和闲暇等对其产生了重大影响，从而催生了消费文化。英国学者麦克·费瑟斯通（Mike Featherstone）对于“消费文化”有着如下的界定：“消费文化顾名思义，即消费社会的文化，它基于这样的一个假设，即认为大众消费运动伴随着符号生产、日常体验和实践活动的重新组织。”[②]消费文化突出体现了人们在商品经济中的文化诉求，以及消费在文化体系中的核心地位。费瑟斯通指出：“这里有双层的含义：首先，就经济的文化维度而言，符号化过程与物质产品的使用，体现的不仅是实用价值，而且还扮演着‘沟通者’的角色；其次，在文化产品的经济方面，文化产品与商品的供给、需求、资本积累、竞争及垄断等市场原则一起，运作于生活方式领域之中。”在消费社会中，人们更注重意义的价值，符号的价值。人们视野中的世界越发的虚拟化、符号化。栖居在这样的文化氛围中，最重要的特征就是“超真实”，因为媒介塑造的世界在我们看来似乎比真实的世界更加可信。如今的人们生活在大众传播媒介编织的拟态环境当中，某种意义上讲，大众传媒就是消费社会和消费文化的

---

① 仰海峰：《消费社会批判理论评析——鲍德里亚〈消费社会〉解读》，载《长白学刊》2004年第3期。

② 转引自袁爱中：《默多克传媒消费主义研究》，载文化研究网，http://www.culstudies.com/rendanews/displaynews.asp?id=4431，2019年5月18日。

推行者和建构者。也正是大众传播媒介赋予商品越来越多的符号化含义，将消费文化传播扩散，形成大众化的消费观念及其行为方式，进而形成具有强大影响力和控制力的消费主义意识形态。所以，有学者指出，当代媒介文化就是消费文化。

消费文化对于人们行为方式和社会关系进行了前所未有的结构化组织。大众传播媒介不断提出新的消费概念和消费模式。消费者一系列看似随意、漫不经心的消费行为其实不单单体现出其个体的生活需求和文化需求，这些更出自于媒介的精心设计。媒介文化通过创造新的意义空间不断推出一个又一个新的欲望领域和消费领域，使人们在追逐属于自身社会层次时尚的同时相互交往。而这些社会关系和交往模式的形成很大程度上依赖消费。

当代社会，文化与工业的联姻使得资本的力量渗透进大众传播的各个角落。“文化、审美与市场、商品交织在一起，成为文化工业。”[①]不仅西方社会如此，中国的文化产业也概莫能外。文化市场对于当下的大众传媒的影响体现为传媒消费主义。传媒消费主义以市场和商业为基本逻辑，产业化、批量复制吸引力强的节目，最大程度地满足受众的需要。

电视是后现代文化中最有影响力的传播媒体。电脑和电视融合所产生的多媒体网络文化，以博客、微信为代表的“新新媒体”，无疑将给世界带来更大的冲击。消费文化代表了一种全球化的新趋势，而全球化并不是普遍趋同一致，都达到欧美的生活水准，而是说出

---

① 蒋晓丽、石磊：《传媒与文化：文化视角下的传媒研究》，华夏出版社2008年版，第209页。

现现代化前进和变革的新方向或批判现代化现象。就我国目前而言，经济、文化都存在着极大的不平衡，一些经济发达区域，如北京、上海已经具备了后现代的特征，而另外一些经济欠发达地区距离现代化尚存在很大距离。但社会文化和经济发展并不是并行不悖的，有时文化先进程度会优于经济基础前行。在全球化语境下，中国的社会思潮也发生了翻天覆地的变化，从这个意义上讲，中国也是处于一个后现代时代，不过这里的现代成分要多一些。因此，消费文化在我国的文化领域也有着突出的表现。世界在变化，国人的世界观也在发生着巨大的变化。消费社会的总体特征是“非中心化和非总体性”，人们尊重多元化和差异化的文化样态。

如今的人们无时无刻不生活在电子媒介包裹的虚拟消费型世界中，可以说，消费、传媒、文化融为一体的今天，电子传媒、互联网传媒文化引导着社会时尚创造了更多的意义空间，人们遨游在现代传媒所营造的拟态环境中，似乎不再满足于消费物的使用价值，而是转向符号和意义的消费，通过消费达到文化身份的认同。

正是基于当代中国社会复杂多样的文化格局，播音主持传播活动也显得异彩纷呈。带有经典创作意味的播音员、你方唱罢我登场的主持新秀等，风格杂陈。他们在以品牌化、明星化、时尚化、符号化形态吸引着不同接受需求受众的同时，也吸引了学术界反思的目光。关于此方面内容，下面的章节中将有详细论述，此处不多赘述。

第二节 “加势”与“去势”：当代播音主持批评的语境观

就中国当下节目主持人职业生存环境来说，主要是以主流广播电视媒体、广播电视传媒制作公司居多，而近年来一些互联网视频节目也给主持人才提供了展示的平台，以散在的形式呈现为带有脱口秀意味的互联网视频节目。在21世纪传媒消费主义浪潮的推动下，作为整合主流价值观念并以权威话语进行宣传的官方政治话语渐渐改变了既往刻板的姿态，以潜隐的智慧扮演着调停的角色。而作为思想领袖的文化精英们则在浩如烟海的一次性信息消费的惯性中继续落寞，除有限的知识分子因极具新闻性的话题被推上舆论“炒作”的风口浪尖外，大多数思想的声音依旧徘徊在象牙塔内，或自说自话，或在小范围精英文化圈层内回响，无异于天鹅绝唱。与此同时，由传统媒体和新媒体所搭建起的巨型传播网络以无处不在、无孔不入之势渗透于民众生活的每一处角落之中，官方话语与民间话语、主流话语与非主流话语交叉、渗透，绘制成一张语焉不详、暧昧难明，却又影响深远的文化地图。

一、潜隐的智慧——政治话语的角色转向

中国在经历了“以阶级斗争为纲”的社会主义改造期、“文化大革命”岁月的十年浩劫、改革开放的思想解放运动、以经济建设为中心的全面改革后，终于进入了平稳、快速发展的21世纪。此时，政治权力在完成了稳定社会结构、维持社会秩序的历史转折重任后，

平静地从前台走向幕后，实现了跨世纪的历史转身，文化艺术和人文社会科学研究领域也因此获得了前所未有的开放空间。“意识形态”意味浓厚的政治话语在渐次淡出了文艺创作、新闻出版、学术研究的主导语汇系统后，知识界也在回归到客观、理性、自由的表达场域中，思想交锋与观念碰撞的时代终于来临。当下的日常文化生活和人文社会科学学术研究都呈现出丰富多元的时代样貌，而这一切都与改革开放以来执政理念的发展密不可分。政治话语同文化艺术生活在形式上的剥离恰恰表征着中国共产党在栉风沐雨后从容、自信的姿态和宽广、宏阔的心胸。

2003 年，党的十六届三中全会上，“科学发展观”首次作为国家发展的战略性理念被提出。这与以往执政理念中最显著的区别在于对“以人为本”的强化。“坚持以人为本，树立全面、协调、可持续的发展观，促进经济社会和人的全面发展”，这是党和国家在 21 世纪中面对沉积已久的改革时弊和社会问题所作出的重要抉择和庄严承诺。此后，十六届四中全会和十六届六中全会上，党又先后提出了“构建社会主义和谐社会”和“建设社会主义核心价值体系”的理论。至此，过往岁月中由于经济改革步伐过快被遮蔽的诸多现实和思想问题被重新拾起，在新时期的历史关照中，关乎个体生存、发展的具体问题被正视、去蔽。当人的个体尊严得到应有的尊重和张扬的的时候，中国千百年来所形成的“政治—伦理”型文化范式正在逐渐被汰洗、校正。

广播电视是公众认识世界的窗口，也是大众文化展示的舞台。它亦如时代的风向标，标识着政策的风向，也预示着文明的前景。如果说广播电视像“吟游诗人”一样抒写着关乎时代的人文精神，那么，播音员、主持人的声画呈现则最大程度上成为了时代风尚的“代言人”。21世纪里，中国的广播电视节目创作发生了很大的变化。在新媒体思维的冲击和影响下，广播领域中，后广播时代的媒介生态尤为引人注目：从“广播—窄播—微播”传播模式，到“听众—动众—微众”的接受模式，再到“移动+社交+微播”的全新播出方式，广播媒介的体验方式也由传统的听广播、用广播转变为“玩广播”。“蜻蜓FM”“豆瓣FM”“凤凰FM”等新媒体播出平台和播出形式令听众可以随心所欲地选择新闻快讯、类型音乐、有声小说以及最新的城市路况等内容。徜徉在新型广播环境中的主持人也应时而动，不仅做到“采、编、播”一体化，更对自己的角色定位和具体的创作手段加以革新。传统媒体中的单介质型、复合型广播主持人已经被融媒体记者型主持人所取代，而主持创作也实现了从长篇广播到短消息集纳，再到今天深度求证的制作手段的位移。诚如有识之士所言，“后广播时代，是一个不断发展的当下。由于新技术的加入以及政策的影响，它一定会存在很多不确定性，但可以肯定的是，后广播时代，广播不再是单纯电台，而化身为全面化的音频平台。还有另外一点也相当肯定，即后广播时代是一个‘抢人’时代，它比以往更注重人才的争夺，有观点、有文采且懂新媒体的人将是各大媒体机构争夺的重点，他们是资深业内人士、资深意见领袖、资深产品玩家、资深调查记者、资深UGC的组织者与发动者”[①]。

① 栾轶玫：《大音频：后广播时代的新命题》，载人民网，http://media.people.com.cn/n/2013/0722/c367048-22282336.html，2018年5月15日。

在电视领域中，由于政治话语的隐退、跨文化交流的频繁、新媒体的冲击与融合，琳琅满目的电视节目生产格局在模仿、引进、创新的思维路径下表现出与以往截然不同的文化生态。从民生新闻的火爆到新闻故事化理念的滥觞，从超级女声的异军突起到真人秀文化现象的风起云涌，从抄袭、模仿西方电视模式的暗流涌动到大张旗鼓引进版权的蔚然成风，传统电影荧屏中的新闻类、社教类、综艺娱乐类、对象谈话类节目不知不觉间发生了彼此弥散、融合的化学反应，不加细查，似乎很难判断出一档电视节目的固有类型，于是我们似乎只能以新闻类节目和非新闻类节目这样大的类型域畴加以区分和界定。在传统与现代、本土与世界、严肃与娱乐的理念对话与分歧弥合的过程当中，电视节目主持人再次成为了评论的焦点。诚然，在21世纪，与电视节目主持现象的繁荣形成了鲜明的反差，学术界“有热点无前沿”的深层症候早已成为见怪不怪的现象。然而，与权威批评话语的视若无睹相比，民间话语似乎更为活跃。人们通过互联网社区、微博、微信、朋友圈分享着关于电视节目主持人的种种新鲜话题，从主持人的收入排行到主持人的跳槽转会，从主持人的语出惊人到主持人的私生活曝光，即便是主持人面部因整容而发生的微小变化、主持人不经意间的播出口误，也逃不过观众的法眼，被网友集合成图片集或视频，在各大网站、社交媒体中大量、密集地转载、分享。当然，这些媒介现象与当下泛娱乐化的媒介文化密不可分，折射出肤浅、庸俗、浮躁的大众心理。但细节辨析不难发现，这一系列现象的深层机理正是构成有关管理学、文化学、社会学、传播学、心理学研究的绝佳案例。如果能够将这些现象条分缕析地加以归类、分析、归纳、演绎，必将给播音主持学科批评理论的完善带来丰富有效的素材基础和理论暗示。

21世纪以来，政治话语由前台到幕后的角色转变作为一种潜隐的智慧，赋予了广播电视产业宽广的发展舞台，标志着民主化进程的深入。意识形态在人们心中根深蒂固的刻板印象也随之发生了改变。“借助人性化和伦理化的表述方式，意识形态并不是不可以为普通人所触摸和理解的政治怪兽，它就是近在身边眼前的一针一线、爱恨冷暖。而这一政策走向，也无疑对中国的电视创作及其话语批评方式产生了深刻影响。”[①]这种影响首先体现于政治权力在广电产业的调停力量当中，政治管控作为一双隐形之手并不直接作用于广播电视节目生产环节，而是在文化影响力的配合下匡正、引导、规范产业的健康发展；另一方面，政治话语由支配力量转变为保护力量，守望着在市场规律的作用下，广播电视的文化、艺术生产和理论构建能够保持在“效率”与“公平”的平衡状态。

二、天鹅绝唱——文化精英的“去势”与折冲

文化精英的“去势”在21世纪的今天不足为奇。早在20世纪90年代，伴随着经济体制改革的热潮，全民致富的梦想已经淹没了柏拉图式的文化理想。试想，有谁愿意顶着贫穷的帽子坐而论道呢？在市场经济的洗礼下，社会的中心价值轰然坍塌，知识分子也不免为之付出精神的代价。

---

① 杨状振：《重组话语：新媒体时代的中国电视批评》，上海交通大学出版社2012年版，第12页。

事实上，不仅在中国，西方国家在由工业社会过渡到后工业社会的历史进程中，思想价值的缺失也引起了包括弗洛姆（Fromm）、马尔库塞（Marcuse）、吉登斯（Giddens）等诸多学者的现代性焦虑。在他们看来，“现代人卷入唯理性化的生活形态愈深（我们只消举许多控制人日常生活的科技为例），他的反映就愈加不合理；现代人愈是从物质的困境解脱，他愈不明白自己该做什么；现代人自由愈多，愈不知道该如何享用自由”[①]。当代中国大众文化学者对此有切肤之痛，当下的青年人沉迷于网络游戏、智能手机、平板电脑的虚拟世界中，乐此不疲。在生活无忧的状态下，他们对思想的空虚和知识的匮乏不以为耻，相反，许多年轻人都对人文知识分子的思想焦虑嗤之以鼻，认为那是无病呻吟的文化病。事实真的如此吗？当技术理性和工具理性战胜了价值理性，人们在满足了维持生计的必要金钱物欲后，难道真的就不需要任何精神的慰藉吗？现代性的经济快车就像是一匹脱缰的野马，行驶在茫无目的的原野中。那些试图奋力拉住缰绳的人文知识分子，一次又一次遭受重创，在头破血流后陷入无穷的苦闷之中。他们嘶哑的呐喊亦如“天鹅绝唱”，除了空谷回音外，或许仅有沮丧的背影作伴了。这就像海子题为《天鹅》的诗歌中所写：

夜里，我听见远处天鹅飞越桥梁的声音
我身体里的河水

① ［德］孙志文：《现代人的焦虑和希望》，陈永禹译，生活·读书·新知三联书店 1994 年版，第 7 页。

呼应着她们
当她们飞越生日的泥土、黄昏的泥土
有一只天鹅受伤
其实只有美丽吹动的风才知道
她已受伤。她仍在飞行
而我身体里的河水却很沉重
就像房屋上挂着的门扇一样沉重
当她们飞过一座远方的桥梁
我不能用优美的飞行来呼应她们
当她们像大雪飞过墓地
大雪中却没有通向我的房门
——身体没有门——只有手指
竖在墓地，如同十根冻伤的蜡烛
在我的泥土上
在生日的泥土上
有一只天鹅受伤
正如民歌手所唱

像当年的海子一样，因精英文化思想遭受摧残而饱受煎熬的人文知识分子还有许多。在电视行业中，中国社会科学院时统宇教授就曾经大声疾呼“收视率是万恶之源”。21 世纪的电视荧屏中，“戏说”风潮令庄严的历史被改写为庸俗的野史，严肃的音乐会被消解成“众神狂欢”的舞会，穿越剧集调侃着与生命博弈、与时间抗衡的古老命题，全民唱歌的电视时代将洋溢着文化旨趣的“读书时间”

排挤在狭窄的角落中，直到颓然退场。这些反映在主持人文化中，“广播电视中传出的语言，错误屡出，以讹传讹，用词不当，言不及义，语无伦次，词不达意，已经是家常便饭，多见不怪了。对规范的反感成了‘改革’的心态；对艺术的追求，当做‘个性’的羁绊；贴近生活，变成与生活同态；服务大众，变成了与受众‘平衡’。大众传播，陷入人际传播的汪洋大海；传播媒体，加入了媚悦‘上帝’的行列。语言现象鱼龙混杂，泥沙俱下，语言品位一味迎合，每况愈下”[①]。事实上，娱乐文化的盛行是精英文化传播的最大阻碍，也是对主流意识形态的最大消解。与此同时，娱乐文化也会以一种无形的力量侵蚀大众的心智，不经意间消弭了大众的批判意识和反抗精神。从这个角度讲，娱乐文化也是与权力文化的一种合谋。

目睹这一切，精英知识分子的漠视并不仅仅出于他们的悲观与失望，更大的原因或许还在于他们批评力量的缺乏。当人文知识分子不再被视作社会发展的原动力，当他们的慷慨悲歌无法转化为催生坚强意志的良药时，也许再多的咆哮和呐喊也是无济于事的。

历史的幻灭感和自暴自弃的行为始于知识分子们文化身份和文化地位的陨落。作为电视知识分子的崔永元感触极深。他在接受《人物周刊》记者专访时，曾坦言：“我投资 5 万块钱，就可以让《电影传奇》成为街谈巷议的话题。为什么？只要崔永元在拍摄《电影传奇》的过程中，每两天出一个绯闻，那《电影传奇》就是街谈巷议的议题。这些东西是可以操作的，没有问题……（现在电视节

---

① 张颂：《播音语言通论——危机与对策》，北京广播学院出版社 2002 年版，第 1 页。

目庸俗化现象）越来越多了，不可抑制，庸俗到头了，要复苏了，很可能向严肃这个方向复苏，如果复苏不了，就会往荒诞这个方向走了，已经到头了。”[①] 也许正是由于无法力挽狂澜，又不愿随波逐流，21 世纪的第二个十年，崔永元终于下定决心，离开了工作了十几个年头的中央电视台，以一位有良知的独立知识分子的形象昂着头，投身于他所钟爱的文化传播事业之中。

尽管腹背受敌，但仍有一批心怀良知的电视知识分子们正在继续捍卫着电视文化启蒙价值的尊严和荣誉。然而，仅凭意气用事和顽固的道德训诫式批评远远不足以修正远离轨道并无限延长的媒介文化的足迹。必要的妥协往往是为了以砺再战，就像是古代战争中“折冲樽俎”的游戏，“不出樽俎之间，而折冲千里之外”[②]。正是与“折冲”理念不谋而合，21 世纪伊始，许多理论家首先为大众文化正名，在此基础上，寻找精神游戏与文化教养之间的平衡点，以此为突破口，寻找机会，以达到“反戈一击”的终极目的。在播音主持批评领域中，应天常教授所提出的“出口何必成章”“废话的语用功能”“‘说新闻’：播音向主持蜕变”“意义焦虑”等观点恰恰反映出大众文化传播中精英知识分子“折冲”的智慧。而本书后文中《消费文化语境下节目主持艺术语言传播观》等相关章节，也正是以此为学术立场，对当下播音主持文化景观进行描述、书写、反思和匡正。

值得警醒的是，“樽俎”的目的是为了“折冲”，如果一味地享

---

① 崔永元：《崔永元发飙：我们的电视台是世界上最脏的》，天涯社区，http://shehui.daqi.com/article/ 3115175.html，2011 年 5 月 12 日。

② 出自《战国策 · 齐策五》，原指诸侯国在宴席上制胜对方，后泛指在外交谈判中克敌制胜。

受樽俎的欢愉，忘记了折冲的目的，个别学者不仅积极为大众文化正名，还努力寻求各种理论依据来还原泛娱乐化媒介文化的“合法性”，为一切低级趣味和庸俗、媚俗现象开脱，则不免与文化批评的初衷背道而驰。就像诗中所说，不要“走得太远，而忘记了为什么出发”。“樽俎折冲”的策略映衬着精英知识分子们的悲观与无奈，也反映着他们的良知与坚守。

三、暧昧难明的文化地图——大众文化的“加势”与文化新语境的建构

人类文明的历史演进是一个不断积累和递嬗的过程，受到各种人为的和社会政治、经济、文化的合力影响。以古登堡印刷术的推广为揭橥，大众传播的力量如汹涌的浪潮，给人类社会造成了前所未有的文明冲击。民主的力量撼动了统治阶级的霸权地位，赋予了普通民众独立发声的空间，却也在特定的历史时期动摇了传统文化的根基。特别是在全媒体时代的今天，跨文化传播的大旗猎猎飘扬，各种新新人类伴随着亚文化的广泛传播以异彩纷呈的样态呈现在世人面前。全球一体化的时代格局下，互联网以天涯咫尺、沟通无限的技术优势将整个人类家园扭结成“地球村”，人类终于从远古时期的部落化再度回归到互联网所营造的拟态“部落化”环境。

互联网文化方兴未艾，社交媒体又再度来袭。初出茅庐的“公民记者”们手持智能手机，以社交网络为载体，或语音、或拍照、或视频，无时无刻不在刷新和分享着周遭的一切经历。传统新闻价值在社交媒体中已然不复存在，各种琐碎的信息和个体化经验被反

复阅读、评介、转载、分享。各种突发信息、网络谣言、震惊体验、伪文学话题占据了社交媒体的绝大部分空间，让人眼花缭乱、良莠难分。民主的背后隐藏着秩序的混乱和权威的消解。一方面，大家抱着娱乐的心态以“看看就算了”的初衷阅读信息，对浩如烟海的资讯麻木不仁；另一方面，人们有限的注意力资源被海量的垃圾信息霸占，而真正有价值的信息和观念则湮没不彰，无人问津。这就是全媒体时代大众文化不断“加势”所衍生出的众生百态，一幅暧昧不明的文化地图就这样被潦草勾勒出来。

新华社《中国记者》杂志社主编陆小华认为，“在媒体融合的大背景下，需要我们做什么，其核心是建立一种新的媒体观，形成新的内容生产方式以形成新的传媒业态”①。融媒体时代，传统媒体遭受着严峻的挑战，而媒介批评工作者责无旁贷，其无形中被赋予了文化秩序重建的崇高历史使命。他们就像是稻田守望者，关注着媒介发展的点滴变化，试图倾尽自己微薄的力量发出振聋发聩的真理之声。

早在20世纪90年代，学者曹顺庆教授就将当时中国的文化病症归结为三类：文化虚无主义泛滥、传统文化解读能力降低、文化价值判断扭曲。②应该说，曹顺庆教授的分析切中了当代语焉不详的文化格局中人文艺术领域和文论界的深层症候，直到21世纪的今天，这些症候非但没有得到应有的救治，反而因全媒体时代的来临而愈演愈烈。许多焦灼中的知识分子们慌不择路，以“西学东渐”

① 杨娟：《资本·创新·全球化：媒介融合的现状与未来——2008年中国首届媒介融合高峰论坛综述》，载《新闻记者》2009年第3期。

② 曹顺庆：《文论失语症与文化病态》，载《文艺争鸣》1996年第2期。

之势大量引进西方理论来阐释当代中国的人文环境。言必谈西方的风气也因此再度流行开来。理论批评文字中如果不能引据西方学者的某种主张，就像是正餐中没有了主食一样，总让人觉得缺了点什么。事实上，西方的文化批评理论源远流长、博大精深，但移植到本土后，未必能包治百病，甚至时常会水土不服。举例为证，当我们大谈工业化进程的时候，西方社会已经进入到了后工业时代，当我们竭力为中国青年人的"嬉皮士"文化正名的时候，西方的"雅皮士"文化已成为主流。如果说，用"拾洋人牙慧"来形容那些言必谈西方的学者有些过火的话，我们至少可以这样告诫他们：主义要拿来、问题要土产、理论要自立。全球一体化的进程不断加剧，但中西方远未达到文化对等的阶段，关于中国现实语境当中的文化问题，还是应当主要由国人自己解决，西方的理论体系作为参考大有必要，但全盘照搬则毫无益处。就电视文化实践来说，2013 年前后，全国上下电视节目中引进西方节目模式的风潮一浪高过一浪，几乎所有的西方成熟节目模式在中国都有与其对应的本土化"版本"，实在到了"引无可引"的程度。一些因引进节目而"大获全胜"的地方电视台领导携自己的团队在广播电视节目交易会上大谈引进的心得体会。殊不知，目前中国引进类电视节目中 90% 因水土不服而亏得一塌糊涂，只有 10% 的所谓幸运者还在为此而摇旗呐喊。"从中国制造到中国创造"的口号已经喊了很多年，但落实到行动当中，却深刻反映出国人文化原创乏力的弊端。也正是在这个时候，艺术原创与价值转换的理论诉求呼之欲出！

新世纪的曙光普照华夏大地的每一个角落。伴随着传媒技术的革命性突变，媒介批评的文化语境发生了翻天覆地的变化。都市化进程的加剧和媒介力量的扩张使得现代人生活在万花筒般瞬息万变、光怪陆离的拟态世界当中。“拟态环境环境化”现象已经不是遥不可及的理论构想。现实生活中，以市场逻辑为主导的大众文化生产机制重构了现有的文化生态。在政治话语退居幕后，精英知识话语缺席的当下，崭新的文化语境再造、牵引、诱导着大众文化趣味与精神追求。此外，源自西方的消费文化以其强大的吞吐能力，扩大了原本物化市场的潜力和空间，对符号和意义的消费紧随着网络文化的兴起而弥漫开来。这一时期，作为传统媒介的报纸、广播、电视，作为新媒体的互联网和作为新新媒体的社交媒介彼此竞合、博弈，正在相互影响和改变着。

近年来，“报纸已死”的呼声甚嚣尘上，加之主管部门不谙就理，以报纸思维办网络，以网络思维办报纸，不仅没有充分发挥互联网的技术价值优势，实现“1+1>2”的传播理想，反而造就了“1+1=1”重复建设的怪相。电视媒介努力自我调整，通过各种手段拥抱新媒体，然而除了悬挂在电视屏幕角落里“牛皮癣”一样的二维码和互联网电视建设以外，再无新意，乏善可陈。

媒介融合无疑是大势所趋，而中国式的媒介融合却被人为置换为三网融合的概念。电视网、电信网、互联网之间的融合由于体制因素和利益因素的掣肘，始终难以推进。尽管在2010年1月13日，国务院召开常务会议，出台了《推进三网融合的总体方案》。按照方案，2010年至2012年重点开展广电和电信业务双向进入试点；2013年至2015年，总结推广试点经验，全面实现三网融合发展，普及应用融合业务，基本形成适度竞争的网络产业格局。但现实情况却事与愿违，“国家广电总局这些年共颁发了7张IPTV业务牌照，分别给了央视国际——CNTV（中央电视台为申请主体）、杭州华数（浙江、杭州电视台联合申请）、上海文广——百视通（上海电视台为申请主体）、南方传媒（广东电视台为申请主体）、湖南电视台、中国国际广播电台以及中央人民电台，清一色的广电系。电信运营商想发展 IPTV 业务基本没门。电信部门当然也不会心慈手软，2013 年 12 月 4 日，工信部的头三张 TD-LTE 4G 牌照也全部给了自己的嫡系部队——中国移动、中国联通和中国电信。各类视频网站的红火情况无须在此赘述，大多数人都有自己的体验”[①]。鉴于上述情况，中国特色的媒介文化新语境的构建可谓步履维艰。

事实上，新媒体的出现，并不意味着旧媒体的灭亡，而意味着旧媒体充分挖掘自身优势，打造核心竞争力，重塑其崭新的媒介职能。这早已是学界公认的定论。然而，在具体实践中，却很少有媒介领导者和从业者能够对理论规律和既有研究成果心存敬畏，一而再、再而三的失败案例恰恰印证了媒介从业者的不学无术。以电视和互联网两大媒体间传播特性的比较为例：电视具有“三定”特性，即固定时间、固定地点、固定节目内容；而网络具有“三随”特性，即随时、随地、随意收看的特点。表面上看去，似乎电视传播的劣势非常明显。但细加分析，电视对于宏大叙事和仪式化内容的表达具有显著优势。例如，体育比赛、电视晚会、大型综艺节目、演唱会直播等内容的表达优势是网络媒体所无法比拟的。此外，电视收视无形中重塑了完整的家庭共同体，令忙碌一整天的家人因为电视

① 陆地、张牧涵：《2014：中国电视业发展的四个关口》，载《编辑之友》2014 年第 1 期。

而再度聚拢在沙发旁和电视前。这对于家庭情感的汇聚具有非常积极的意义。基于此，不难想见，播音员、主持人的媒介呈现和“意见领袖”式的媒介角色俨然成为了电视文化不可或缺的组成部分，主持人文化影响力的重建也将势必成为电视媒介与新媒介竞争的核心策略。

第三章

节目主持批评主体论

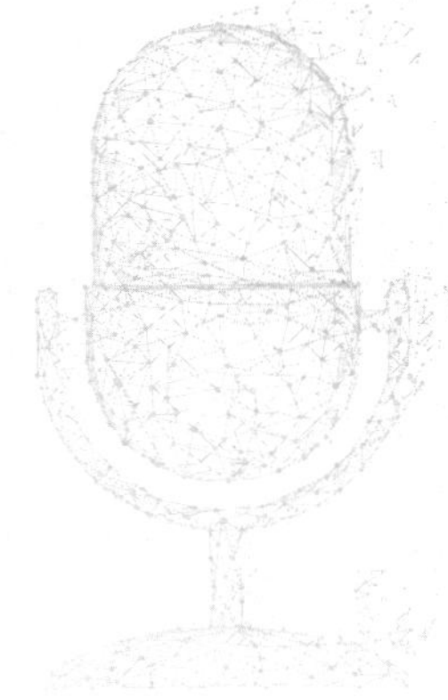

就人文社会科学中的各个学科而言，学科发展史、学科理论、学科批评是不可或缺的三部分。而在学科批评子系统中，作为批评主体的批评家更是至关重要的研究对象。我国节目主持艺术不甚绵长的发展历史本身就是一部充满了矛盾交锋与思想博弈的批评史。其中，杰出的批评家扮演着重要的文化角色。他们不仅将学术观点和思想脉络拉伸到理论的高度，在归纳和演绎中强化了学科的独立性，更为重要的是，他们的批评话语直接或间接、显在或潜在地推动着我国节目主持事业健康、有序发展。

从我国广播电视主持人诞生伊始，相关的批评话语就已经开始萌动。随着节目主持文化现象的波浪式前行、螺旋式上升，批评话语也随之日益成熟，蔚为壮观。其中，节目主持艺术批评家作为学科批评的主体功不可没。然而，时至今日，对节目主持批评主体的关注还远未形成气候，这不能不说是学界的一大遗憾。那么，究竟什么人才能成为本学科的批评家？为什么只有批评家才能被称之为批评主体？批评家又在哪些基本素质的合力作用下使其主体性得以发挥呢？这些都是本章中需要探讨的话题。

第一节　作为节目主持批评主体的批评家

广义上讲，主持艺术的批评主体至少包括批评写作主体和接受主体两部分。节目主持批评的写作主体自然指称的是职业从事批评写作的批评个体；而节目主持艺术批评的接受者，则涵盖了电子传媒领域中的节目主持从业者和一般受众两部分。事实上，仅从广义上探讨节目主持艺术的批评主体，很可能由于概念的泛化使批评指向的研究和批评者素质能力的构建茫无边际而变得羚羊挂角、无迹可寻。因此，在具体的学术建设中，有必要使用狭义上的批评主体概念。狭义上的节目主持批评主体主要指一般性的学界批评者、批评家和批评学家。在本领域中，批评家是介于批评学者和批评学家之间的专业研究人员。如果说，一般意义上的批评学者研究视域尚显宽泛，而批评学家集中致力于批评学本体研究的话，批评家则处于整个主持批评系统中的核心地位。他们以典型性的研究成果为依托，凭借带有广泛学术影响力的学理性批评武器，在捍卫本学科独立尊严的同时，更彰显了专业化批评的独有阐释魅力，以强有力的理论话语同业界实践形成张弛有度的无形弹性空间。

播音与主持艺术作为一门独立的学科门类之所以能够在短短几十年间成长为拥有本硕博三级人才培养体系的独立学科门类，批评家们充满理性智趣的质疑、商榷、颠覆、反证和打磨起到了不可替代的推动作用。

在学界，节目主持理论的建构时常与批评体系的建构混为一谈，被混淆和误读的情况屡见不鲜。而事实上，二者之间的关系是彼此关联却不能互相取代的。节目主持理论是对既有现象的梳理、阐释、归纳、总结，是一种共性研究。节目主持批评却是对业界现象、学界观点带有针对性的特性研究。“批评离不开理论的启迪，理论同样离不开批评的滋养。”[①]基于此，节目主持批评家则要立足于特定研究对象，以恰切的研究方法为手段，开展富于个性的批评研究活动。

在我国学界和业界，直到今天，播音员和主持人的起源与发展关系仍旧是一个剪不断、理还乱的矛盾研究客体，这给学界的学理性批评带来了不小的麻烦和困惑。20世纪40年代，以延安新华广播电台一声响亮的呼号为揭橥，播音员时代的大幕徐徐拉开。那振聋发聩的时代之声、民族之声响彻云霄，也给国民性的启蒙带来了巨大的政治、文化影响力。有批评学者声言，播音语言亦为人文精神的音声化，而绝不仅仅是“传声筒”“肉喇叭”那么简单。而20世纪80年代中后期以降，中国改革开放的大门徐徐拉开，在跨文化交流渐涉深水的进程中，“主持人”这一源于西方的媒介角色第一次出现在中国的电子传媒体系中。“珠江模式”“东广模式”的提出，更掀开了带有中国特色的主持人发展大幕。诚如中央电视台主管领导孙玉胜所言，电视媒介某种意义上来说，就是主持人媒介。基于我国的特殊国情和主持人独特发展轨迹，我们不难发现，有的主持人转型于播音员队伍；有的主持人来自记者、学者；有的主持人来源于专业院校；当然，也有的主持人来自于不相关的其他专业院校，甚至是社会其他行业。无论如何，在我国，直到今天，播音、主持之间的关系依旧是盘根错节，难于简单加以厘清和分割。一个时代的鼎盛往往伴随着一种既有模式的消解。20世纪80年代初期开始

① 李道新：《影视批评学》，北京大学出版社2002年版，第2页。

绽放荧屏的节目主持人以一种充满人际化魅力的柔性传播方式抚慰了深受“文化大革命”戕害的国人。自此，作为一种特定的媒介符号和热门文化现象，节目主持人成为了热议的话题。然而，也恰恰是由于根基较浅，历史感不足，中国电视节目主持发展景观至今已形成一种众语喧哗、乱象纷呈的媒介格局。这也亟待理性批评的声音对其加以质询和规范。

时至今日，极具针对性的节目主持批评学仍旧在草创当中，但批评家们的声音却一直不绝于耳。20 世纪 80 年代以来，较早涉足节目主持批评领域的学者中不乏见解独到之士。例如，撰写了《论节目主持人》的壮春雨先生，撰写了《节目主持人与新闻》的陆锡初教授，撰写了《节目主持艺术论》的应天常教授；等等。传统精英学派的旗帜，中国传媒大学播音主持艺术学院张颂教授、姚喜双教授、吴郁教授、鲁景超教授、曾志华教授等，以传统的经典力量推动着主持人文化批评的理性构建。而上海戏剧学院的吴洪林教授则以《主持艺术》捍卫了带有海派新锐特征的艺术批评体系。来自广州大学的应天常教授独辟蹊径，观点犀利，以《节目主持语用学》为蓝本，勾勒出个性十足、锐气逼人的南方学派，其主持人批评研究理念影响深远。21 世纪以来，一批来自各大知名高校和科研机构的后起之秀，兼收并蓄，以独特的理论视角、跨学科的视域将对播音主持批评的理解加以拓展。值得一提的是，来自中国人民大学的青年学者高贵武，他的《主持传播学概论》以及相关学术文章中充分体现出交叉学科、视域融合的特征，其中的一些见解也对本学科的批评体系构建作出了不容忽视的贡献。

相较于 19 世纪，百余年来，“相对性”是人文精神区别于以往的关键点所在，多元与异质并存，商榷与包容同在。播音主持批评家们也恰恰在以“相对性”的理论话语实践着他们的媒介介入行为，就像应天常教授所谈到的，“从埃舍（Esche）的‘怪圈论’到德里达（Derrida）的解构主义和伽达默尔（Gadamer）的解释学，都完整地体现了这种特性。正因此，不存在哪一种批评至尊至大吞并其他的恐惧。我的批评只能接近却不可能与批评对象完全重合，如果没有不可触碰的‘明星品性’，我的批评对象可以不必介意文字表述可能出现的某种‘误读’。虽然，批评可能锋利一些了，这也许与笔者的文化性格相关，但它的好处可能是与一开口就落入他人的言论略有不同”[①]。

批评家之伟大就在于其摒弃了功利性的束缚，不人云亦云、亦步亦趋；不哗众取宠、特立独行；不夜郎自大、好高骛远；不崇洋媚外、言必谈西方。在客观的学术立场下，批评家们各持己见，其富于个性锋芒的批评话语中肯、独到，跃然纸上，似一剂猛药，匡正业界的偏颇，更像是当头一棒，令人警醒，迷途知返。

第二节　节目主持批评家的素质构成

在学界，关于节目主持人素质的相关研究不在少数，且已经基本达成共识，而关于本学科批评家素质的研究却鲜有问津。节目主持批评功能的实现、批评话语有效性的达成，很大程度上取决于批

① 应天常：《节目主持艺术论》，北京广播学院出版社 1999 年版，第 6 页。

评家的素质能力。不同的批评家拥有不同的文化、教育、知识背景和学科体系，其独立的个性化思辨也直接影响到批评视角以及相应的批评深度、广度与厚度。基于节目主持艺术学科的交叉性、前沿性、综合性等特点，任何一位批评家的话语都不可能以绝对全息化的视角对所有问题加以完整阐释。于是就存在着理论对接、视域融合的问题。权威批评话语来源于批评家的综合素质构成，强大且深入人心，令业界心悦诚服地接纳批评家的观念绝非易事，这就要求批评主体在文献积累、实践积累、思想积累等方面下足功夫。惟其如此，才能够塑造出一位被学界与业界识别、认知、认同，以至于令人信服的批评家形象。在节目主持批评家培养和建设中，至少要在文化阅历、专业素养、思想素质等方面加以缜密考量。

一、批评家的文化阅历

关于“文化”的界定，中外历史上相关的定义不下百种。总体而言，文化是一个民族生存方式的同一性体现，带有承袭传统的意味。文化是在人类不断征服和改造自然的过程当中所积累的文明成果的聚集。就文化阅历而言，也有广义与狭义之分。广义上的文化阅历泛指人们在社会生活当中一切与主流意识形态相一致的行为方式和价值取向，言谈举止、穿着打扮、生活阅历无所不包。而狭义上讲，文化阅历带有很强的个性化特征。特指某人以书本知识为载体所获得的文化品性和文化趣味。

对于播音主持批评家文化阅历的打量，至少要从其教育背景、学科知识结构、社会生活阅历三个方面加以研究。所谓“读万卷书，行万里路”，批评家所具备的公信力的实现与其文化阅历息息相关。

著名批评大师张颂教授出生于20世纪30年代，18岁即投身革命，从事播音工作。他毕业于北京师范大学中文系，后执教于原北京广播学院播音系。他经历了抗日战争、解放战争，在如火如荼的十七年时期于中央人民广播电台从事播音工作，他是动荡的“文化大革命”岁月的亲历者，又见证了中国新时期以来广播电视传媒摧枯拉朽的时代风云。他的批评文字保藏着厚重的历史感，人文学者的扎实积淀又锻造了他行云流水的生动文风。更为重要的是，在他的批评观中，昂扬着知识分子悲天悯人的精神品性，不甘于在泥沙俱下的时代漩涡中沉沦，以知识分子固有的执着与热情向消费大潮宣战。在历史飞跃时，处变不惊，尽力而为。正是在他的带领下，经典播音学被搭建成形，语言传播精英观念作为固有文化传统在我国主流媒体细水流长，随时代的推进不断焕发出崭新的生命活力。

南方学派的代表人物应天常教授先后执教于广州大学和深圳大学等岭南高校。他于1942年出生于江苏镇江，20世纪60年代初完成大学本科学业。在“文化大革命”岁月中，尽管他被放逐在边远山区，受到迫害，但残酷的社会现实没有令他的精神世界为之屈服，相反，磨难锻造了他直面现实、敢于批判的学理追求。他曾经从事师范教育，20世纪80年代又远赴新疆克拉玛依从教数年。20世纪90年代初，年逾半百的他来穗开拓广播电视新闻教育。他学术兴趣广博，广泛涉猎语用学、社会学、媒介文化等学科，并追求通观。作为中国汉语口语研究会副理事长和学术委员、中国广播电视学会主持人节目研究委员会理事和学术委员，应天常教授出版了大量有关主持人批评方面的专著。他的个案研究另辟蹊径，独树一帜。

他向传统口语概念发出质疑，又提出了“出口何必成章”的文化叩问。他研究主持人语言中“废话”的语用价值，又深究“口误”产生的原因和解决策略。许多在常人看来不足为奇的一般业界现象，在应天常教授的学理阐释中却被重新赋予了深邃的研究价值，启迪着业界的思考。就在应天常教授一次次商榷、质疑和发问中，主持人批评理论一步步前行，得到深化和拓展。在学术界，他就像是一位“法兰克福斗士”，永远挑战权威，怀疑经典，以“吾爱吾师，吾更爱真理”的理念不断找寻终极意义。有的时候，应天常教授又会对自己的既有研究成果产生质疑。他会从书桌前站起身，将自己的文本写作主体当成他者，以审视的目光来批判过去的“应天常”。正是在这永不停息的追问下，节目主持批评研究不断朝真理逼近。

21 世纪的第二个十年开始，面对纷繁复杂的播音主持媒介呈现形态，学界反而因失语而缺席，对于一些不堪入目、不忍卒听的业界现象，学界表现出见怪不怪的状态。麻木的情绪和停滞的思考令批评系统停滞不前，这不得不引发应有的理性反思。在西方，早有类似于“新闻评议会”的机构设置。21 世纪以来，毗邻中国大陆的香港地区也成立了这样的机构。机构里有专职从事媒介批评的研究人员，他们从政策性和原则性的视角对媒体进行监察与评判。一批批学者型和研究型的理论批评家也因此获得了成长的土壤，他们崇尚科学性和理性化，更追求思想的独立性。作为固定的新闻批评从业者，也会因此获得稳定的收入。

一段时间以来，随着大师的陨落、老一辈批评家的相继退休，节目主持批评活动一度成为了高校教师、博士们的偶发性行为。他们或者出于教学科研的需要，或者出于突如其来的灵光乍现，对一些显在的现象作出浮光掠影的描摹和一鳞片爪的批评。因此，真正为学界所认可和称颂的领袖级人物还远没有出现，更不要说一支专业的批评研究团队了。相较于国内文学批评领域如火如荼的批评氛围，各大高校和科研院所中大师云集的批评家队伍、媒介批评，特别是节目主持批评的声音显得落落寡合。某种意义上来讲，任何一个领域中，职业化是专业化的前提，也是成熟化的标志。长远来讲，节目主持批评家团队的建立、其职业化的发展走向才是本学科逐渐迈向正轨、发挥影响力的基础保障。在这期间，首先要提高的无疑是批评者的文化阅历。

二、批评家的专业素养

苏联学者塔兰金（Talankin）曾说过："艺术家和观众都期待着评论家的深刻的和具有高度专业性的分析。艺术家需要有精细和敏锐的评论头脑帮助他进行分析：这就是我创作的吗？……因为在艺术中，许多东西是凭直觉找到和发现的。要揭示艺术家剧作中的规律，给他以提示：'你自相矛盾了'或是'你走得远了一点'——这才是高尚的为艺术发展所必须的评论的任务。"①如果说在艺术创作领域中，艺术实践是一种从自发到自觉的探索与发掘活动的话，艺术批评家则是那双敏锐的眼睛，批评家以洞若观火的批评文字书写出艺术创作发生和发展的路径，从中梳理出规律性认识，进而指正偏颇，规划捷径。因此，艺术家和批评家的关系绝不是对立的矛盾实体，相

---

① ［苏联］И. 塔兰金：《评论家同志》，黎力译，载《世界电影》1987 年第 2 期。

反，应当是务实合作的伙伴和战友。朋友间的信任当然是建立在特定领域中彼此惺惺相惜的认同基础之上的，批评家固然要理解艺术创作中的复杂与艰辛，而艺术家也要在充分肯定批评家鉴赏能力的基础上才会对其达成信任。这一点毋庸置疑。因此，批评家的专业素质是其能否获得有效批评，从而取得业界信赖的关键所在。

那么，作为节目主持批评家，需要拥有怎样的专业素质呢？如果说文化阅历作为批评家的普适素质处于基础性地位的话，专业素质则特指批评家在节目主持学科中所积累的专业性知识体系。文化阅历的缺失将导致批评浅尝辄止，而专业修养的匮乏将会直接影响批评的适用范围和精准度，并使其游离于批评对象之外。

20 世纪 90 年代中后期以降，随着我国主持人队伍的蓬勃发展，学界批评的声音也不绝于耳。其中，固然包含着充满理性智趣的思辨之声，然而，我们也随处可以留意到一些不明就里的随意性批评文字。作为批评家最为重要的专业素养，就是对一线实践的深入了解和调研。批评者如果没有与业界的近距离审视，就不可能完成有指导力的批评文字。

事实上，仍旧有一些所谓的学界专家，他们根本没有经历过一线实践，仅仅出于对喧嚣不已的主持人现象的一时兴趣，煞有介事地作出感想式、印象式点评或是生硬的理论移植与嫁接，以玄而又玄的文字游戏取代了平实且深刻的思想外射。那些所谓的新鲜理论就像是阳春面上的几滴香油，远远闻去香气扑鼻，但仔细品味，却大有乏善可陈之感。一段时间以来，所谓的“专家型主持人”“主持人双向传播论”“播音员必将被主持人全面取代”的提法恐怕就出于那些伪学者笔下吧。批评者理应拥有节目主持学科的系统理论知识，占有大量一手素材。也就是说，要具备相当丰厚的关于本学科的文献积累与思想积累。在此基础上，批评家本着学贵质疑、包容异己的态度，着力构建本学科批评研究的“关系理性”原则，在批评主体与批评客体之间构建起一个沟通的渠道和对话的平台。

与人文社会学科中的其他门类相仿，节目主持批评学者所从事的专业性批评活动至关重要的问题无疑是科学精神与人文精神的统一。任何真理性的缺失将直接导致批评实践的失败。一般意义上讲，科学精神的本质就是尊重事实、实事求是，而人文精神的本质则是指“高扬人性、揭示人生存的意义、体现人的尊严和价值、追求人的自由全面发展的文化精神”[①]。在本学科过往的批评实践中，科学精神与人文精神双重缺失的的现象并不罕见。问题的关键主要体现在批评者的精英化姿态的虚妄或简单化价值判断的谬误当中。其实，往往深刻的洞见正孕育在平实的观察和缜密的思辨之上。批评家洋溢着犀利、独到科学精神的火花和流淌在文字间的质感最能够激发出振聋发聩的批评话语。诚如青年马克思（Marx）在《评普鲁士最近的书报检查令》当中的激扬文字：

> 你们赞美大自然悦人心目的千变万化和无穷无尽的丰富宝藏，你们并不要求玫瑰花和紫罗兰散发出同样的芳香，但你们为什么却要求世界上最丰富的东西——精神只能有一种存在形式呢？……每一滴露水在太阳的照耀下都闪耀着无穷无尽的色

---

① 肖云、王卉：《科学精神在媒介批评中的缺失》，载董天策：《中外媒介批评》暨南大学出版社 2010 年版，第 131 页。

彩。但是精神的太阳，无论它照耀着多少个体，无论它照耀着什么事物，却只准产生一种色彩，就是官方的色彩！精神的最主要的表现形式是欢乐、光明，但你们却要使阴暗成为精神的唯一合法的表现形式；精神只准披着黑色的衣服，可是自然界却没有一枝黑色的花朵。[①]

批评话语的多元性表征着批评主体间的平等性和批评建设的民主性，这与科学性并不矛盾。只要是在科学精神的指引下探索，播音主持批评话语亦如参天大树，植根厚土，依旧枝繁叶茂。

三、批评家的思想素质

如果说批评家的文化阅历和专业素养决定了节目主持批评的专业精神、思想厚度、价值归属等问题的话，批评家的思想素质则直接影响到本学科批评观的方向性建设。综观中西方文艺批评的历史，“真、善、美”作为文艺批评的重要价值标准一刻不曾远离批评家的视野。在媒介批评中，“真”对应着政治态度，“善”折射着道德尺度，而“美”则可被置换为审美标准。那么，在节目主持批评实践中，批评家们的政治态度、道德尺度和审美标准共同决定着批评观的历史呈现。从历时性的角度出发，学科发展历史中戏剧与影视学的批评观或批评目的依次体现为：移风俗、正人伦—为政治服务—提升创作水平与鉴赏水平—发掘作品文化内涵。时至今日，随着思

① 《马克思恩格斯全集》（第1卷），人民出版社1972年版，第7页。

想解放运动的渐涉深水，批评家拥有了相较以往任何历史时期更加开阔的学术视野、更加宽松的学术气氛和更为自由的话语空间。然而，在相对民主的氛围中，批评家的思想自律性也不得不提升到学术研究的层次加以考量。

我国早期传媒思想家、“报业奇才”黄远生先生曾坦言：“夫欲改革国家，必须改革社会，欲改造社会，必须改造个人。社会者国家之根底也，个人者社会之根底也。国家吾不必问，社会吾不必问，他人吾亦不必问，且须先问吾自身，吾自身既不能为人，何能责他人。更何能责国家与社会。”[1] 中国早期的媒介批评家已然意识到传媒知识分子个人思想修养的重要性，更何况思想交锋甚嚣尘上的当代媒介文化生态中的知识精英们呢？在当代中国，节目主持批评家良好的思想素质集中体现为政治立场坚定、道德情操高尚和审美取向高雅等方面。时下，确实有一些理论工作者不注重自己思想道德方面的自律。要么鼓吹国际视野、传媒消费主义的世界通行性，而忽略了中国自身的特殊国情、文化传统和民族精神的内在品性；要么抵挡不住金钱、物质诱惑，其批评文字中满眼的捧场语汇令同行学者乃至普通读者不忍卒视；要么审美品位低俗，俯就大众文化的同时无视传统文化、民族文化的根性。以上几种不良的批评倾向无疑是由理论批评者思想素质的滑坡带来的恶果，值得我们警醒，并防微杜渐。当然，良好的思想素质也决不体现为满口“上纲上线”，以道德审判官的姿态对业界的一切创新行为指手画脚，俨然一副思想卫道士的嘴脸。

---

① 黄远生：《忏悔录》，载张之华：《中国新闻事业史文选（公元 724－1995 年）》，中国人民大学出版社 1999 年版，第 165 页。

总体而言，无论是作为批评家思想素质重要组成部分的政治态度、道德尺度还是审美标准，都应当顺应时代和社会发展的历史潮流，在不损害社会安定、团结的前提下，同步甚至超越于社会和时代的思想标准，从而在外化的批评话语中彰显出独具文化、艺术魅力的思想抱负。批评家的思想素质直接决定着批评观的历史构成。强大的思想动力会将恰切的批评目的、批评标准和批评方式凝聚为批评观的生动文化感召力，指导实践的同时，也能有力地推拉动实践前行的脚步。

第三节　节目主持批评家主体性的科学建构

一般意义上来说，主体性是指人在社会实践过程中所呈现出的能力、作用和地位，即人的自主、主动、能动、自由、有目的地活动的地位和特性。亦如海德格尔（Heidegger）所言的"主体性建构了主体"，节目主持批评家只有通过自为的自律性、自觉的能动性以及自由的超越性为实践活动条件，方能将自身建构为能动的价值存在。节目主持批评家主体性的科学建构将有利于其主体性的充分发挥，进而建立学科范型，维护学科批评秩序，守望人文社会的精神家园。

那么，怎样才能充分调动起节目主持批评学者的话语机制，令其积极参与，并有效维护本学科批评的健康秩序呢？笔者认为，集中体现在如下三方面：

一、视角创新——小众批评与大众批评的良性互动

在人文社会科学的批评实践中普遍存在这样一种现象，即由于受到批评家所处社会地位以及批评文字作用空间的限制，批评活动通常被局限在专业化的学术期刊、个人化的学术专著以及精英化的学术讨论范围之内，难以扩展到大众范围，这也在常理之中。然而，作为实践性极强的节目主持学科，如果批评家仅仅集中在狭仄的小众空间中自说自话，理论话语不被广泛认知的话，其学理价值恐怕很难得到应有的发挥。于是，这就呼唤着本学科小众批评与大众批评的良性互动。作为姊妹学科间的参照和类比，电视批评的一些理念很有借鉴价值。如刘宏先生在《我们需要什么样的电视批评》中曾经谈道："我们需要学院派有学术距离感的文化批评，又需要能够比较充分表达平民视点的网络批评，同时也需要业内人士富有专业精神的独立批评，才能使电视批评走出电视界的小圈子，和有生命力的文化批评汇成一股社会批评的河流，令我们的电视批评成为一种社会舆论监督，在电视界造成良好的批评氛围。"①

电视批评如此，更何况节目主持批评呢？在早期的节目主持批评实践中，既有学界、业界的批评文字，也有社会知名学者和普通受众的批评话语。例如，《旧中国的上海广播事业》一书就记录了1937年8月28日茅盾先生的一篇刊载于《救亡日报》上的文章，题为《对于时事播音的一点意见》。文中指出："最受听众注意的自然

① 转引自王艳玲：《电视批评家研究》，载欧阳宏生等主编：《电视批评：理论、方法、实践》，四川大学出版社2007年版，第86页。

是时事消息，这些消息的来源大都是当日的早报和晚报，除将文言翻成半文半白而外，别无贡献。这对于不大容易看到上海早报、晚报的地方自然很好。但当天重要新闻既有中央电台和交通部上海电台在负责报告也就够了，上海其他的民营电台很可以不必死板板地讲读报纸，很应该把作风变换一变换。我们的战士在前线浴血奋斗，不是每天都有空前的壮烈的记录么？各报所载，或详或略，但综合以观，则一场血战时我军的英武实已跃然纸上，倘如演述，便是最感人的故事。我有一次曾经听到有将报纸上一段记载（述士兵的英勇的）用说书的方式在 retold，觉得既能通俗，又热情横溢，比之死板板的逐句讲读实在好多了。”①

同一时期，除了社会文化名流的关注外，普通百姓也对播音员的创作加以评点。例如，1938 年，署名为浦萎修的读者就在《上海无线电》杂志的第 24 期中发表了题为《滴滴娇与娇滴滴》的批评文章。直陈当时电台播音员声调中的萎靡之风，并建议他们使用清晰的语言、简洁的声调和明快的节奏。

试想，在内忧外患时期的中国，大众关于节目批评的参与尚且有着如此热情。在当代开放包容的高度现代化的文化场域之中，来自社会各界的大众批评又怎能缺席于如此宏阔的传媒时代呢？因此，我们在着力凸显节目主持批评中批评家主体性发挥的同时，也应当赋予社会大众非学理性批评的文化空间，倾听他们的真知灼见和日常化感受。

---

① 上海档案馆、北京广播学院、上海市广播电视局合编：《旧中国的上海广播事业》，档案出版社、中国广播电视出版社 1985 年版，第 460 页。

二、兼收并蓄——多元批评模式与方法并存

节目主持批评家个人化的“主体出席”与集群化的“队伍建设”同样重要。批评话语的权威性、独到性、科学性、严谨性、规范性固然可贵，而任何一家之言或许都会受制于批评家个人学术背景、文化阅历等因素的局限。只有在“群言堂”的百花齐放中发挥学派间的争鸣效应，才更有利于创作者、批评者、受众间的良性互动，诚所谓“真理不辩不明”。倡导多种批评模式、多种批评方法和多家批评学派的并存，以思想交锋的力量置换一家独大的单一价值谱系，或许才是本学科批评系统完善的最佳途径。

人类学术史中，曾出现过灿若星河的学派。在中国，先秦时期的儒家、道家、法家、墨家等学派，明清期间陆王学派、吴学、皖学、扬州学派等，其学术和思想都是后人引以为据的经典。而西方历史中的米利都学派、弗莱堡学派、法兰克福学派等，也都以其人格精神和道德风范光照人类思想的天空。无论中西方何种学派，都以代表人物、共同的精神信仰和学术风气、统一的学术方法和宗旨、表征核心主张的经典理论著述、一脉相承的学术传统为基本特征，“百氏争鸣、九流并列、各尊所闻、各行所知”[①]，其包容、自由的学术胸襟对思想的进步、社会的革新起到了积极的推动作用，也留给了后世享用不尽的精神食粮。相较于人类文明史中博大精深的学派，节目主持批评学派显得十分渺小，但“苔花如米小，也学牡丹开”，在传承传统文化批评脉络的基础上，以中国传媒大学为代表的精英

① 《尹文子》，《四库全书总目提要》卷一百十七·子部二十七《杂家类》。

学派、以上海戏剧学院为代表的南方学派、吉林大学孔朝蓬教授领衔的北方模式、岭南地区以应天常教授为代表的南方学派、深圳学派已然彰显出学术争鸣的态势，依托《现代传播》《中国电视》《中国广播电视学刊》《电视研究》《当代电视》等核心期刊逐渐形成学术探讨的气候。

就批评模式与批评方法而言，除传统的泛文化批评外，近年来，中国人民大学高贵武副教授开拓了本学科实证研究的先河，他于 2010 年 12 月刊发于《国际新闻界》的文章《三十年来广播电视节目主持人研究发展分析》以代表性刊物为研究对象，借鉴了传播学研究的内容分析定量研究法，通过 3 位编码员进行编码，将数据输入 SPSS（社会科学统计软件包）进行统计分析。其研究价值不仅在于对本学科研究方法的创新，更在于其研究结论的精准性和说服力的有效性。而在学术批评范式的构建方面，笔者于 2014 年 11 月刊发于《编辑之友》杂志的《播音与主持艺术学科研究的理论范式》一文则大胆提出了学科研究的四大范式，即技术艺术基础论、社会文化传播本体论、意识形态决定论和传播主体文本细读论。四大理论范式的提出对于学界批评中的严谨性和规范性作出了积极阐释，也从侧面提出了反对学理性批评中感想式、印象式点评的学术主张。

三、民主对话——批评话语空间的开放性

在融媒体时代，传统媒体的坚守、新媒体的冲击、新新媒体（特指自媒体、社交媒体）的异军突起，使得批评话语较往昔更为喧嚣复杂。节目主持批评在 20 世纪 90 年代以降的结构体系中，逐步

形成了以行政权力为主导的官方批评和体制内行业批评、以学术力量为主导的学院派学理性批评，以及以一般社会大众和互联网媒体为代表的社会化非学理性批评“三足鼎立”格局。

然而，在这看似自由民主的多元批评话语空间中，却暗藏着根深蒂固的门第之见、信任危机以及心理缔结。在不同利益诉求、不同批评路径的驱动下，批评权力的让与和争夺、批评机制的沟通与阻滞，都成为了亟待协调和解决的深层症候。因此，表面上的繁荣难掩现实处境的悲怆，“百花齐放、百家争鸣”的理想格局似乎也仅仅存在于批评家“乌托邦”式的想象之中。当下播音主持学界“有热点、无前沿”的病症理应得到足够的重视。

当前，金话筒奖、金鹰奖等主持人奖项作为官方批评模式下的产品声势浩大，影响广泛；学界也不时在权威期刊和个人著述中发出学理性批评的呐喊；以新浪网为代表的互联网媒体也定期组织网民评选“中国十大新锐女主持人”，此类活动一定程度上调动起网民们参与主持人文化评介的热情。可以说，对于节目主持开放性批评话语空间的开拓并非没有现实土壤。关键的问题是：如何将官方、学界、民间的各种批评的声音扭结成一股强大的思想动力，让每一位批评者拥有属于自己的声音。就像伏尔泰的名言，“我不同意你的观点，但我誓死捍卫你说话的权利”。惟其如此，批评的声音才会获得广泛回响，节目主持批评的社会文化功能才可能因“主体出席”、主体性的发挥而焕发出生机与活力。

综上所述，作为批评主体的批评家是节目主持学术发展的灵魂，他们与业界的创作和实践如影随形，一刻不应远离。他们也是“会诊”业界生态的把脉医生，更是精神家园的守望者。21 世纪的中国节目主持实践蓬勃发展，一日千里，节目主持批评也应当建立起洋溢着生命活力的精神系统，它蕴藉着批评家的情感与智趣，饱含着批评实践的汗水与温度。无论现在还是未来，恪守批评家在批评活动中的独立精神与商榷理论，理应成为中国播音与主持艺术成熟、稳健发展所必须守持的精神与品格。借用徐岱的名言："如果说一个诗人的诞生果真像爱默生当年所说，是人类文明史的一件大事，那么一位能够以自白的方式向我们道出艺术品奥秘的批评家的出现，在某种意义上或许应被看作是一种更为难得的现象。"[①]

---

① 转引自王艳玲：《电视批评家研究》，载欧阳宏生等主编：《电视批评：理论、方法、实践》，四川大学出版社 2007 年版，第 87 页。

第四章

多维视域下的节目主持批评思想

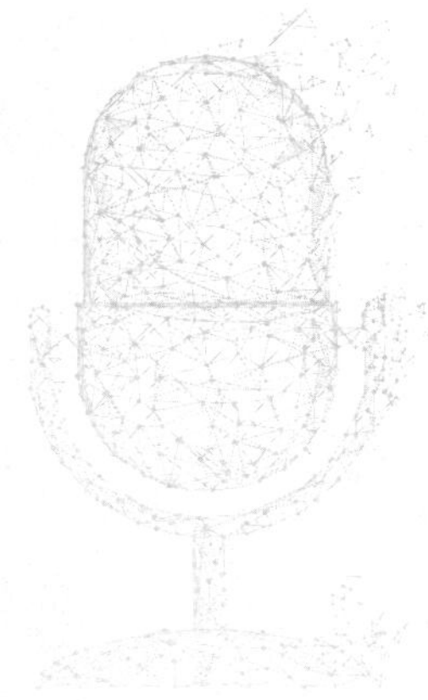

作为一个直观的大众文化现象和媒介文化景观，节目主持传播在技术、文化、审美、政治等多重影响因素的牵扯下不断自塑、他塑与合塑。从主持形态的变迁中我们分明可以感受到传统与现代、媒介主体与社会大众间复杂关系的博弈，可以洞察电子传媒领域发生的历史变迁，更可以从中领略到影响社会文化的各种力量的此消彼长。因此，打破“文本中心主义”，在多维视域下对节目主持传播活动进行立体观察，缜密分析现象背后的成因，并进行有效的价值评估和文化判断，不仅能够合理应对主持传播过程中的偏差与谬误，给予主持传播以规范的发展路径，更可以透过传播活动本身，对转型期社会人文精神进行批判性探索，进而带动大众文化的良性、健康发展。

第一节　语言中国 40 年——关于主持传播的本体批评

中国播音主持艺术历经改革开放 40 年，取得了令人瞩目的成就，它将中国语言文化带入一个崭新的美学阶段，是中国人新时代、新历史语言生活的一部分，折射出时代变迁、社会发展、语言变革的现实状貌。本文对改革开放 40 年来，中国主持语言的形态和传播方式进行深入研习，揭示其语言文本的特征、主持话语的规则、传播模式的变化以及研究视角和学理归纳的落脚点，力图勾勒出一张改革开放 40 年中国媒介化语言传播的图谱和美感特质，为语言中国和中国语言塑像。

一、语言孕育的研究往事

如果说语言是文化的符号和重要载体，那么文化就是语言的映现，改革开放 40 年来，在中国文化大观园中，最具奇葩效应的文化景观恐怕就是语言的绽放了。新的时代、新的语言、新的传播、新的解读，这种新兴语言生态的主流传播离不开大众媒介的发展。而中国播音主持艺术的语言本质上讲就是一种媒介语言，它的媒介化特征毋庸质疑。主持传播理所当然地成为媒介语言的主体样态，这也正是笔者所着力表达的学理探索意念，旨在为中国主持批评学的理论和实践开疆拓土。

可以说，中华人民共和国成立之后，中国语言革命性的解放和传播始于改革开放新时期，40 年来中国语言无论生态、形态、质地、色彩、内涵等都打上了浓郁的、鲜明的改革印记和开放特征。其赋予亿万中国人的生活、工作、学习一种新的表达、新的思维、新的价值和意义。因此，主持传播理论的框架设计应该围绕着中国语言时代化来展开：时代化进程中最具主流性的大众媒介话语的语言成分中的语言态度、语言认知、语言精神、语言力量等应该成为我们理论研究的思维导向。在笔者看来，播音主持学科的基础点位应该是“语言学 + 传播学”的复合研究模式。

鉴于主持艺术学理论的快速崛起，逐渐从播音学中脱胎而出，成为一门显学的现实情势，有必要单独对主持艺术进行理论归位。这也正是本文的立论源头。中国节目主持艺术40年来的发展变化与探求革新是我们要着力论证的重要传播现象。

从世界角度来说，播音主持学是中国独有的学科，有独自的体系、独自的专业、独自的学校以及独自的教科书。中国特色不言而喻。1949年乃至改革开放以来，播音与主持始终扭结在一起，形成两种媒介主流传播表述形态。只不过播音倡导语言艺术（语言＋技巧），主持则强调语言思想（语言＋思想）。主持学的理论研究范式可归结为：从"主持＋思想"到"主持＋社会"，经历了从主持与语言的关系到主持与思想的关系再到主持与社会的关系三重界面。如今的主持传播正从技巧输出到思想输出再到人格输出的传播历程迈进。未来的理论架构似乎也应纳入有声语言传播体系来建立学科的研究思路和布局，研究的主导思路首先应该是语言建设力，其次是艺术特征和审美价值。由于大众传播的一切运作都离不开话语和话语形成的文本，所以语言学视角来看待主持现象是必不可少的。可以说，语言学、传播学、社会学构成了主持学最重要的三种路向。

二、主持就是主持

长期以来，学术界对"主持"概念的理解比较含混，总是不经意间将其放入"播音"的架构里，与播音学混搭，成为一门学问。这是有些不大妥帖的，"主持"更像是一种媒介的生动符号和资讯传输方式；它已经超越了语言的层面，进入社会的母体与大众的内心，它同单纯的媒介语言形成的是一种张力关系，有着自己的独立性和自治性。它特别反对将信息和资讯呆板地、冷冰冰地传输，忌讳用那种所谓的量化研究计算来取代丰富的社会和文化意义，认为那是一种片面的"工具理性"。我们只有在这种认知的理论框架之内，"主持"作为一种信息传播心像的社会本质才有可能被充分地揭示出来。主持传播在文化符号领域和社会空间之间存在着某种结构性的对应。"主持"，既是一个被结构的"结构"，又是一个结构中的"结构"。我们必须拒绝对主持传播主体的放逐，对主体改变客观结构的实践能力的否定，主持人这种实践主体既是被决定的，又是能动的。他与节目既表现为一种"心灵状态"，又表现为一种"身体状态"。节目主持者被认为是携带了更多语言资本的人。主持学只有从播音学中分离出来，我们才能看清其基本面貌和学理价值。这也是本文要解决的主要问题，即限定意义，使"主持"暂时定格。

毫不讳言，播音学中产生的一系列理论模式，展示了维持有声语言的美感体验。而主持学似乎也应当提取出一个意义解析模式。较之于播音，主持更像是一场浓烈的仪式，它的主要功能是让一系列进行中的媒介事件及人性发展、故事演进产生传播学上的意义。正是基于此，它被提升至社会研究的高度。"主持性"体现在人的高度参与，由此产生的信息具有很强的个性化特征；同时，它十分贴近生活与大众，这种贴近不是"我讲你听""我传你接"的俯视式传播，而是平视式报道，是娓娓道来的平等的朋友式交谈。这种贴近"不是'追尾'，而是站在大众面前，转化他们不仅合理和健康的精神需要，疏导那些庸俗的东西，贴近中不能丢掉责任"[①]。

---

① 童世骏：《意识形态新论》，上海人民出版社 2006 年版，第 311 页。

20 世纪八九十年代的中国主持现象纷繁复杂，但其中有两个核心可以把握：一个是新闻主持，一个是娱乐主持。只不过娱乐所形成的强力话语能量、流风所及，干扰了节目主持的思维方式：湖南卫视娱乐主持最典型的特征就是“闹腾”，但闹声中也不乏一种人性本能的张扬、真情实感的流露，更不乏一种“爱就爱了”的人性解放。决定这个娱乐文本价值的恐怕更多的是主持人形象和言说所提供的传播快感。围绕着湖南卫视现象所引发的“泛娱乐化”讨论也无疑具有逆向启发价值。

中国主持界是借助主流媒介的话语传播（输出）获得话语表述的优先权的，因而“主持”一词打上了深深的媒介烙印。主持人的媒介特征是个不小的理论争鸣点，那种凌驾于媒介的主持人研究是站不住脚的。40 年来，我们在这方面走过一些弯路，理论界的争辩姿态有些倾斜，批判能量和精细追求过于集中在主持人对节目和媒体反哺式的影响力上。一个有着强烈价值观的媒介才能打造出一流的主持人，其价值观念体现的核心精神就是：提供一流的、权威的、具有公信力的信息和资讯。主持人首先应该是媒介化生存的实践者，技术与新媒体的社会化进程不应该消弭主持人的本位性征，只能在新框架中重构自我。

众所周知，主持人是靠语言安身立命的媒介角色，他们的工作是用自己的语言塑造另一个语言世界，或者用自己的语言匹配实际的语言世界。如今的情势迫使和造成语言形式的改变，那么，主持人的语言形式是被加载了，还是被卸载了呢？是“我”在言说，还是“我”正在被言说？这是一个值得学术探究的时代课题。不管现如今主持人的中心是否被位移、弱化和边缘化，甚至被功能转化等，都不能打消语言的力量。主持人既然已经被语言限定了，又怎能轻易从语言中“逃逸”呢？相反，主持人在节目中的语言分量越来越少的现实不也正给我们带来了饱满的问题域吗？

三、语言就是力量

在新的媒介生态里，语言接触所带来的是语言规则性的变化，这也是世界语言相互接触的普遍模式，无论语言接触是单边的入侵或是多边的转换，所思索的基本问题有两个：语言状态和结果状态。这两种状态都对主持人的主持状态产生影响和作用。如果说文化与社会的存在恰恰在于符号能力，那么语言作为文化载体就具备这种符号能力。它是构想工具，影响构想的呈现，并对整个构想体系具有重新构建的能力，而且越是在科技迅猛发展时期，语言就越是与构想体系有着内在和外在的更为紧密的联系。因为语言创制的精神基础就是传播。现在要做的是语言重建工作。

主持传播的语言哲学性才是我们目前应当关注的学术热点。带有“舆论领袖”成分的节目主持人，经历了从“持久的肯定”到“冷漠的中心”，从信心满满到信心失落，面对中国受众精确的观看方式多少有些力不从心而产生语言疏离。他们不约而同地用仪式化暴力来抵挡直面语言的刺激，邀请受众关注一种特殊的外形从而来抵御语言创新革命的潮流。这使得我们的荧屏上出现了主持人越来越鲜亮、舞美布景越来越打眼、服装和道具越来越令人眼花缭乱，而语言却越来越缺位和断裂的现象。总之，灵魂性的欣赏和解读被逐渐消解，人的空间性和建筑性感知能力被放大，语言和情感行为却变得越来越平面化和平庸化。这就是中国当下主持学科及节目主持艺术遭遇的某种尴尬局面。

新的时代和新的媒介形势下，我国节目主持学在功能、模式及话语等方面均发生了审美转向，在节目主持艺术当中，一个重要的美学指征就是：诗性方式的卓越发挥。这无形中为“主持”一词的分析提供了新的视角和可能，能够让我们在分析“主持”一词可能的语义复义和结构功能时，突破传统的表面结构，挖掘新的主持内部结构，探讨“主持”的隐含意义。新技术正在使“主持”传播形成彼此生成、互为镜像的叙述格局，一切缘于“你将叙述托付于我”的初衷，那么受众与主持人二者间必然维系这种同道或伙伴关系。这说明传播本身即意义。

从语言思维模式遁入仪式思维模式的中国主持人，正在省略叙述过程，也就是受众赶上叙述者（主持人）的过程。在新的商业经济关系中，这种精神困境是有目共睹的。这多少有点让主持人失去“中介”身份，要知道，在主持人理论研究中，“主持人是传播中介”这一观点依然主导着业内主流研究的导向。工具理性主宰下的现代生活，要求主持人在“真实”表现方式上有新突破。就语言层面上来说，不是所有生活中的语言都可以进入主持语汇的，只有那些富于文学性的、极致化的、诗性化的、具有审美性的、具有质感的、颇具意味的语言形态才可以进入主持领地，并成为主持的语言。语言也是“中介”。

在中国的语言传播研究领域里，播音主持艺术语言的研究视角和方法始终占有一席之地。它在 40 年的学术交往中，在原有基础上不断推陈出新，成为当代中国语言研究领域内最为活跃的一个板块，提供了一套较为准确的、简明的、包容性强的话语模式和思维逻辑。其在媒介语汇与现实语汇之间建立了弹性联系，以确保研究者能够在一个相对清晰的范畴和具有概括性的术语体系内进行交流。播音主持研究不失为一次直观的语言教育。

在这里，笔者提出一个观点："语言即主持"。主持其实是在思想化的语言和语言化的思想相结合的过程中展开的，主持艺术是语言元素的合理配置和整合，通过人这一中介来实现。一档节目就是一个语言区、语言场，主持人劲舞其中，主持人的语言使命就是让这个语言区、语言场闪光发亮，用什么呢？用的还是语言。语言，才是播音主持学科深具归属感的东西。"主持"本身就是一种语言，如同麦克卢汉（Mcluhan）所言的"媒介即讯息"一样。好节目是好语言孵化出来的，这个"好语言"不是所谓的普通话"一甲"般的语言，而是思想化了的语言，是语言思想和思想语言的结合体。主持人归根结底是为节目提供语言服务的人，经营语言才是主持人最本质的工作。中国语言文化的现实情境要求主持人升华自己的语言为时代的语言、社会的语言以及中国民众所喜闻乐见的语言。也正是语言给了我们重新出发的信念。40年来，语言方式的变化、语言输出的革新、语言模型的建立一直考验着播音主持学科的存在感和生命力，但也使该学科更加明确了自己前行的目标。今后研究者要重点解决的是媒介语言建构的理论逻辑要素。毋庸赘言，播音主持语言的表达力、传播力是与我们的国力紧密相连的，播音主持这种带有鲜明中国气质、中国风范的媒介话语，它的世界表达问题是我们要研习的。讲好中国故事的同时也要讲好世界故事，让外国人领略到汉字之美、汉语之美以及中华五千年璀璨的文化之美的同时，也有必要将我们的播音主持置身于世界媒介语言表达的话语体系中加以考量，展现其在世界语境中传播的动能。笔者认为，播音主持语言“走出去”的可能性恐怕首先在于主持人的双语操作。而作为研究者则应用跨文化传播的视角看问题了。

四、“主持”研究的时代语境和本土情境

40年来，中国人的语言生活与中国媒体的语言态度彰显的是社会进步和人类文明前进的脚步，也昭示出语言兴国、文化兴国战略及文化软实力的重要性。当我们再次回到主持艺术的鸟瞰中，不难发现，主持艺术的精髓在于，主持者用优化的语言来服务节目，通过提供优质高能的语言服务来彰显传播的效果和内涵，基于此认识，播音主持学科及主持人的存在价值就不难意会了。尽管近年来，主持艺术在媒介化与社会化之间的复杂纠结令人们有些迷惑，甚至对“‘主持’究竟是什么？”产生了怀疑和质问，但这并非坏事，它也给“主持”概念的重新界定、“主持”边界的划分等带来研究契机。

播音主持语言是被结构的，呈现出的是视觉运动和听觉运动的语言。对主持环节而言，支配性演绎的一个核心是主持人更加强烈的主体性的力量，由于广大受众对优质语言原始力量的吁求一刻也没停止，这就要求主持人不断赋予语言内涵和形式以达到创新性发展和创造性使用。大众对主持人这个角色已经有了一种不同寻常的重新强调。这迫使主持人自觉或不自觉地去发现和找寻新的主持推动力构成的各种要素，形成更深度的适应和链接。英国学者雷蒙德·威廉斯（Raymond Henry Williams）说过一句中肯的话：“任何

新技术的契机，都是一种选择的契机。”[①]他无意间阐明了新技术对主持艺术的影响其实是乐观的、积极的、可接受的。中国播音主持艺术理论与实践要破茧成蝶，就必须在互联网、大数据、人工智能时代完成自身的洗礼，当这种传播文本开始向它内在的不确定性和外在的多重性敞开时，新的理论关键词才会产生。我们要做的事，便是破解新时代的问题。

语言的转向正迎面走来。一种有别于既往语言范例并无恰当的文化论据的“社会”语言正在颠覆播音主持语言的正统性。在这里，语言的选择性被表现为真实的力量。多样化的语言教育体系、多元文化研究的国际课题、评价结构的非理论化倾向，都在导致一种对播音主持艺术语言的挑战。这个时代人们似乎更注意言语行为的命题意义和言外之力，不太注重语言中的空间关系、语言对思维的影响。人们更在乎的是作为传播者的说话人赋予信息强度最高的地方。新的震荡和调整由此开始。

如果按照常规意义上的理论生长发展的基本规律来看，中国播音主持艺术及其学科已经进入一个新的历史阶段，这便是创造新形态、达成新共识的系统整合阶段。系统发育也正好为理论提供了一个思路，即理论的系统发育思想。虽然理论演进的路线是崎岖不平的，在这样一个嘈杂的、争论不断的话语场中，躁动和偏执成为普遍的症候。然而不管怎么讲，我们终于又重新回到了语言，并且运用语言谈语言，揭示主持母题的历史轨迹，同时将这样的学术探求

---

① ［英］雷蒙德·威廉斯：《现代主义的政治——反对新国教派》，阎嘉译，商务印书馆2002年版，第85页。

共识于新批评的框架之内。

播音主持语言和学科之所以能在中国生根发展，关键在于其结构和语义上满足了中国社会发展和文化沿革的一定条件，也符合中国人生活的语言实际。汉语言的框式化结构具有较强的能产性，重意会而不直传的曲折表意的话语方式切近中国文化的真实语料。所以，播音主持语言天生具有了一种限定性美感，始终活在具有美感传播的意境中和框架里。

一种走过 40 年历程的语言现象，不可能不聚合一定的理论和学术积淀，在这里，除去播音学的语义地图（语法化路径、语法化过程）外，我们重点探究主持学科的语言事实和事件层次，在语言本体资料挖掘的基础上得出一定的附接语。可以说，主持语言在语用层面，其语义更多指向的是以叙事为主的话语集。它的即兴风格和口语节奏都使得它远离了声音诗学，另寻声音的固有形态，但在某种程度上也不失为声音文化和声音结构原则的延续。而其中，个性化声音表达是它的灵魂要素，民族文化框架内的个性表达一直是其追求的境界。节目主持这种语言形式和交流方式，在社会文化维度上的价值可能更大；在语言艺术性和社会性双重实践中赋予主持文本多维度的意义建构空间，并赋予其一种独特的审美特性。目前，尽管由于强度差异而导致可能出现的边界移动，使“主持”的概念产生一定的质疑和混肴，但在中国社会它还会长期发展，影响着人们的观赏习惯。这是中国特有的国情造就的语言生成毅力。从 20 世纪 80 年代的“主持”端倪，到 20 世纪 90 年代媒体改革涌现的“珠江模式”、“湖南卫视”的娱乐书写模式、“东方时空”的新闻表现方式以及“凤凰卫视”倡导的“三名”（名记者、名主持人、名评论员）

战略，无不映现着生动写实的中国社会变迁和媒体变化。主持人节目和节目主持艺术为中国电子媒介的话语表述提供了一种新鲜范式，体现了深厚的民族文化根性，回应了人类自我表达的天性、人类对话语建设与提升的诉求，是一种民族性与个性、历史性与当代性、艺术性与大众性相融合的语言传播艺术上的探索。

从语言变化上来看，40 年来中国社会的变迁、人们的思想意识形态的转化是非常有意思的，改革开放之后国家综合实力的发展、民族形象的再度崛起，给中国社会培育出层出不穷的语言料理和表达形式。语言中国的现实也为媒体改革提供了契机，传播者的态度首先变了，由原先高高在上的所谓“播音腔”下沉到平视的角度，与民众亲和地、平等地、相容地娓娓道来。语言态度实际上就是一种传播价值观，它让传播内容的意义存在于体验之中。而“主持”这样的语言形式又在传播形态和美学层面上与现代信息技术及现代人的心灵融通互动，提供了有益的美学范式和理论元素。可以说，话语与现代中国人之间存在的关联始终是主持艺术时时刻刻在直击的东西。传播者的语言观反映出媒介变革的价值观。

英国著名学者菲尔克劳（Fairclough）曾指出，话语是一种权力，它是信仰、价值、欲望的构成模式，是一种机制，一种社会联系方式，一种具体实践方式。从这个意义上讲，“主持”艺术这种表述方式就是一种还语于民，将媒介的某些话语权下沉到普通百姓中，把普通百姓的民生作为报道的主体内容；甚至可以讲，这是一个飞速发展的社会“话语资格”原则和“话语的社会占有”原则的变革。不愧为一场语言革命和心灵洗礼。

语言与民众生活这种互文本的存在，再造了仪式性话语和一个多元的社会。海德格尔曾指出，艺术在艺术——作品中成就本质。那么或许我们也可以这么说：语言在语言——作品中成就本质。而主持传播中的主持人节目便是这种结晶体。

五、理论建构的思路仍在路上

任何一种理论的生成和发展都不是凭空产生的，它需要一定的场域，离不开时代、社会、历史、文化以及政治经济的语境。主持学科的理论建构始终没有停步，20 世纪 90 年代后期，它逐渐从播音体系中脱离出来，意在构筑自己的理论导图和书写规则。无论是学者还是业者，都对主持理论做了大量科研工作，就主持学的理念、概念、学术定位、学科归口、节目主持人的素质构成、评估尺度、话语建设、跨界主持、主持群、主持批评、新媒体主持的概念内涵、传统主持的概念边界延伸等进行了深入研究。就目前而言，新的主持理论共识期尚未形成，理论系统发育还比较缓慢，在由旧的稳定共识期到新的震荡调整期的过渡中，众声喧哗却难有主流声音来定义。当然，这是一种常态的理论生长，不足为怪。纵观 40 年的主持理论建设情况，有几点可以总结：

1. 对主持学科的分类认同有些歧义，它到底与播音学是什么关系？两者在学术定义上时常混搭，容易导致学科界限模糊，教学科研上辨识度低。虽然学科极小，但小有小的力量，只是这种力量的能见度太不清晰。对这一学科的研究视野也始终局限在广播电视领域，跨界研究很少，不同程度限制了本学科的外延拓展。理论研究的整体性和系统性不够，催动文论生长的系统整合功力不够。

2. 不太强调依据具体节目事实来进行批评和解析，不太强调节目运转的环境和机制，缺乏梳理理论的核心范畴。

3. 研究方法上单一理论构不成一个立体的表述空间，一定程度遏制了主持艺术的参照域。或许，疆域的模糊性和话语的歧义性正是这个学科的主要特征？

4. 主持人被看作一个“自足的存在”而不是一个“发展的存在”。没有解读好主持人“自己的位置感”，使其常常找不着北。主持人的本土特色研究比重过大，而缺乏国际化的对比研究。

5. 主持人研究仍然停留在传统的“存在与时间”命题，而没有迈向“存在与空间”问题领域。

6. 中国节目主持艺术正由过去的纯传播学研究走向跨学科、跨文化、跨媒介研究，主持研究的反思正成为推动主持学研究的内在动力。

7. 新时代节目主持人一个合理的传播立场和位置应该是我们理论自觉化的诉求。

8. 加强语言表达的应用研究，进一步关注社会语言生活，探求语料的构造方式，通过对这些内容的习得，找出主持语言变化的新模型并为此提供理论预测。

9. 理论史的重建和概念分析、对实体问题提出批判的尺度、激发概念表达的理性潜力，这些都是理论研究中论证气氛的一种反映，应该弘扬。

10. 我们需要密切关注在传播与社会和人的关系之间出现的一种新的状态，摆脱意义问题与运用问题纠缠在一起的混乱状态，建构主持学的新原理。

11. 我们对主持传播的知识是缺乏命题结构的，从而不太能充分达到科学理论模式所顾及的阐述的、规范的和评价的意义。

12. 论题化的解释模式已不大给力，当前我们需要对主持艺术进行新的思想规定，甚或对思想的思想规定。

40年的改革开放所催生的语言流变，使得播音主持艺术学科获得了极为丰厚的思想营养和语言养料，在改革开放的中国这么一个大语场中，极具中国特色的理论体系和建设即将成形，丰富多彩、充满张力的媒体实践、语言实践、主持实践还将继续！

第二节　文化研究批评模式

当前，国内的节目主持批评被公认为是媒介批评的子系统之一，在话语实践中，传统的、意识形态的成分居多，感想式、印象式点评占主导地位。而“批评”本身，很容易令评论主体陷入非此即彼的二元价值判断。这种非此即彼的思维模式充满了随意性，缺乏理论深度与学术规范，又很容易充当意识形态的“同谋”。因此，在复杂而活跃的大众传播关系与情景当中，对节目主持批评的话语实践不应是简单的价值判断，而应是一种文化实践，更是一种与媒介文本和社会文化语境的深入对话。他山之石，可以攻玉，在本节中，笔者将充分借用西方成熟的文化研究理论对节目主持传播活动展开批评研究，着力建构起跨界的、共生的批评范式。

一、文化主义与节目主持批评

作为一个理论舶来品，文化主义的概念肇始于20世纪五六十年代理查德·霍加特、雷蒙德·威廉斯、汤普森和斯图亚特·霍尔等学者的相关著述。他们的经典文本共同构筑起文化主义的理论大厦。事实上，作为英国文化研究体系中最具活力和特色的一支，文化主义的建构促成了一股影响全球的整体观，也标志着“大众文化的文化研究路径”的诞生。一般认为，文化主义研究者着眼于文化文本与文化实践之间的关联，其目的在于还原，抑或重建社会群体、社会阶层乃至整个社会的“感知结构”，按图索骥，寻找结构体系背后的经验和价值观，最终更好地理解、解读和破译文化亲历者们的现实生活。

早期的文化主义学者霍加特对工人阶级文化充满了信心，他认为，工人阶级不仅对所谓的“群氓文化”有着天然的免疫力，而且“避而远之”。“他们生活在别处，凭直觉行事；他们有自己的习俗且十分依赖口头文化的传统；他们的主要文化形式是神话、言语和仪式。这一切使他们免受（群氓文化）侵害。”[①]在他的理论中，工人阶级对生活中“精确细节的兴趣高于一切”，他们活在当下，享有大众文化的既有果实，笃信生活美学的有趣性。从这个意义上讲，作为大众文化的重要组成部分，主持文化绝不能成为生活的敌人，而应当紧贴生活美学，在充满生活质感的媒介环境中寻求快乐体验，并将这种体验传达给受众。然而，主持文化的这种生活体验和生活质

---

① Richard Hoggart, *The Use of Literacy*, Harmondsworth: Penguin, 1990, p.33.

感全然不是粗糙的、哗众取宠的和道德低劣的，除去无法规避的商业诉求外，节目主持人理应以自己丰富的泛审美化的传播方式促进和睦、催人奋进，涵养人心。

与上述理解高度一致的还有雷蒙德·威廉斯的“文化分析”理论。作为工人阶级家庭出身的威廉斯对大众文化具有着高度的亲缘性。他不仅承认包括广播、电视在内的大众文化的理性价值，而且认为文化总是存在于三个层次之上的——特定时空之下的活文化，文化的可记录性和时期性特征，以及“选择性传统”的文化。

其中尤为值得我们借鉴的是威廉斯对“活文化”的理解。所谓活文化，“指的是人们在特定时空内的日复一日的生活之中经历和体验到的文化，只有那些切实生活在这种感知结构中的人才能完全理解”①。近年来，从中央电视台到各级地方台，关于倡导传统文化的大型电视节目相继亮相。董卿及其主持的《中国成语大会》异军突起，不仅节目本身成为了现象级的标杆之作，董卿本人也因这档节目再次成为公众关注的热点。传统之所以成为需要复归的重要文化资源，不仅因其作为民族性格的基因有待传承和发扬，更因为传统文化与现实的契合性与贴近性，使其以稳定的影响力量观照着后世的生活方式。董卿的主持被誉为成功的典范，当然不仅仅是她本人深厚的传统文化功底，更因为她深谙大众文化的接受规律，将束之高阁的传统文化软着陆，在她流溢着中国气派的文化体验中将经典文化与大众文化缜密对接，形成了极具感召力的传播能量，深深感

① ［英］约翰·斯道雷：《文化理论与大众文化导论》，常江译，北京大学出版社2010年版，第56页。

染着广大受众。这种主流文化创新传播的思维理念恰恰是对“活文化”的绝佳诠释。

不难想见，威廉斯的文化主义理念与此前的利维斯主义迥然有别，甚而是对利维斯主义中许多核心思想的修正甚至反驳。利维斯（F. Leavis）曾经将大众文化比作群氓文化，视其为洪水猛兽，并认为唯有精英文化才具有批判价值与经典意味。然而，这些理念被威廉斯无情地拒绝。他认为，艺术并不能被认为是一种具有特殊地位的人类活动，它理应是人们日常生活的重要组成部分。艺术也可以像普通商品一样被生产、交易、反映政治，乃至养家糊口。总之，将艺术认定为“特定生活方式”的文化理解本身就暗含着鲜明的民主色彩。当然，我们不能将工人阶级文化与大众文化简单地画等号，“前者包括商业报纸、杂志和娱乐，具有危害性和虚幻性。事实上，‘大众文化’的主要来源跟工人阶级没什么关系，因为这种文化主要是由商业资产阶级创立、资助和操纵的，其生产流程和分配方式始终遵循着典型的资本主义原则。就算工人阶级有可能是这些产品的主要消费者……我们也绝不应轻率地将两种文化混为一谈”[①]。可以这样理解，工人阶级并不是大众文化的缔造者，即便工人阶级是大众文化的主要消费者，也不会轻易被其物化。

节目主持人及其文化传播活动是大众文化的重要组成部分，他们是电子传媒文化的重要生产者，他们栖居在传媒生态中，以生活化的情态传播信息，是在大众传播媒介中模拟人际传播而表现为口语传播的具体样貌。接受广播、电视、互联网音视频节目作为普罗

---

① Richard Hoggart, *The Use of Literacy*, Harmondsworth: Penguin, 1990, p.425.

大众的一种“特定生活方式”，似乎就是在与节目主持人象征性地互动。伴随着主持传播理念的日渐成熟，其表现形态也日趋被受众接受。从高高在上的宣教者到与生活同根同源的伙伴，从精英文化、主流意识形态文化的弘扬者到日常生活美学的诠释者，在主持传播理念的变革历程中，我们似乎看到了社会文化语境中平民意识的觉醒、工人阶级力量的壮大、大众文化先进性的历史指认，以及后现代美学的有力张扬。

节目主持文化所引领的大众艺术作为一种先进的大众文化有利于增进传授主体间的良性互动，重建工业文明和城市化进程中所破坏的传媒艺术与受众之间的亲切感。亦如斯图亚特·霍尔（Stuart Hall）所言：“大众艺术……在本质上是一种传统艺术，它以种种激进的姿态巩固了旧式的价值观和态度。经由对传统价值的评估和重申，大众艺术既给人们带来了艺术的‘奇异’（surprise），又激发了认同感的冲击。”[①]本质上讲，大众艺术是指“从群氓文化中脱胎而来，却最终超越了其母体的文化形式”[②]。如果说一般性的综艺娱乐节目主持人良莠难辨，营养贫瘠，被归属于群氓文化的话，董卿、撒贝宁等满载着中国气派，并兼具国际化气质的杰出综艺节目主持人的传播活动则可以被划归为大众艺术行列。

总体而言，肇始于英国文化研究的文化主义在诸多学派分支的互助、争鸣中不断前进。今天，它俨然带有浓郁的“后学科”色彩。其中关于大众文化、大众艺术的经典理论思想为我们进行节目主持

---

① ［英］约翰·斯道雷：《文化理论与大众文化导论》，常江译，北京大学出版社 2010 年版，第 66 页。

② 同上，第 66 页。

批评的跨界思考带来重要的思想启发。

二、意识形态与节目主持批评

意识形态批评是大众文化批评领域中重要的一种视角，它与政治学密切相连。中国台湾学者廖炳惠总结道："提出'意识形态'此一概念最重要的理论家是马克思。马克思认为统治阶级往往通过社会关系的生产，来复制、巩固其既有利益，使其统治得以自然化与合法化，而'意识形态'就是这种复制社会既有关系，将原本不对等的社会资源分配视为理所当然的话语实践。"[①]马克思主义所坚持的意识形态文化观诞生于特殊的历史阶段，旨在服务于战争和革命的需要。该时期，"文化作为意识形态的标示功能空前强化，处于整合民族的需要，意识形态文化观有着坚实的逻辑"[②]。早在1940年延安新华广播电台成立初期，在党的领导下，以新闻播音为主要体裁的播音文化就渐次成形。其主要播音内容为："向全国听众报道正面战场和敌后战场的情况，八路军、新四军同敌伪英勇作战的捷报，各抗日根据地人民努力生产、支援前线的动人情景，国民党统治区群众运动蓬勃发展的消息，世界反法西斯战争和其他重要的国际新闻；播送党中央的文件和党报的社论、文章，介绍党的方针、政策；揭露和控诉日本侵略者的血腥暴行和国民党顽固派消极抗日、积极反共、破坏团结、挑动内战的罪行；教育和鼓舞全国人民团结起来，

---

① 廖炳惠：《关键词200：文学与批评研究的通用词汇编》，江苏教育出版社2006年版，第130–131页。

② 李冉：《中国共产党政党文化研究》，复旦大学出版社2009年版，第58页。

夺取抗日战争的胜利。”[①]1941 年 6 月 20 日，中共中央宣传部在《关于党的宣传鼓动工作纲领》（以下简称《纲领》）中对于播音员的工作进行了意识形态的定性。指出播音员工作是党的宣传工作，新闻播音是宣传工作的重要组成部分，因此要提高语音规范的质量，提高播音员作为宣传员的素质。而《纲领》中所明确提出的对宣传语言的要求更具有强烈的意识形态文化色彩。例如，“语句应当是简洁、明了、清楚、透彻的；语言要生动，富于情感，富于煽动性；要采用通俗化的形式，群众所能了解的语言；要熟悉群众的语言；语言表达要了解对象及其心理等”[②]。事实上，这些原则、态度和方法中的很多至今仍然有效。

今天，当改革开放的浪潮全面席卷神州大地的时候，人们在享有商品经济所带来的便利与富足的同时，也滋生了各种各样前所未有的现代性病症。诸多研究者就认为，当下中国的意识形态已呈现为利益集团化趋向。由于现实利益的驱使，不同利益集团在斗争、博弈的过程中意识形态已然退居次要地位，甚至有人高举意识形态终结的论调。欲思考“意识形态终结论”这一话题，我们有必要将关注的目光投向大洋彼岸。早在 20 世纪八九十年代，意识形态问题再次得到英国知识界的广泛关注，并渐次成为英国文化研究的核心命题。研究认为，集团利益全面压倒意识形态的观念片面且短见，利益集团的争斗问题贯穿人类发展的各个历史时期，从未停歇和消

---

① 杨兆麟、赵玉明：《人民大众的号角——延安（陕北）广播史话》，中国广播电视出版社 2000 年版，第 14 页。

② 详见中国社会科学院新闻所编：《中国共产党新闻工作文件汇编》（上），新华出版社 1990 年版，第 103–107 页。

失，我们也应当意识到，维护集团利益的根本方略就是重建意识形态文化。今天，“社会主义核心价值观”在主流媒体的生产与传播就是以权力为切入点，对执政力量的坚守。

中国当代语境下的主持文化绝不仅仅是一种公共话语平台中“观点的自由市场”，主持人所承载的文化领导权意识是建基于中国特色社会主义国家和社会主义初级阶段所特有的政治文化风貌等固有属性的。主持人当然要拥有一定程度的话语权，这不仅体现出人格化传播的魅力，同时也有力彰显了兼收并蓄的时代精神。诚然，作为大众传播活动的最后一环和中介秩序，当下主持人的整体素质较既往确实有了显著的提升，一批拥有着较高学历、丰富媒介从业经验的主持人成为了观众、听众心目中值得信赖的朋友，可供借鉴和学习的思想宝库。然而，我们必须承认的是，仅就目前的播出队伍整体来看，仍然参差不齐，特别是价值观混乱的局面成为横亘在传媒平台上的一大隐患。当下我们还太缺少像爱德华·默罗（Edward Murrow）、沃尔特·克朗凯特（Walter Cronkite）、丹·拉瑟（Dan Rather）这样的思想型、文化型主持界巨匠。我们又怎么能将影响亿万受众的话语平台轻易交给他们恣意发表那些不甚成熟的观点呢？部分地方电台、电视台凭借着自己所拥有的话语权大放厥词，无视受众情感、民族情绪，高扬西方腐朽思想，阔论消费主义价值取向的主持人仍旧俯拾皆是，我们难道不应该以意识形态的力量约束他们的表达，规范他们的媒介从业行为，进而努力争夺回属于国家的文化领导权吗？

质言之，话语权的赋予和文化领导权的捍卫是意识形态领域中一对斗争激烈却辩证统一的矛盾的两极。天平的两端略有差池，将导致视听媒介的客观性严重受损。因此，在意识形态维度下，对主持人文化、节目主持从业行为进行批评研究绝不是陈词滥调，相反，这是对民族信仰的恪守和对受众心理的最大尊重。

三、性别、性取向与节目主持批评

媒介文化与性别主义、女权主义、女性主义关系研究的话题并不鲜见。早在 19 世纪中后期，就有学者建议，以创办女性媒体的方式为女性受众赢得话语权，从而提高女性的社会地位，进而使她们获得参与选举的民主权利。然而，无论是作为一种畅想还是口号，这一提议并未获得广泛的社会支持和共鸣。直到 1963 年，曾为媒体记者和编辑的贝蒂・弗里丹（Betty Friedan）出版了专著《女性的奥秘》，女权主义话题才逐渐浮出水面并获得知识界的广泛关注。《女性的奥秘》一书认为，彼时流行文化中对女性呆板、木讷，以及温柔、顺从形象的反复塑造，其本质就是在强化女性社会角色的从属地位，将女性视为被规训的对象。作为 20 世纪中后期欧美平权运动的重要组成部分，该专著引发了前所未有的关于女权主义的热议。也正是在这一时期，女权主义话题渐次成为媒介研究的一个重要方向。

事实上，在西方电影研究领域，对性别意识的关注由来已久。以对男性观影体验的研究为例，可窥一斑。颇具通识性的观点是，男性大多通过两种方式来逃避原始阉割情结所带来的威胁，并以此来挽救快感的丧失。其一，他们精致地审视着爱情创伤的发生，在影片中的罪恶的惩戒、道德沦丧的贬斥和救赎力量的召唤下控制现实生活中难以排遣的焦虑感；其二，他们将被凝视的女性对象置换为影片中明星的胴体，在“心安理得”的狂热崇拜中化解阉割焦虑所可能带来的社会危险。从这个角度来看，劳拉·墨维（Laura Mulvey）所言的“男性凝视”（Male Gaze）理论获得了有效印证。在墨维的理论体系中，“控制性凝视”和“性欲客体化”似乎成为了爱情母题广为播撒的重要理论依据。值得思考的是，莫非所有电影中的爱情叙事都是以男性视角出发，寻找精神皈依，以到达“安全彼岸”为目标的吗？20 世纪 80 年代开始，伴随着女性主义的复苏，诸多女性主义理论家对墨维的“普适性”观点进行了尖锐的反驳。他们不同意男性凝视视角在电影中具有“宰制性”权力。在此基础上，克莉斯汀·格莱德希尔发出了自己的声音：“应当将广受鄙夷的大众文化形式与具体的文化消费环境相结合，并将其受众视为由社会历史建构的产物……只有如此，对女性电影和肥皂剧的女性主义分析才能跳出电影精神分析的窠臼，不再仅仅将注意力集中于男性的窥视，超越女性被征服、被孤立、被凌虐的身份立场”①。

男性宰制性凝视也好，女性幻想式视角的崛起也罢，有一点是可以肯定的，那就是爱情话题的潜在心理驱动力和社会感召力是其他类型、题材、主题所无法取代的。然而，纵观国内外电影创作实践，可以发现，爱情元素往往很难独立担负起叙事情节的主干，相反，爱情元素往往和社会性叙事相关联，成为关乎社会、人文精神的深层隐喻。

如果说，上述分析是以电影观影心理为切入口，研究对象也专

---

① Christine Gledhill, “Pleasurable negotiations”, in John Storey, eds, *Cultural Theory and Popular Culture: A Reader*, Harlow: Pearson Education, 2009. p.98.

属于电影媒介的话，近年来，关于女性与大众媒介文化、男性气质相关议题的迅速增加则从一个侧面反映出性别研究已然成为了传媒研究中不可规避的理论议题。

中国传媒大学潘桦教授研究认为，当下被电子传媒反复渲染的“小鲜肉”文化的本质就是基于性别权力视角。身体政治中的不平衡和不平等性表现为性别权力的差异，后现代社会中职业女性的普遍崛起又以一种颠覆性的姿态重构了性别权力。所谓的“小鲜肉”就是一种作为视觉审美对象的载体，体现出当下大众审美趣味的集体转向。对“女性化”的“小鲜肉”的钟爱表现出女权主义者在摆脱强壮男性的宰制和规训后，在中性青年身上找到了某种安全感和归属感，没有压抑，亲切而温暖。此时，曾经饱受歧视的中性“小鲜肉”因为得到了情感上的重视、文化上的尊重以及经济上的满足，他们也通过大众媒介不断强化自己的权力意识。在连锁反应式的互动关系中，“小鲜肉”文化得到了普遍的青年文化认同的同时，也为我们研究当代大众文化心理版图勾勒出清晰的轮廓。

在交叉学科的借鉴视野下，我们可以看到，主持人文化的发展也包含着关乎性别意识、性取向问题等一系列有待研究的话题。在我国广播电视发展初期，女性播音员、主持人都是普遍存在的，甚至在媒体中的从业数量要远高于男性。然而，我们需要注意的是，在革命话语占据主导地位的历史语境下，女性的本来面貌并不能够得到凸显，她们仍旧是在权力话语的支配下充当着传声筒的角色。相应地，我国早期电视中出现的女性，大多以中性化的西装、齐耳短发为外在形象，在具体有声语言传达方面也尽量表现出端庄的男性气质。这种媒介形象虽然与男性宰制性地位无涉，但至少传达着这样一种理解，那就是电子传媒中的女性是国家机器的重要组成部分，淡化的性别意识不仅凸显出主流意识形态的在场性，也在一定程度上呈现出那一时期保守的文化观念和极端的禁欲主义风向。随着女性的解放，女权主义的复苏，改革开放以降，特别是20世纪90年代中后期，女性电视节目主持人很快引领了大众文化、大众审美的趣味导向，而大众对这一职业也趋之若鹜，甚至认为其是光鲜亮丽的时尚行业。

与女性主义的觉醒形成鲜明比照的则是男性气质的弱化。中华人民共和国成立初期，一度被认为是宽厚、圆润、响亮、集中、富于变化的男性播音员的声音，在近年来不断出现异化的状态。那些所谓的“国声”湮没不彰。相反，一些颇具中性化色彩的男性占据着荧屏和话筒。张颂教授不无感慨，并在各种场合大声斥责“男声女气，女声嗲气”的不良传媒趋向。著名朗诵艺术家张家声也声言，传媒语言乱象纷呈，喧嚣不已。无论审美风尚如何演变，都要做到“男的像男的，女的像女的”。然而，在滚滚红尘般的消费文化浪潮下，大师的声音如空谷回音，鲜有来自实践的中肯应答。

可以说，从性别主义的视角出发，补充和拓展主持人批评的视野和维度，突破现有批评的狭隘和不足，不仅可以有效回答当下颇似吊诡的媒介主持现象，也可以透视主持传播背后的文化变迁和话语权力。

四、后现代主义与节目主持批评

关于后现代主义文化的研究在学界早已不是一个新鲜的话题。

作为一种文化思潮，后现代主义文化的勃兴与后工业社会、信息化社会的高速发展密不可分。当物质资料生产不再成为推动社会经济发展的直接动力的时候，信息产品的商业消费价值则直接成为当代人们的主流生活方式，进而全面影响着社会经济的变迁。大众传播媒介的消费文化属性恰恰是后现代社会全面到来的重要表征。从广播、电视，到互联网、社交媒体，信息文明将“拟态环境”进行了全面的环境化改造，真实与虚拟之间的距离也日渐模糊。非中心化、非整体性的后现代文明呼之欲出。就像有人生动描摹出的那样：“围绕一个太阳永恒运转的世界已经被击毁，取而代之的是满天的繁星。”也恰恰是由于这样，当今社会文明异彩纷呈，消解的力量以其无与伦比的巨大威力塑造了多元并存的世界。从超真实、单向度到内爆，从戏仿、奇观到消费社会，物的价值已然全面让位于符号的价值。

毫无疑问，广播电视、互联网是后现代社会中最具代表性的行业，而节目主持人当然是后现代行业中最具典型性的职业。主持人不直接参与物质生产，不直接为受众提供面对面的服务，他们不是教师，不是领导，不是政府公务人员，也不是信息产品的销售经理，但他们可以通过自己的媒介参与活动影响最广大的受众群体。他们是消费文化中的重要组成部分，也是媒介文化的符号表征，他们以个体行为出现，却代表着整个播出机构。他们不一定是媒介管理者，却一定是把关人；他们不一定是意见领袖，却模拟着两级传播中意见领袖的角色。一系列的媒介奇观、吊诡的文化冲突与融合，都在主持人的传播活动中得以诠释和表达。

20 世纪 90 年代中后期以降，电视综艺作为一种舶来品开始走红中国电视荧屏，何炅、李湘、李咏等用自己新鲜的传播样貌唤起了彼时观众前所未有的关注热情。当正襟危坐的播音员被诙谐幽默的主持人所取代，当严谨高雅的传媒语言被生活至上的审美风尚所冲击，当以宣传教育、信息传播为主导的媒介格局被娱乐至死的舞台形象所压倒的时候，社会情绪也因此出现了激烈的震荡。传统知识分子愤然离席、颓然退场，而青年观众却狂欢雀跃，一股泛娱乐化浪潮裹挟着浓烈的后现代主义气息扑面而来。面对这一充满悖论而又复杂难辨的传媒生态，学界也经历了从大惊失色到处变不惊的心理调试过程。直到 21 世纪的第二个十年，影视艺术和播音主持研究界开始了从泛道德、泛伦理的批评阐释到合理化归因分析，以及批判性引导的阶段和过程。笔者此前的研究就从播音主持传播的语言审美方向入手，提出了在后现代主义的浪潮下，消费文化的洗礼下，播音语言口语化、主持语言时尚化、配音语言多元化的三大传媒语言风格标签。

事实上，尽管后现代主义的相关研究早已汗牛充栋，但真正将这一文化思潮作为一种研究路径乃至范式，对主持人文化加以诠释的研究，无论数量还是质量，都有待增加和提升。一言以蔽之，关于节目主持传播的后现代主义思考，尚有大量阐释空间。

第三节　社会思潮与社会责任批评模式

早在西方“黄色新闻”泛滥的时代，新闻内容的准确性、客观性以及敏感问题的社会影响被传媒从业者所忽视。商业化的诉求驱动着震惊体验和眼球经济横行无度，传媒公信力也因此而急剧下滑。直到20世纪的第一个十年开始，一些社会精英人士才真正开展了旨在净化媒体的改革运动，他们以职业水准为口号，极力清除那些泛滥于传播媒介的劣质和不负责任的信息内容。2001年，迈克尔·鲍威尔（Michael Powell）出任美国联邦通讯委员会（FCC）主席。在他的领导下，以饶舌乐和嘻哈乐为代表的一些直白表露性和排泄器官的内容被勒令停播，那些公然违背社会公序良俗的内容也被取缔。而两家违反上述规定的电台直接被罚款7000美元。可见，当下对社会责任理论的广为接受，正体现出以美国为代表的西方媒体正在努力尝试着将理想化的社会标准纳入大多数媒体的法制化管理框架。

改革开放以来，伴随着中国现代化进程的不断加剧和跨文化交流的日渐深入，广电传媒的结构性转轨业已全面铺展。与产业化发展同时出现的则是过分商业化所带来的价值观混乱局面。原本具有主流价值观引导和社会情绪疏导功能的大众传播媒介，因消费文化的泛滥而不时出现这样那样的文化扭曲现象。主持人作为广电传媒的品牌形象，因为队伍的迅速膨胀而良莠不齐，加之主管行业领导疏于管控，价值观乱象不时引发公众的不满。基于此，重提社会责任理论，在参照和借鉴西方广电传媒成功治理经验的基础上，对节目主持人的从业行为加以批评研究，不仅是理论研究的重要方向，也是行业管理的客观需要。

一、关于主持人社会责任的传播学理论支持

1644年，以英国诗人、政治家弥尔顿（Milton）出版的《论出

版自由》为发端，自由主义的观点长期主导着西方传媒业界。“观点的自由市场”不仅是一种口号，更作为一种行为规范贯穿大众传媒业界的信息生产流程。事实上，“主权在民”“天赋人权”的政治理想，其初衷是对封建专制制度的批判和反驳。然而在发展过程中，仅仅依靠行业内部的“自我修正”已经起不到真正的约束作用。在资本和金钱的诱惑下，所谓的“出版自由”，其本质“仅仅是资产阶级的特权，因为出版需要钱，需要购买出版物的人，而购买出版物的人也需要钱”[①]。实践表明，随着垄断资本主义的发展，全球信息化浪潮的增速，文化帝国主义的盛行再一次证明了自由主义仅仅是一种乌托邦般的想象和虚伪的掩饰。

作为自由主义理论的修正，社会责任理论在20世纪中叶被系统提出。相较于早期的自由主义理论，社会责任理论的前提是对媒介自由的管控。该理论认为，“自由伴随着一定的义务，享受着政府赋予的特权地位的报刊，有义务对社会承担一定的责任，这就是作为现代社会的公共通信工具而执行一定的基本功能”[②]。中国人民大学郭庆光教授对社会责任理论进行了高度概括：“（1）大众传播具有很强的公共性，因而媒介机构必须对社会和公众承担和履行一定的责任和义务；（2）媒介的新闻报道和信息传播应该符合真实性、正确性、客观性、公正性等专业标准；（3）媒介必须在现存法律和制度的范围内进行自我约束，不能煽动社会犯罪，不能传播宗教和种族歧视的内容；（4）受众有权要求媒介从事高品位的传播活动，这种干预是正当

---

① 《马克思恩格斯全集》（第2卷），人民出版社1957年版，第648页。

② Siebert, F.S., Peterson, T.D. & Schramm, W., *Four Theories of the Press*, University of Illinois Press, 2009, p.98.

的。”[①]值得商榷的是，西方传媒业界的社会责任理论将规范责任寄托于媒介自身的行业自律，因而其效果显然不容乐观，微乎其微。

今天，尽管对社会责任理论的争论早已偃旗息鼓，对其拓展和讨论的必要性越来越弱，但在中国媒介环境中，这一理论已然不是作为一种理想标准而存在。国家广播电视总局以政府指导行为监管着行业发展的动向，在任何偏颇出现后，及时指导、纠正，防微杜渐，这与美国联邦通讯委员会的行政职责有着本质的区别。

二、节目主持人的社会责任批评

在大众传播学研究的成熟理论中，拉斯韦尔（Lasswell）关于媒介社会功能的“三功能说”就明确提出，大众传播媒介具有环境监视、联络社会和遗产传递的功能。20 世纪 40 年代，动荡的社会环境将哥伦比亚广播公司（CBS）的爱德华·默罗推上前台。他主持的《这里是伦敦》以强烈的社会责任感和民族忧患意识获得了美国人民的广泛关注和认可。此后，沃尔特·克朗凯特对越战的报道、丹·拉瑟对“9·11”恐怖袭击事件的深刻分析都体现出主持人的专业主义精神。他们以自身强大的人格魅力获得了“国家守护神”“道德权威”和“指挥权威”的美誉。

在广播电视发展史中，中国同样拥有着一大批具有高度社会责任感的播音员主持人。伊拉克战争爆发后，凤凰卫视记者、主持人闾丘露薇第一时间冲到前线，不仅及时传递了大众真实鲜活的影

---

① 郭庆光：《传播学教程》，中国人民大学出版社 1999 年版，第 139 页。

像素材，也显示出了中国节目主持人的使命与担当。中央电视台国际新闻节目主持人水均益在主持《高端访问》《环球视线》等节目时，坦然面对西方政要，提问中有理、有力、有节，彰显了中国气派。作为中央电视台著名节目主持人的白岩松，不仅在工作中凸显了杰出的新闻人卓越的职业能力，更关心国家的新闻教育工作。他在2012年创办了“东西联大”，以“新闻私塾”的形式在中国传媒大学、中国人民大学招收研究生一年级的优秀学生，他兼职担任他们的硕士生导师，为中国新闻行业培养了一批极具精英意识的后备人才。在谈到自己的社会责任时，白岩松坦言：“任何一个人，你都去选择做一个撬杆，也许你付出的力不是很大，但是你撬动的东西却很大，所以我觉得这是一个思路”[①]。

在借鉴成熟的“角色丛”理论的基础上，我国主持研究学界专家应天常教授认为：“节目主持人作为公众性角色，无论是在‘镜头前’还是‘镜头外’，始终依附于公共社会生活，所以应该有清醒的社会知觉，不应把自己看作超脱尘世的自我，而应是‘社会自我’，即依附于社会的自我，是个体对自己被他人关注的意识”[②]。

无论从国际通行的对传媒行业的认知出发，还是从我国传媒行业的特有属性出发，不难发现，节目主持人肩负着社会文化建设的重要责任。他们的社会责任不仅体现在对社会生活的依附关系上，更体现在对社会事务的介入深度上。节目主持人不仅要在传播策略和报道尺度等方面体现出不同于一般“社会人”的态度和技巧，也

① 邹煜、白岩松：《一个人与这个时代》，上海交通大学出版社2013年版，第273页。

② 应天常：《节目主持人通论》，武汉大学出版社2007年版，第38页。

应当以悲天悯人的道德情怀深切体察社会心理语境的变动不居。作为一种原则，主持人的社会责任意识和社会担当意识是对其进行价值判断的前提和基础。任何学术批评活动都无法背离这一准则。唯有在此框架下，节目主持批评的道德文化基点方可落地，也才能获得知识界和公众的认可，焕发长久的生命力，引发共鸣和反思。

三、节目主持人的媒介声誉管理批评

一般而言，所谓声誉，是个人或社会团体及组织在公众心目中的整体性形象。媒介声誉则是指“一个媒体获得社会公众信任和赞美的程度，通常由知名度、美誉度和信任度构成”[①]。主持人节目是广播电视节目构成中最为重要的一环。而出头露面驾驭节目进程的主持人，其社会声誉如何，直接影响到广播电视的品牌建设。主持人的知名度、美誉度和信任度的维护不仅要依赖主持人自身，也仰仗媒体集团的整体性定位、包装和推广。一定程度上讲，主持人的声誉能够在很大程度上折射出其所在媒介的公信力，进而体现出媒体的社会责任意识。

近年来，在新媒体的冲击和影响下，传统媒体遭遇着前所未有的挑战，其主流媒体的地位也正在向“非主流化”的边缘滑落。这当然不仅仅是因为主流媒体的“固定时间、固定地点和固定内容”的“三定”特性有别于新媒体“随时、随地、随意”的“三随”特性，更因为新媒体赋予了受众更大的话语空间和更广阔的权力舞台。在新媒体社区中，不时有公众发出对主流媒体僵化的传播内容和传

---

① 喻国明：《媒介的声誉管理：构建维度与舆论尺度》，载《新闻战线》2009年第4期。

播形态的质疑之声。这种匿名空间中的舆论涡流愈演愈烈，以至于形成强大的公众意见。这足以引起作为传统媒体的广播电视的警醒。基于主客观原因和内外部制约，时至今日，中国广播电视节目主持人群体中，真正能够以权威化的传播形象赢得公众信赖的寥寥无几。他们的媒介声誉甚至很难用好坏的二元标准去衡量。结构性失语和不被关注才是他们真正的现实境况。

试想，主持人节目的优势正是以人格化的力量弥补媒介技术力量的不足，用充满人性趣味和品格的交际行为在公众认知系统中形成意见性信息。然而，当下的广播电视技术手段日新月异，传播理念不断调试，但作为传播主体的核心，“人”的价值却并没有充分发挥。中央电视台著名主持人白岩松曾谈到，“说人话，关注人，像个人”是对节目主持人的一般要求。真正杰出的节目主持人还应做到“捍卫常识、建设理性、寻找信仰”。今天，在全媒体时空中，在乱花迷眼的视频直播中，网络主播们以戏谑的表演、泛色情化的展示博人眼球，甚至可以获得丰厚的物质回报，互联网综艺节目中的主持新秀你方唱罢我出场，一些另类的展演甚至形成了某种媒介现象。反观传统媒体的主持人，一段时间以来，现象级主持人再难被发现和认可。这一问题严重困扰着传统媒体。

于是，在节目主持批评研究中，我们有理由深入追问节目主持人媒介声誉的建构与维护，在对主持人的价值建设中找寻其知名度、美誉度、信任度缺失的结构性动因。这不仅是一个文化、艺术问题，也应该是一个产业问题、企业管理问题。

中国人民大学高贵武副教授认为：“新媒体的快速发展带来了社会结构从‘全景监狱’向‘共景监狱’转变，受众和媒体之间的信息不对称格局逐渐拉平，网民在虚拟空间的‘交头接耳’，发泄对媒体的不满情绪、对于传统媒体的权威性解构式的‘吐槽’现象越来越多，因此，传统主流媒体的声誉基础——公信力，虽是传统主流媒体转战新媒体战场的核心优势，但也面临在狂欢式‘吐槽’中被消解的危险。”①

可以想见，为赢得与新媒体竞争的胜利，当下传统媒体主持人不仅要珍视自己的媒介声誉，更应当有意识地建设并维护自己的媒介声誉。作为主持人的管理机构，电台、电视台也应当将选拔、培养和使用主持人才作为一项重要战略部署，以长远眼光，机制化的管理手段来管控主持人的媒介声誉。

第四节　艺术实践本体批评模式

一、重提语音发声——节目主持审美重建的原点

经典播音创作对语音发声十分讲究，这与中国播音学创立之初的学科规划与构想密切相关。作为中国特有的学科门类，中国播音学在诞生之初，充分借鉴了歌唱、传统曲艺等姊妹艺术门类成熟的发声方式，结合口语化传播的特点，提出了以胸腹式呼吸为基础，口腔共鸣为主，多腔体共同配合的发声方式。这种发声方式不仅能够体现出播音主持语言的美感，最大程度上提升声音的质感，还十

① 高贵武：《新媒体环境下的主流媒体声誉管理刍议——基于利益相关者理论框架》，载《国际新闻界》2017年第1期。

分符合口语化传播对声音自然性的要求，使传播语言与生活语言同根同源，避免传播主体与受众间的距离感。可以说，无论是播音发声的物理、心理学基础，还是发声、吐字的科学训练，抑或关于声音弹性的审美再现，经典播音学的系列研究成果可谓功不可没。几十年来中国播音学所倡导的“准确规范，清晰流畅；圆润集中，朴实明朗；刚柔并济，虚实结合；色彩丰富，变化自如”[①]的声音要求作为一般标准，在播音员、主持人的培养、选拔和使用中起到了非常重要的作用。时至今日，很多老主持人仍旧保持着重视语言发声规范的传统，而广大高等院校中播音主持教育的基础课程也传承着颇具中国特色的语音、发声培养训练模式。

21 世纪以来，伴随着欧风美雨的冲刷洗礼，后现代文化的深入浸润，加之主持人队伍的多元化，受众渐渐不再满足于经典播音主持教育所培养出的“千人一声”的规范化审美谱系，甚至一口流利标准的普通话还被视为落伍的表现。仅就传统媒体阵营而言，20 世纪 90 年代中后期凤凰卫视的异军突起，就以一种强大的颠覆性力量改写了播音主持阵营的语音传统。在凤凰卫视中，吴晓丽的港台腔与中央电视台新闻主播大相径庭，陈鲁豫的说新闻打破了新闻播报的传统语体观念，窦文涛的《锵锵三人行》以极具客厅意味的聊天方式冲击着人们对新闻评论的惯性认知。应天常教授一度将这一现象称为“审美祛魅”。应天常教授声言，这些主持人节目的“现场性、表达的即兴性，即使不完美，甚至是粗朴的、有破绽的，但是由于提供的是生活化的真实的东西，表现的是直接的心理体验，反

① 徐恒：《播音发声学》，北京广播学院出版社 2000 年版，第 10–11 页。

而会受到欢迎——因为观众从中发现到了可遇不可求的‘美’”[①]。这一表述正像是南京大学周宪教授所谈到的，在现代到后现代的变化中出现了明显的“分化现象”。在现代主义的发展过程中，艺术已经被“纯粹化”了，人们的审美经验和艺术惯例也“纯粹化”了。但是，“到了后现代主义阶段，这种现代主义式的冲动已经丧失了。后现代主义的艺术家似乎有意和他们的先驱过不去，开始嘲弄和混淆各种业已确立的界限和特征，就像现代主义的艺术家曾经嘲弄古典的艺术一样”[②]。所谓“分化现象”则集中体现为艺术与非艺术的界限日渐模糊，艺术品内部的分野也渐渐消失。

口头语言传播向来有着“嫌贫爱富”的价值取向。从这个意义上来讲，口音是具有阶级性的。南北朝时期，从北方南渡的士族颜之推在《颜氏家训》中说：“吾家儿女，虽在孩稚，便渐督正之；一言讹替，以为己罪矣。”[③]武则天时代，不少士大夫撰文讥讽当局启用的寒门酷吏：“侯思止出自皂隶，言音不正，以告变授御史。时属断屠。思止谓同列曰：‘今断屠宰，（鸡云）圭（猪云）株（鱼云）虞（驴云平）缕，（俱云）居不得（喫云）诘。空（喫）诘（米云）弭（麪）泥去。（如）儒何得不饥！’侍御崔献可笑之。思止以闻，则天怒谓献可曰：‘我知思止不识字，我已用之。卿何笑也？’献可俱以鸡猪之事对，则天大笑。释献可。”[④]

① 应天常：《节目主持艺术论》，北京广播学院出版社1999年版，第148页。

② 周宪：《文化表征与文化研究》，上海人民出版社2015年版，第53页。

③ 《说话口音和阶层问题》，大象公会，网址：http://mt.sohu.com/20160208/n437108805.shtml。

④ 同上。

明清时期，操持着北京口音的人更容易受到尊重，那是因为北京作为首都，居于政治上的优越地位。因此，秉承着“朝中有人好做官”的思维惯性，带有北京方言的口音符号被识别为一种身份标签。改革开放以来，伴随着东南沿海地区经济建设的跨越式发展，广东成为了中国现代化建设的前沿，加之广东毗邻港澳，其区位优势得以凸显。也正是由于这个原因，全国各地纷纷效仿。就连流行于20世纪90年代的“广播金曲排行榜”中，如果主持人还字正腔圆地操持着标准的普通话，没有一点“港台腔”，那在当时是大有“违和感”的表现。尽管广电总局不断打击这种异化的传播语言，但时至今日，其影响还广泛存在。

西方历史上，为了寻求向上流社会流动的机会，中产阶级乃至工人阶级常常模仿上流社会的口音，以获得尊重和体面的待遇。这种情况一直延续到20世纪80年代。

以撒切尔夫人为例，在20世纪70年代伊始，她在政坛逐步崛起，但是满口的林肯郡口音经常让她收到很多无情的攻击。虽然撒切尔夫人已经年过50，但是迫于现实的压力，她请了当时皇家国立剧场的发音教练来纠正她语音上面的问题，经过努力的学习和刻苦的训练，几年后她终于用熟练的英国上层社会流行的RP音叱咤政坛。

在现代社会，大众传媒的推广使得口音问题逐渐上升到了政治的高度，形成了一种潜在的文化象征。模仿上流社会的口音，往往为了证明自己的优雅、气度和身份，从而获得升迁的可能。这与每个时代的主流政治文化导向密不可分。而中国传媒语言的“规范性、庄重性、鼓动性”特征，也暗含了政治维度中的主导文化意愿。

随着时代的变迁，社会的流行风尚也会渐次发生变化，语音面貌、口音习惯也是一样。20 世纪 80 年代以降，欧美主流社会的口语时尚发生了颠覆式的转变。一直以来崇尚上流社会的言语交际风尚被悄然置换为平民口音。最典型的案例是女王音的转型。每年圣诞，英国女王多会对全国进行重要的演说，一直以来，女王使用的都是王室用语，其口音也与庶民迥然有别。然而，近年来，女王在年度演说中的语言带有强烈的平民化色彩。例如，伊丽莎白二世的口音中“trap”的元音 /æ/ 越来越接近 /a/，如果说前者是贵族发音，那么后者则带有平民意味。有媒体分析指出，威廉王子和哈里王子的口音也渐趋平民化。特别是哈里王子，有的时候和伦敦小地痞的口音十分接近。

不仅英国如此，美国也概莫能外。前总统小布什就有意改变自己语音中的贵族气质，他主动放弃了带有贵族标签的波士顿口音，转而选择更具平民化的得州口音，将自己的语言风格塑造为得克萨斯牛仔的形象。

曾几何时，中国大陆民众普遍信奉中央电视台、中央人民广播电台播音员所使用的标准普通话，以北京语音为标准音，北方话为基础方言，典型的白话文著作为语法规范的现代汉民族共同语。然而，近年来，随着网络文化的流行，不仅普通青年人更愿意使用流行的网络语汇，就连曾经正襟危坐的节目主持人，也常常使用“PK”“给力”“不明觉厉”“香菇”“蓝瘦”等社交媒体语汇。与此相对应的则是语态的降调。如果说“文化大革命”播音语言的“高、平、空、冷、僵、远”是一种传媒语言的异化的话，那么，今天遍布媒体的平民用语则体现出媒介姿态的历史转身。如果我们仅仅用泛伦理、道德的规则和尺度对其加以批判的话，显然体现不出时代意志的潜在变化。那么，仅从当下广播电视的一线实践个案中，我们或可按图索骥，寻找到一些问题的答案。

例如，在《今晚80后脱口秀》中，主持人王自健是一个地地道道的北京人，也有过师从侯耀华学习相声的经历。应该说王自健的节目主持风格虽然基本属于标准的普通话，但也会偶尔流露出北京语音的方言气质。不仅如此，我们还观察到，在节目当中他经常模仿上海的本地口音，甚至是一些上海的乡音俚语。细加分析，这种言语操作方式一来可以让上海当地的收视人群更好地接受节目风格，同时，方言背后的混搭色彩更具娱乐性，这与传统的曲艺语言大相径庭。此外，《今晚80后脱口秀》是一档面对青年人的脱口秀节目，节目以聊天式的谈话场为基调。一以贯之的语言风格使王自健的主持形象象征着生长在上海却有着新思维、新观念的"上海二代"，无形中牢牢抓住青年收视人群，使之联想到最新鲜的生活观念和前沿的时尚趣味。从该案例可以发现，中西方主流社会的口语时尚正在自上而下进行迁移，大有精英语言平民化的趋势。这与全球化背景下平民意识的觉醒，市民社会向公民社会的转型思潮密切相关。

伴随着大众传媒时代的不断发展，全球化时代以不可遏制的力量颠覆了既有的陈规与传统，人类社会的生活因传媒的发达程度日益提高而渐次发生变化。在精英社会已经被市民社会逐渐取代的大背景下，民主意识空前高涨。作为一个细微的文化表征，口音的平民化恰恰折射出社会思潮的变动不居。如果说精英化的口语象征着高雅、聪颖、权威的话，那平民化的口语则象征着亲切、平凡、通俗和普世。后现代社会，非中心化、非整体性的文化取向和生活审美化大众情绪日益泛滥，人们往往拒绝崇高感和庄严感所带来的心理距离，相反，平民意识的强化则会引发最广泛的群众响应。基于此，传媒语言的降调和从众也恰恰反映出时代政治的基本诉求。西方精英社会中，文化领导权正在从贵族阶层手中挣脱，滑向普通百姓。因此，上层社会欲通过选举获得普罗大众的支持，势必在方方面面体现出他们的愿望。俯下身躯，与大众文化握手就成为了必要的文化选择。不难看出，上流社会语音、语汇、语法的市井化倾向并非他们自身文化身份的粗鄙化定位，而是博取民众好感的一种必要文化策略，甚至是政治企图。

就中国现实情况而言，尽管讨好选民的选举文化并不存在，但新闻联播式的声音政治某种意义上就带有文化垄断的意味。“推广普通话等，带有强制的政治色彩——新闻联播式的普通话凭着政治余威和文化上的垄断地位，常年压制其他方言。同时，中国也并没有形成一个带有独特口音的贵族阶层。”[①] 当下多元的口语表达不仅仅是时代精神的召唤，更体现出大众文化领导权地位的不断上升。有学者透过春节联欢晚会的语言类节目来考察中国方言的文化标签。“衣着光鲜的正面人物都说一口标准的普通话。北方口音出现于农民、保安、清洁工、民工等角色。至于各种南方普通话，多为‘小男人’、‘娘娘腔’、‘骗子’所使用。”[②] 可见，在人们的思维惯性中，口音等级象征着一个人的经济、文化、政治地位和实力，作为一种“刻板印象”植根于百姓的生活细节中。由是观之，当下播音员、主持人声音的“软化”，遣词造句的平民化和网络化，正是当下中国现

① 郑子宁：《说话口音和阶层问题》，“大象公会”。

② 同上。

代化社会的缩影，象征着公民社会的民主力量的崛起，彰显了电子传媒领域中有声语言传播者对自我文化身份的选择与确证。

二、再论播音主持创作——从打破经典到学院派的复归

播音主持创作是播音主持学院化教学中的重要环节，它连通着语音发声和节目主持实践，一直以来被认为是从技术走向艺术的节点。颇具中国特色的播音主持创作研究、教学与实践从战火弥漫的战争年代走来，经历了十七年时期的澎湃张扬、“文化大革命”年代的停滞和消弭、改革开放新时期的新生与繁荣、新世纪的扬弃以及今天的重建。可以说在饱含时代风尚的历史变革中，播音主持创作在“变与不变”中逐渐走向成熟。

坚守经典还是打破陈规一直以来是播音主持创作研究中一个重要的理论话题。湖南大学梅慧副教授认为，在 1949 年之前，中国播音创作理论方面有五个主要理论成就：“准确清晰是播音语言的基本准则；注重播音技巧是提升播音业务的核心；良好话筒前状态是播音创作的关键；播音形式多样化有助于吸引受众；追求播音语言自然的审美境界”[①]。作为学习与探索的基本理念，这些看似简单甚至质朴到粗糙的思想为今天播音主持创作理论的形成奠定了坚实的基础。今天播音主持语言的基本特点、备稿方式、思想感情的运动状态，以及外部表达技巧和表达规律的形成，大都脱胎于早期的创作实践

① 梅慧：《新中国成立前播音理论与实践的四个历史成就》，载《现代传播》2016 年第 6 期。

总结。

然而，21 世纪以来，伴随着播音员、主持人来源背景的日趋多元化，唱衰播音主持创作的声音不绝于耳。有学者认为："时代飞速发展，语言生活中的新词新语不断涌现，在节目中适当加入有一定陌生度、新颖度的语言，可以使广播电视的有声语言更有时代感。"[①]更有业界人士以众声喧哗的传媒业态为蓝本，指出播音主持语言区规范化有助于个性化的品牌建立，而整齐划一的规范化表达是对多样性的戕害。张颂教授早年提出的"有稿播音锦上添花，无稿播音出口成章"的理念也在应天常教授"出口何必成章"的文章中受到颠覆性批判。可见，关于播音主持创作的理解在 21 世纪伊始成为见仁见智、莫衷一是的理论难题。

那么，在消费文化大行其道，主持人从台前走向幕后，从中央退守边缘，明星化的身份被乱花迷眼的群星所覆盖的时候，播音主持创作的经典价值是否值得坚守的问题俨然成为节目主持批评不容规避的一个视点。中国传媒大学喻梅副教授认为："进入 21 世纪之后，新媒体互联网蓬勃发展，给人们提供了最广阔的交流平台和自我秀场，改变着文化的创作方式和传播方式。在丰富多彩的时代生活中，未来的播音创作必将更加多元化。这就需要我们辩证处理'变'与'不变'的关系，既继承传统又锐意创新，使播音创作体现出更大的社会价值和审美价值。"[②]事实上，从宣传到传播的理念之变，从武器到桥梁的功能之变，从文本到人本的技法之变，喻梅副

① 陈晓宁：《也谈有声语言规范》，载《语言文字应用》2006 年第 2 期。

② 喻梅：《播音创作之"变"与"不变"》，载《现代传播》2012 年第 1 期。

教授的理论梳理可以被视为21世纪关于播音主持创作思想的纲领性认识。

可以这样认为，播音主持创作的基本理念离不开风云变幻的时代风貌。但是，除了与业界现象亦步亦趋地保持贴合状态外，理性观察与反思，站在艺术与文化的高度上引领时代的创作走向才是播音主持创作的价值归宿。而节目主持批评在这其中的最大功能莫过于在和实践、教学、研究保持适当距离的同时，不时发问和省察，协调三者之间的矛盾冲突，使主持文化被不断确认，教学能力日益提升，理论深度得以延展。

三、也谈分类——分层批评与分类批评的批评路径

节目主持评价体系的构建是一项繁复的系统工程，任何一元的评价体系对于研究对象来说都是草率而不科学的。这中间涉及诸多悬而未决的历史遗留问题。例如，播音员、主持人彼此之间的涵盖关系问题，主持人是否需要表演的问题，说新闻是否要取代播新闻的问题，中西方主持人相互借鉴关系的问题；等等。那么，如何搁置既有矛盾，在论而不争的基础上将批评范围涵盖到现实业界的每一个角落，这就需要在批评理论的构建中配置缜密、有效的方法论。基于此，笔者提出了分类批评与分层批评的方法。简单说，将播音员、主持人评价标准相剥离，将不同类型、不同形态节目中的主持人评价相区别，在此基础上，针对不同平台、不同地域、不同社会文化语境的制约，将播音主持批评确定为上、中、下“三品”。

1. 分类批评

随着广播电视节目类型化趋势的不断推进，播音员、主持人也渐次朝着类型化方向演变，浩大而纷繁的类型化主持格局正逐渐形成。在西方电视业界，基于工作形态和职责的不同，主持人常被分为“anchorman”（新闻主播）、“broadcaster”（播音员）、“host”（节目主持人）、“presenter”（节目主持人、演播员）等。而在我国，电视播音员、主持人往往被视为一个集合性概念。按照传统分类的方法，可以将其分为电视新闻主播，电视新闻类节目主持人，电视社教、访谈、综艺娱乐等类型节目主持人。

需要强调的是，中国式的电视主播有别于西方媒介中的主播。如果说欧美国家的电视主播是作为总主持人或主编形象出现的话，那“中国式主播”的工作范围则相对狭窄，是以消息类新闻播报为主的新型播音员。

近年来，电视栏目的发展日新月异，各种类型的电视节目不再泾渭分明，新闻节目带有娱乐化色彩，社教类节目与娱乐节目难分彼此，即便是谈话类节目，也在脱口秀的外壳下派生出强烈的娱乐性和新闻性。就连工作在今天电视媒介当中的职业传媒人，似乎也很难说清自己所从事的栏目究竟是何种性质。外延的彼此渗透逐渐将电视栏目类型化的格局瓦解殆尽，这与电影产业的类型化发展趋向形成了鲜明对比。于是，电视节目主持人的培养也出现了类型化划分的困惑。

电视栏目创新求变的步伐不断加快，国内国外的电视栏目研发俨然被看作是庞大而系统的科研工作。与此相生相伴的则是各种类型电视节目外延的不断交叉、融合，以及新类型的层出不穷。在这样复杂多变的媒介生态下，传统的栏目分类方法已然不能满足日新月异的电子传媒的发展需求。

针对这一现状，目前，欧美一些国家的电视研究者更倾向于将电视栏目分为新闻类和非新闻类两大类。这也就是本书中所倡导的“两分法”。这样分类的好处不仅在于其最大程度上规避了类型交叉与新类型出现带来的种种界说的困惑和分歧，其优点更在于直接指涉电视内容的本质，集中体现出当代电视媒介创新、发展的方向。这种分类方法的实用性体现在学界、业界研究视域的有效整合与人才培养的明晰性当中。

具体而言，新闻类与非新闻类栏目的“两分法”适应了业界、学界、受众界“三界”的客观需要，给今后电视栏目的研发带来了便利，使研究者的关注点不再局限于类型之争，在摒弃分歧的前提之下，将更多的研究焦点集中在节目内容的研发和生产之中；在高校培养电视人才过程中，“两分法”将有助于学生理会当代电视业界的发展现状与趋向，规避无意义的分歧，从两大类型着手进行理论与实践的深入探讨。

就电视节目主持人而言，“两分法”明确了两大类型的节目主持人，在此前提之下，还可以进行细化分类：

新闻类节目主持人：新闻主播，以及新闻专题型、杂志型、调查型、评论型、访谈型主持人。

非新闻类节目主持人：社会生活类、娱乐类等相互交叉、融合的各种传统类型主持人以及新类型节目主持人。

2. 分层批评

早在21世纪伊始，时任国家广播电影电视总局局长的徐光春就曾指出，播音员、主持人理应是“德才兼备，声形俱佳”。其中的“德才兼备”当然特指播音主持从业者应当具有较高的道德修养和专业才华，而“声形俱佳”则涵盖了对播音主持人才自然条件的基本要求，即“声音悦耳、口齿清晰、表达准确、语言畅达……形象端庄、仪态大方、举止文明、气质高雅……这正是播音主持人才的特殊性，这正是广播电视传播的独特性”[①]。诚然，当下，无论广播电视还是新媒体，一些外形独特的主持人以自己独特的表现力和文化传播力赢得了不少受众的青睐，但这些毕竟不是主流审美取向与一般规律。总体而言，除特殊情况外，赏心悦目的自然条件是播音员、主持人入门的基本前提，即便是少量丑星闪现在荧屏当中，我们也应当对其特殊性加以缜密考量，因为对“审丑”的研究同样可以被视为审美研究的组成部分之一。心理学研究表明，人际沟通成功与否的前提在于接触的瞬间。具体而言，传授双方能否实现“意义合作”，相接触的一瞬间就已经决定了50%。因此，播音主持从业者抛头露面于公众面前，一见倾心的、悦耳的、悦目的外形条件还是不容轻视的。

按照中国传媒大学曾志华教授的归纳，无论选拔哪一类主持人，共同的标准应该是：“第一，个人形象上，健康向上的个人气质和积极、质朴的创作热情；第二，社会形象上，强烈的社会责任感和参与感以及服务大众的服务意识；第三，角色把握上，媒体角色和个

① 张颂：《语言传播文论》，北京广播学院出版社2002年版，第77页。

人角色以及社会角色的协调统一；第四，嗓音条件上，BBC 声音培训教师大卫·邓希尔（David Dunhill）强调‘没有疙瘩的声音’，‘良好的麦克风声音’指的是声音有适当的磁性、清脆、有共鸣，并且没有明显缺点；第五，语言功力上，应当具有‘包括观察力、理解力、思辨力、感受力、表现力、调控力、鉴赏力、回馈力’等在内的较强能力；第六，主持技巧上，良好的语言表达能力和现场沟通能力以及敏锐、机智的应变能力；第七，工作态度上，兢兢业业的敬业精神和虚怀若谷的团队精神。”①

诚然，曾志华教授所言的批评标准作为一把标尺完全可以对当下播音员、主持人进行一般性价值判断。但随着主持人的多元化发展，不同类型的播音员、主持人之间在表现形态和运作规律上又存在着诸多差异，仅仅以一元的标准进行考量显然是武断和有失公允的。那么，除了前文所提到的分类批评和一般性批评之外，我们是否还应对主持人的话语平台、传播语境等因素加以客观观照呢？例如，地方电视台的主持人很难如中央电视台主持人一样，经常有机会接触到涉及国计民生的重大报道，其背后的采编队伍、传播条件以及技术支持等方面也远不及国家级电视台先进，那么，在同一化的评价体系中，是否有必要有的放矢地对其文化价值进行公正判断呢？这是学界和业界需要思考的重要课题。当然，公正的价值判断绝不等同于简单的平衡和情感上的同情，相反，只有将播音主持传播与其具体依存语境有机关联，才能体现出客观、公正的应有之义。

① 曾志华：《中国电视节目主持人文化影响力研究》，北京大学出版社 2009 年版，第 150 页。

鉴于此，我们可以用“契合”二字对播音主持工作进行客观衡量。其一，播音员、主持人的外在形象应与所在平台相契合；其二，播音员、主持人的言语表达方式要与所在平台相契合；其三，播音员、主持人的气质风格要与所在平台相契合；其四，播音员、主持人的文化内涵要与所在平台相契合。总之，“契合”二字充分体现出和谐的审美意义，这与中国美学精神中的“圆融”相一致。

基于以上论述，在充分考量播音主持从业者传播语境的基础之上，我们可以借鉴中国古典美学中“品”的概念，将播音主持创作活动分为上、中、下“三品”。谈及“品”，我们有必要追溯到中国传统艺术鉴赏理论之维。例如，中国古典书画艺术中，就将艺术品分为上、中、下三等，即神品、妙品、能品。通过“神、妙、能”三字，可以传神地勾勒出不同等级的艺术创作。而当代著名文艺理论家蒲震元教授在其《析品》一文中认为，品“总是指一种旨在确立规范的鉴赏，一种融审美理想、艺术范式于鉴赏中的富有东方特色的艺术鉴赏与批评”[①]。

古人说，“品藻者，定其差品及文质”。借用张颂教授所言的“三度空间”理论，播音主持创作亦可分为生存空间、规范空间和审美空间。三度空间以层级的形式分布为金字塔状。最底层的生存空间亦为“能品”，居于此层面的播音主持创作较多，此类播音员、主持人基本能够完成播出任务，没有过多的瑕疵，不给播出带来太大的障碍；中间层的规范空间为“妙品”，此类播音主持创作在能够驾驭节目进程的基础上还有所发挥，并不时地在传播情境中锦上添花，

① 蒲震元：《中国艺术意境论》，北京大学出版社 1999 年版，第 221 页。

强化传播效果；而居于顶层的“神品”在播音主持界当属翘楚，此类创作中融合了播音主持创作者的人品和才品，不仅能够在所在栏目发挥品牌效应，更以其特有的人格魅力、艺术表现力和文化影响力拉动着受众的关注，推动着传媒文化的前行，塑造着一个时代的传媒品性。

第五章

节目主持批评的理念争鸣

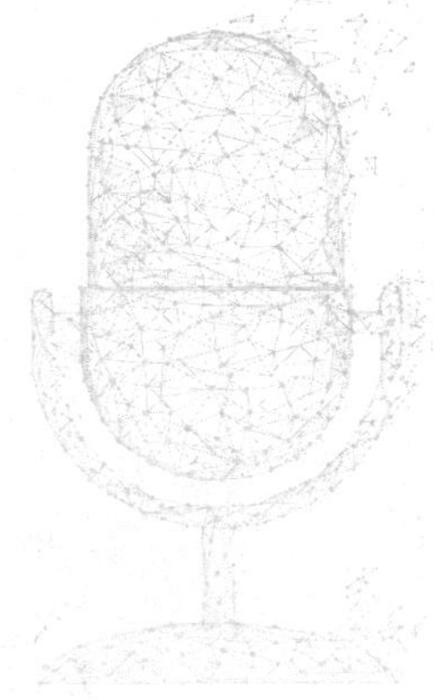

唐代司空图《连珠》中云：“翔必以时，肯争鸣而作怪？动惟中矩，宁受嗾以噬人？”明代刘基的《升天行》也谈道：“谁能与蟪蛄，争鸣秋草间？”此后，“百家争鸣”用以形容不同流派之间观念的交锋。节目主持艺术发展至今，许多基本理念正是在各家学人的观点交锋中日渐明朗。可以说，争鸣性话语是激发学术批评前进的重要推动力。因此，在节目主持批评理论的构建中，势必要拥有颠覆前人的勇气和超越陈规的斗志，惟其如此，才可以在一场又一场充满温度的论战中激发对真理的共识与共鸣。

第一节　传媒艺术视野中节目主持多质性主调的重建

节目主持传播活动作为融媒体时代广播电视媒介的核心竞争元素，其传播功能和文化意义早已被丰富多彩的业界实践所证实。然而，重新对其多质性主调的挖掘与凝聚不仅是基于学科研究科学性和有效性的考虑，更是基于规约实践、指导实践的现实需求。传统观念认为，节目主持创作具有“多质性”，即新闻性、言语传播性和艺术性。众多属性并不是平均用力的，其性质的主调理应是新闻性。“新闻的真实性原则，使得播音创作中的播音员情感的表达与演员表演中情感的表达，有了质的区别。新闻的时效性、报道的连续性、政策分寸的把握，使得播音言语表达技巧区别于朗读、朗诵、讲演等，播音言语活动具有了自身的规定性。所以说，新闻性是主调。”[①] 以上论述向我们暗示了这样一种判断，那就是播音员、主持人是带有艺术属性的特殊新闻工作者。然而，值得推敲的是，当代广播电视节目的类型复杂多样，如果按照上述理解，是否应当认定所有类型的播音员、主持人都应当被划归到新闻工作者行列呢？这样一刀切的属性判断与当下的节目主持实践的本质特征是否吻合呢？以新闻性主调作为指导思想，又是否能够规范绝大多数播音员、主持人的从业活动呢？本研究以传媒艺术整体观为切入口，对节目主持传播活动的主调进行深入省察与探寻。

一、文化溯源视域下的节目主持性质寻根

所谓“性质”，是指事物的秉性、质地和本质属性，也就是这一事物与其他事物的根本性区别。明确节目主持工作的性质是理论和实践中头等重要的问题，它关系到节目主持传播活动的指导思想、宗旨、任务的确定，关系到播音员、主持人的媒介角色和文化身份，也关系到理论研究的出发点和落脚点。其实质是如何塑造和诠释节目主持传播价值的问题。

经典播音学研究中将节目主持多质性的主调确定为“新闻性”，这在特定的历史文化语境中具有相当程度的现实合理性，更在断代

① 张颂：《中国播音学》，北京广播学院出版社 2003 年版，第 28 页。

性历史溯源中得到印证。首先，人民广播诞生之初，播音员主要从事的工作多是播报新闻，那时的新闻体裁又可细分为消息、通讯和评论。而此时延安新华广播电台作为新闻单位被中央军委和新华社直接领导。1949 年后，为了给各级广播电台、电视台培养有声语言传播人才，1963 年，北京广播学院（现中国传媒大学）新闻系开设了两年制播音专业大专班，这也是今天枝繁叶茂的节目主持教育的雏形。

然而，仅就历史溯源的角度来看，似乎中西方节目主持文化的缘起都拥有这样一个共通之处，那就是非新闻类节目主持人要稍早于新闻类节目主持人而出现。人类历史上的电子媒介诞生伊始，就始终存在着这样一类“界面”人物。所谓“界面”，就是指不同物质的接触面和结合点。“广播电视的‘界面人物’，是指广播电视节目的传播过程中担负着传播媒介与受众进行联系和交流的中介人。”[①]这个作为桥梁纽带和中介之序的“界面人物”可以是记者、评论员，当然也可以是播音员、主持人。1906 年的圣诞之夜，美国匹兹堡大学一位名叫金纳德·奥布里·费森登（Reginald Aubrey Fessenden）的物理学教授在马萨诸塞州兰特岩城的无线电广播实验室里，成功试播了一段“组合节目”，内容包括圣诞故事、歌手演唱以及小提琴演奏等。这次试验让人们意外地领略到“天使的歌声”，这次广播节目的“主持人”无疑就是费森登教授。

电子媒介发展史中有据可考的最早一档广播栏目当推 1928 年荷兰广播联盟开办的《快乐的电台》。作为一档真正意义上的主持人节

---

① 黄匡宇：《广播电视学概论》，暨南大学出版社 1999 年版，第 376 页。

目，其相关要素基本完备，以固定时间、固定风格、固定结构、固定主持人形式播出。主持人艾迪·勒达兹以具体的家庭为传播对象，语言亲切活泼，充满了人际交流的情感表征。该节目以杂志形式、大板块播出，内容则以介绍荷兰的风土人情，特别是旅游信息为主。在今天看来，其知识性、娱乐性、趣味性的结合显然带有社会生活服务类节目的类型化特征。基于此，我们似乎很难牵强附会地将艾迪·勒达兹这位“历史最悠久、最富个人独特风格的国际广播节目主持人”的本质传播属性界定为新闻性。

在中国广电事业发展史中，早在20世纪二三十年代，国民党统治区开办了诸多以教育、宗教、商业属性为典型特征的民营电台，主要播出服务类、娱乐类和谈话类节目。在那个时候，主持人的雏形就已经出现了。而姚喜双教授为了佐证节目主持的新闻主调，特别强调指出，“中国境内第一座电台，‘奥斯邦’大陆报——中国无线电公司广播电台开始播音时就安排有新闻节目；中国境内中国人自己办的第一座电台哈尔滨广播电台开始播音时，也安排有新闻节目。从前面所述各台建立之史实看，新闻节目是每个电台必然要安排的节目内容”[①]。我们且不细究中国第一档广播栏目是新闻类栏目还是非新闻类栏目，即便各家广播电台都开设了新闻类节目，就意味着节目主持的主调是新闻性吗？如果一家电台全天节目中，只有一档新闻节目，那么，就可认定该电台所有播音员、主持人是新闻工作者吗？

事实上，事物的性质是由其主要矛盾来决定的。而矛盾的性质又取决于获得支配地位的矛盾的一方面。如果承认节目主持多质性

① 姚喜双：《播音主持概论》，高等教育出版社2012年版，第218页。

的主调是新闻性，则意味着绝大多数的播音员、主持人所从事的是新闻传播工作。在以宣传、鼓舞为主要传播意图的战争年代，在中华人民共和国成立伊始，以“阶级斗争为纲”时期，抑或在摧残国人心智的“文化大革命”时期，出于凝聚社会共识、稳定社会秩序等种种政治因素需要，广播电视实践往往是以宣传、教育为主旨的大众传播活动，而播音员、主持人带有喉舌意识的媒介角色更无可置疑。然而，无论是宣传至上还是喉舌意识主导，都是早已被现代传播理论证实了的异化的传播思想，绝不指涉大众传播活动的本质和一般规律。今天的中国，当政治权力完成了稳定社会秩序和维持社会结构的历史使命后，从文化传播的前台渐次退居幕后，实现平静的历史转身的时候，历经了半个多世纪风风雨雨的大众传媒终于脱离了阶级斗争的思想桎梏，回归到自由、民主、和谐的精神轨道中，书写着现代性思潮的文化地图。此时的广播电视承担着传播信息、分享娱乐、提供教育、服务大众的社会功能。从中央到地方，各级广播电台、电视台所创作的节目内容涵盖社会生活的方方面面，“新闻立台”的宗旨也被悄然置换为个性突出、分众传播的多样化媒介景观。就当下电视节目类型的构成而言，非新闻类节目在电视荧屏中占有绝对数量的播出比重。2016 年 CSM 媒介研究数据表明，在中国多达 1300 档的电视栏目中，时事新闻栏目只占 6.5%。

在当代广播电视媒介生态中，意识形态以潜隐的智慧守望着媒介产业在健康有序的社会环境中稳步发展，播音员、主持人也因而获得了前所未有的多元化职业发展契机。此时，如果仅仅以新闻工作者形象规约着所有播音员、主持人的媒介角色，其狭隘性和短见性自不待言。

二、多元语用格局下的节目主持性质省察

当融媒体时代的大门向我们轰然打开的时候，以广播电视为代表的传统媒介刹那间危机四伏。互联网文化对受众注意力资源的稀释尚未获得有效应对策略，社交媒体又以“公民记者”和微博、微信中散在的碎片化信息凝聚为一股强大的受众分流浪潮。这一切都不得不引起曾经的媒介翘楚，即电视的足够警觉。台网融合、互联网思维的呼声犹在耳畔，产业力量的重组又再次引发了大媒介环境的深层震荡。殊不知除了倾尽全力拥抱互联网外，主持人作为“意见信息”的传播者足以重塑多元语用格局下传统电子媒体的竞争力与影响力。近年来，不仅闾丘露薇、崔永元、柴静、杨锦麟等新闻节目主持人曾分别入选“年度富有影响力的公共知识分子”，电视综艺节目主持人何炅、谢娜等人更是凭借其在青年文化群体中的影响力与感召力将 2014 年湖南卫视金鹰节颁奖典礼的收视率拉至 1.73~7.35，同时段全国第一。该庆典活动观众到达率 7.9，推及规模 1.01 亿人次。[①] 影视演员出身的海清首次担纲主持人，便好评如潮。金星、郭德纲等演艺界明星的跨界加盟，更繁荣了电视文艺的格局。此外，一度以主流意识形态创新传播为主调的北京卫视，凭借生活服务类节目《养生堂》以小博大。该节目主持人悦悦清新可爱的风格和真诚淳朴的体验式介入方式赢得了中老年观众的青睐。

全球一体化的进程不断向前推进，以信息产业占主导地位的后工业时代已经到来。扑面而来的城市化浪潮重塑了市民文化的阅听

---

① 数据转引自粉丝网：http://www.yyfensi.com/201410/14143.html。

趣味，全媒体环境又赋予了广大民众前所未有的拟态生活空间。此刻，受众的口味很难以一元接受标准加以考量。如果说多元共生是当下受众文化趣味显在诉求的话，那么，新闻性又怎能涵盖大多数主持人的文化主调呢？

在中国，到目前为止，似乎只有播音员、主持人两种相互区别又彼此交叉的概念界定。但在西方社会的媒介实践中，一些固有的提法虽然略显繁复，但绝不会引发歧义。在美国，“播音员”被称为“broadcaster”，“主持人”又在大的概念体系下细分为新闻节目主持人与非新闻节目主持人。“新闻节目主持人”被称为“anchor”，“非新闻节目主持人”被称为“host”。在此基础上，主持人又因其操作的节目类型不同而产生不同的称谓。对应中国目前的主持人类型，“新闻节目主持人”被称为“anchorman”，“新闻现场报道主持人”被称为“commentator”，“谈话主持人”被称为“talk master”，热线直播主持人被称为“hotliner”，气象主持人被称为“wetaherman/weathergirl”，中国式电视晚会主持人被称为“announcer”；等等。如此复杂的称谓背后折射出的是多元共生的语用景观。显然，在中国电子传媒国际化接轨的过程当中，世界范围内已有的播音员、主持人类型，中国无一不包，从这个意义上讲，我们无法用“东西方差异”这样笼统的借口大而化之地来对中国主持人性质主调先在的草率界定加以开脱。诚如应天常教授所言，“每一种角色都包含着各种不同的讲话惯例：发话人如何表现自己，如何适应并承认观众。但每种情况都试图让观众直接参与，而且每种角色都会或明或暗地招募人们当观众，即说服在家看电视的真实的人，说服正在与之说话的那个‘你’”[①]。如果说应天常教授的表述是基于受众期待而衍生的学术推理的话，仅从播音员、主持人的传播本质来讲，伴随着中国大众传播思想由宣教本位向信息传播本位的位移，此前所谓的“喉舌”意识也理应被加以必要的修正。况且，在西方国家，“宣传”的英文单词“propaganda”本身就带有负面评价的意味。意为“无限地利用传播活动宣传特定的信仰和期待的活动”[②]。亦如“现代公共关系之父”爱德华·伯奈斯（Edward L.Bernays）所言的第二次世界大战后美国出现的“共识操纵法”，已然被现代公共关系学和传播学研究证实为效果式微的过时的观念体系。伴随着人类民主化进程的深入推进，如果依旧以宣传的枷锁桎梏和遮蔽传播的本质，浓厚的意识形态色彩无疑要遭受当代最广大受众群体无情的消解。

基于此，我们不难得出判断，固守着节目主持语言的“新闻性”主调既不符合现实逻辑，也潜藏着阐释者对当代大众传播本体理念的误读，无法经受理论与实践的检。

三、为节目主持实践“艺术化言语传播”主调正名

2011 年国务院学位委员会的学科门类调整方案中，将戏剧与影视学升级为一级学科，在其下属的二级学科中，播音与主持艺术赫然在列。[③]这就意味着，学术权威话语在播音与主持艺术的学科属性

① 应天常：《节目主持语用学》，中国传媒大学出版社 2008 年版，第 23–24 页。

② ［美］斯坦利·巴兰、丹尼斯·戴维斯：《大众传播理论：基础、争鸣与未来》，曹书乐译，清华大学出版社 2014 年版，第 72 页。

③ 参见教育部《关于印发〈学位授予和人才培养学科目录（2011 年）〉的通知》。

问题上已经基本达成共识，这也在无形中否认了新闻学作为播音与主持专业上位学科的惯性认知。学科归位是对本学科核心属性的官方确认，也体现出同行专家相对一致的态度体认。同时，这种体认并不否定播音与主持艺术学科的边缘性、交叉性、综合性等复杂特征。也就是说，当下节目主持学科的多质性特征并没有因此而改变，所不同的是，多质性中的主调绝对难以“新闻性”加以规约。明确这一理念对于日后节目主持人才培养、学科建设、学术发展，以及业界的从业活动都是一种历史性的松绑。

值得强调的是，传统学术判断中对节目主持新闻主调的固守除基于历史文化惯性思维的束缚外，更重要的一点恐怕是某种有口难开的学科偏见。莫非以“新闻工作者”自居就要优越于“文艺工作者”或“文化工作者”吗？庸俗的文化陋见总是以一种看不见的力量绑架着部分人文学者的思维，令他们闭目塞听、画地为牢。这恐怕也是播音与主持艺术学科发展的一大障碍。

事实上，无论是有稿播音作为人文精神的音声化，以“有意味的形式”不断尝试着媒介信息的创新性传播，抑或无稿主持在大众化传播环境中融入人际传播情态的口语化呈现，都深刻体现出节目主持创作在生活、艺术、媒介三大维度中的融合。而这一切，与当下传媒艺术学科的基本理念高度契合。中国传媒大学青年学者刘俊博士曾将传媒艺术媒介性的特征概括为如下三方面：创作上走向艺术信息的日常性“展示”；传播上走向逐渐强烈的社会干预色彩；接受上走向“想象的共同体”的认同诉求。[①]不难想见，播音员、主持

① 刘俊：《论传媒艺术的媒介性——传媒艺术特征论之二》，载《现代传播》2015年第9期。

人的当下表达恰恰是在多元共生的传媒艺术“族群”中实践着媒介话语与生活话语的缜密对接，凸显出音声、措辞、表达、交际等方面的生活美学特质。更为重要的是，通过个性化的形象展示，播音员、主持人不断扮演着社会干预的角色，以象征性参与为显在手段，唤起受众的深层认知共鸣。

总之，当代传媒艺术美学精神的注入使得节目主持传播活动融贯着“艺术化言语传播”的本质属性。在这一点上，无论关于播音、主持彼此之间的关系如何复杂纠葛，总归无法跳脱出交际性、艺术性、传播性这三大特征。在传统与现代、本土与世界、历时与共时的文化冲突与融合中，“艺术化的言语传播”主调将一直伴随着播音员、主持人从业活动的始终，也必将最终得到业界与学界的广泛认同。

第二节 “新阐释时代”电视节目主持人的文化选择

美国传播学者尼尔·波兹曼（Neil Postman）将印刷媒介时代和电子媒介时代分别用“阐释时代”和“娱乐业时代”加以区分，并从哲学角度对“娱乐业时代”大加挞伐。而笔者在研究中发现，经由电视节目主持人参与，以电视传播为代表的多媒体传播时代已然还原为带有口语修辞魅力与智趣的视听兼备的“新阐释时代”。

一、从“阐释时代”到“新阐释时代”的话语方式转型

“阐释时代”这一学理概念是由尼尔·波兹曼提出的。作为麦

克卢汉的弟子，波兹曼承继了老师关于媒介研究的基本思路与方向，在“媒介即讯息”的基础之上创造性地提出了“媒介即隐喻”和“媒介即认识”的理论主张。在波兹曼看来，印刷媒介与电子媒介的本质区别在于对社会生活的阐释方式发生了根本性的变革。如果说“阐释”是作为一种思维模式、学习方法或表达途径而存在的话，那么，“所有成熟话语所拥有的特征，都被偏爱阐释的印刷术发扬光大：富有逻辑的复杂思维，高度的理性和秩序，对于自相矛盾的憎恶，超常的冷静和客观以及等待受众反应的耐心”[①]。

然而，伴随着传媒技术的革新，当电子传媒成为社会生活主流媒介形态的时候，“娱乐业时代”以不可遏制的力量对公众的思维方式加以摧毁性改造。“娱乐业时代”的最典型媒介代表当属电视，可“电视的思维方式和印刷术的思维方式是格格不入的；电视对话会助长语无伦次和无聊琐碎；‘严肃的电视’这种表达方式是自相矛盾的；电视只有一种不变的声音——娱乐的声音”[②]。波兹曼的研究发现是根据他对美国媒介史的批判性分析而最终得出的。针对当下处于“元媒介”地位的电视，波兹曼笔下显出了极为强烈的批判态度。电视基于其图像化浅阅读的本质特征，决定了“它必须舍弃思想，来迎合人们对视觉快感的需求，来适应娱乐业的发展”[③]。

应该说，波兹曼在哲学意义上的媒介批判意识与其师麦克卢汉的“技术乐观”态度有着很大的区别。诚如《基督教科学箴言报》

① ［美］尼尔·波兹曼：《娱乐至死》，章艳等译，广西师范大学出版社2009年版，第58页。

② 同上，第72页。

③ 同上，第80页。

所作出的评介："波兹曼在麦克卢汉结束的地方开始，他用学者的渊博与说书人的机智构筑他的见解。"一定程度而言，波兹曼对电视媒介的反思精神与标榜社会批判理论的法兰克福学派如出一辙。对于现代科学技术决定论的批判是法兰克福学派"批判理论"的重要组成部分之一。无论是早期代表人物霍克海默（Horkheimer）和阿多诺（Adorno）所言的"启蒙的辩证法"，还是马尔库塞（Marcuse）的"单向度的人"，抑或哈贝马斯（Habermas）对"晚期资本主义"异化的揭露，都可以看到当代高科技引领下的大众传播媒介背后所隐藏着的人性异化的生存危机。当代社会中，以电视为代表的大众传媒一方面赢得了罗兰·巴特所谓的的"神话"地位，另一方面也呈现出法兰克福学派总结出的商业化、标准化、伪个性、反艺术、批量复制等"文化工业"的表现形态。

就中国当下本土现实而言，尹鸿在《为人文精神守望：当代中国大众文化批评导论》中曾指出："中国的文化主流突然离开了自'五四'以来近百年的思想、美学和文化传统，人文知识分子对文化的控制权拱手让给了金钱、资本。创造、风格、艺术被策划、工艺、操作所替代，中国文化进入了一个大众文化的时代。"如果我们承继波兹曼的提法，印刷传媒时代与电子传媒时代分属"阐释时代"与"娱乐业时代"的话，电视节目主持人则是"娱乐业时代"最为典型的职业之一。而从电视节目主持人工作中所抽象出的批判意识也多次被波兹曼提到。例如，主持人在吹头发、化妆上所消耗的时间要远多于对新闻内容的准备；在刚刚播送完屠杀、灾难等新闻事件后主持人会对观众说，"明天同一时间再见"；常被主持人用于电视节目中的"好……现在请看"则割裂了我们刚刚看到的和我们即将看到的内容之间的关系。CBS 著名电视节目主持人丹·拉瑟曾认为，如今的新闻娱乐化倾向过度，“我们已经变成好莱坞了，我们已经屈从于新闻的好莱坞化……我们将最好的时段给了闲言碎语和奇闻”[①]。于是，我们似乎可以推论，在电视主持人引领下，电视媒介所勾勒出来的“拟态环境”不存在秩序和意义，完全是一种娱乐和消遣。这无形中也成为佐证当代公众话语支离破碎的隐喻和象征。

事实真的像波兹曼所指出的那样充满戏剧性和娱乐性吗？主持人难道就仅仅是电视娱乐化文化工业中的一种特有职业元素吗？事实上，对比西方电视的工业环境，中国的电视媒体也确实存在着一些不容规避的问题。例如，主持人在播送一系列灾难主题的新闻导视后补充一句，“更多精彩不要错过，我们稍后继续”。也曾有缺乏职业底线的主流电视媒体在屏幕下方滚动播出的观众答题环节中提出关于“某西方国家人质劫持事件中死亡人数是多少”这样的有悖人性底线的问题等。然而，在笔者看来，这仅仅是电视媒介发展中出现的一些个案或疏忽，而不应当就此断定电视的娱乐化本质。

诚然，作为读图时代的产物，电视确如西方学者所言，就理性思考和逻辑思辨角度来说，不及报刊、杂志等印刷时代的产物。波兹曼在《娱乐至死》当中的哲理阐释可以被我们理解为学术探讨中的极限分析方法，其深刻性毋庸讳言。然而，我们有必要秉承着“主义要拿来，问题要土产，理论要自立”的学理态度，客观看待中国特有的媒介问题。可以想见，电视声画并茂、直观生动、影响深远的传播特点是以往的传统纸质媒体所无法企及的，此外，电

① 《答美国广播与电视杂志记者问》，载《世界广播电视参考》1999 年第 6 期。

视主持人的出现，更可以被看作在视听媒体中呈现出的原始口语传播时代的回归。电视节目主持人以口语化、人际化的传播语态弥补了电视画面传播的诸多不足。同时，主持人口语本身也承载着思想自身的内容，而思想也恰恰存在于口语表达方式之中，口头语言无疑是真理的重要载体。电视口语弥补了单纯画面传递信息中的逻辑性缺憾，更赋予了现代传媒以人性化的魅力。因此，在笔者看来，与其说当代社会中，以电视为代表的大众传播媒介标志着一个“娱乐业时代”，毋宁说，在主持人口语参与下的电视传播时代是一种口语传统回归中的“新阐释时代”。在新阐释时代中，话语方式出现了转型，充满理性精神与逻辑思辨的印刷媒介在经历了碎片化的读图文化冲击后，经由电视节目主持人参与，以电视传播为代表的多媒体传播时代已然还原为带有口语修辞魅力与智趣的视听兼备的“新阐释时代”。

二、“新阐释时代”电视节目主持人的媒介角色

在新阐释时代中，电视节目主持人的重要性集中体现为其在媒介当中的特殊地位。早期关于主持人的研究著述中，有学者指出，主持人是桥梁、纽带、中介之序等，不一而足。而尤其值得注意的是，主持人的媒介角色所产生的社会意义。

在视通万里、缤纷绚烂的电视媒介中，主持人的角色是复杂而综合的。亦如罗伯特·默顿所言的“角色丛”。每个人生活在社会中，都扮演着多重角色，随着时代的进步，社会学意义上的角色成为了文化生活的有机构成要素，不容规避。与此同时，任何一个或一组角色都拥有相应的社会规范与期待，可以称之为“角色规范”

和“角色期待”。作为职业的媒体人，主持人生活在特有的“角色丛”中。主持人的工作依附于一定的社会环境，因此是社会性角色；主持人作为具有独立人格和个性的个体，当然是个性化角色；主持人在大众传播媒介中融入了人际传播的态势，又可以称之为交际性角色；而工作在规定性极强的公共媒介中，主持人也具有主导性角色和审美主体角色意识。在乱花迷眼的“角色丛”中，主持人当然会显得异常谨慎，唯恐角色错乱而导致传播活动的失败。前文中，波兹曼对于主持人的文化批判恰恰针对那些在角色冲突中焦虑以致失衡的从业者。西方电视节目主持的先驱克朗凯特早年曾说过：“电视节目主持人更像一个演员，而不仅是记者。”这一提法似乎能够与波兹曼的理论视角相对接，使得对“娱乐至死”的批判话语更富于逻辑张力和现实指导性。然而，至少在中国当下的社会文化语境中，主持人的媒介角色集中体现为公众人物的形象。作为公众人物，自然拥有属于这一角色特有的角色规范，因而，主持人牺牲一定的个人空间，并收缩一部分真我是必要的。《中国广播电视播音员主持人职业道德准则》中明确要求，主持人“在工作和生活中要保持良好的仪表和文明举止；自尊自爱，不参加任何有损于媒介形象、自身形象的组织和活动；要有公众人物的自觉意识，接受社会、公众和媒体较常人更为严格的监督”[①]。事实上，基于电视演播室中镜头、灯光、话筒等传播工具的制约，主持人势必要在服装、化妆等方面加以完善，否则就难以良好的仪表传递信息、沟通情感。那么，以偏概全地认为这就是所谓“娱乐业时代”的重要表征，笔者难认同。

① 转引自高贵武：《主持传播学概论》，中国传媒大学出版社 2007 年版，第 90 页。

尽管主持人在镜头前进入了规定性极强的创作情境，其话语表达与肢体动作和现实生活存在很大不同，但这些都是树立良好公众形象的必要条件，而不应当理解为刻意的表演。倪萍曾坦言："我最大的收益是通过上万个镜头的拍摄达到对镜头的熟悉和了解。"[①]这种"熟悉和了解"应该被理解为大众传播者对于传播媒介及其技术的熟练掌握和创造性使用，而不是拙劣的表演。即便是拥有几十年少儿节目主持经验的著名主持人鞠萍也曾指出："我当主持人的指导思想是否定表演，不存在表演。"[②]

笔者所言的新阐释时代中，电视节目主持人的媒介角色更多地外化为口语化的话语结构形态。早在先秦时代，口语传播的重要性就凸显无余，蔚为风气。且不论历史典籍中记载的雄辩之士如何力挽狂澜，即便是作为基础理论研究，"言语"也被孔子列为四个必修科目之一。在充满生机与活力的当代中国社会中，电视节目主持人的口语传播与印刷时代诉诸逻辑、理性与秩序的文字传播方式存在着本质的不同。口语传播贴近生活、方便快捷、反馈及时，容易形成一个定向的话语场，亦即"鸡尾酒会现象"。尽管这种现象表面上看去，显得琐碎、凌乱、众声喧哗，但细究起来，人耳天然具有某种过滤功能，能够自觉地排除干扰，直接选择自己感兴趣的话题加以聆听，而对于其他的"噪音"则能够做到"充耳不闻"。这一特点也早已被学者的研究所证实。因此，在喧嚣不已的电视画面中，口语传播并不一定会导致思想的断裂与沦丧；此外，主持人口语看上

① 倪萍：《倪萍：自述与自视》，载《现代传播》1997年第1期。

② 应天常：《节目主持人艺术论》，北京广播学院出版社1999年版，第116页。

去包含冗余，缺乏缜密的逻辑力量，但恰恰是这一特点符合人耳的“适听性”诉求，便于接收，而主持人充满活力与智趣的如珠妙语也形成了特有的“口语修辞”结构，让人听来入耳、入心，其丰富的表意元素使得传播活动的表现力得以彰显；最后，比起“吟安一个字，捻断数茎须”，反复酝酿、锤炼后形成的文字语言，主持人口语存在着太多的即兴成分，随想随说，对主持人的反应能力提出了极高的要求，其难度似乎不是降低，而是提高。

时至今日，电视节目主持人的口语传播已然成为电视这一“元媒介”视听语言构成要素的重要组成部分之一，有声语言与画面语言的搭配和互补构成了当代大众传播最重要的表意形态。可以说，主持人的公众媒介形象恰恰是通过口语传播得以树立的。一定程度而言，口语文化的回归必将是文化的反哺，对这一问题的共识无疑将有利于理论的超越与实践的突破。

三、电视节目主持人文化自觉意识的科学构建

海德格尔说：“语言是存在的家园。”人类的一切文化观念与传统的形成都与语言存在着不解之缘。在信息时代、读图时代的今天，国人生活在现代化进程不断加快与跨文化交流日益频繁的双重语境之下，每天从各种媒介形态中接触海量信息，而真正能够产生态度、情感共鸣的信息寥寥无几。也许这正是信息爆炸的悖论。电视节目主持人的口语传播背后，夹杂着电视媒介的固有文化理解。尽管传播的信息是抽取的、预设的、假定的，但这些信息再经由主持人把关过后，裹挟着强烈的人文意识加以传播，伴随着主持人“意见领

袖”般的传播地位优势，许多有价值的信息就可以更加有效地传递给受众，令他们感同身受。

新阐释时代中，电视节目主持人通过口语化手段传播信息，体现了其自身的文化自觉，也承载着其所在媒介的文化意志。那么，如何以科学的文化传播策略最大程度地实现传播效果则是问题的关键。

1. 内省——对于文化的理解和尊重

关于文化的定义，众说纷纭，莫衷一是。有人做过这样的统计，仅从 1871 年到 1951 年的 80 年间，学界关于文化的定义竟有 164 种之多。笔者比较认同的定义为：“文化是人类社会在适应社会和改造社会的过程中不断积累的一切文明成果的总和。”每个民族都有自己的文化传承，有些是我们能够意识到的，有些却是作为“群体无意识”埋藏在各个民族内心深处的，亦如弗洛伊德所称的潜意识，尽管制约着我们的思考和行为，但不易被自己觉察。播音员、主持人是大众文化的领航者，他们的言行中反映出的应该是符合本民族心理的、进步的文化理念。千百年来，中华民族受到儒学文化的熏陶、浸染，不自觉地已经把“和”为美的价值观融入骨髓当中。那种“仁爱”“中庸”的理念根深蒂固，已经成为了国人内心世界中挥之不去的“群体无意识”。著名主持人赵忠祥曾经意味深长地说：“没有对中华民族优秀文化怀有如痴如醉那样一种抑制不住的爱，就当不好中国的节目主持人。”

播音员、主持人是用语言传递文化的使者，在他们的言语交际中无时无刻不流淌着他们对于文化独特的理解，进而影响着受众。而主持人对于文化内涵理解和把握的精准程度直接决定了他们的表达。尽管在消费文化主导的时代里，人们崇尚国际化的多元性，但民族文化本身作为国家独立发展的根系是不能被割断的，对民族文化身份的认同与对外来文化的尊重共同铸就了全球视野中的节目主持传播形象。

2. 外化——文化内涵和品位的释放

无论电视节目主持人对于文化的理解达到了怎样的深度和广度，最终都要“形之于声，及于受众”。这个过程对受众来讲才是最重要的。因为从语言学的角度讲，“意义”是由受者决定的，言语交际的最终归宿是受者的解读。因此，节目主持语言要将所承载的文化理念巧妙结合在表达当中，“润物细无声”地传递给受众，最终寻求受众的理解和认同。

主持人语言传播的文化涵养并不体现在表达的装腔作势，卖弄学问，满口之乎者也，而是在语言传播中体现出应有的人文关怀。从受众的接受心理分析，他们一方面希望自己所听到的声音是平民化的、友善的、含蓄的，另一方面又期盼听到智者的声音，期盼传播者传递的内容和形式都是高屋建瓴、意味隽永的。这样就给播音员和主持人的语言提出了更高的要求。一方面，节目主持语言传播没有必要高高在上，充满说教口吻；另一方面也不应当俯就受众，尽显阿谀奉承、卑躬屈膝之能事，应当以一种朋友的态度娓娓道来，这也是儒家文化理念的潜在释放。

例如，中央电视台主持人张悦在主持“注意交通安全”特别节目时，做了这样一段即兴评述：“我们有些人，脑子里总是存在侥幸心理，可是不发生事故则罢了，一发生就是人命关天的大事。我奉劝大家自觉遵守交通规则，从我做起，从现在做起。”这段评述平易近人，没有宣教的架子，反而朴实中肯，蕴含着浓重的亲情气息。又如，中央电视台另一位老年节目主持人陈志峰，在他的主持语言中时时刻刻体现出对老年人的爱戴和尊重，因而广受欢迎。

总而言之，电视传播口语的文化蕴藉是能动的，是播音员、主持人在长期文化学习、积累过程中所形成的独特语言气质。电视节目主持人文化自觉意识的科学建构体现为深入的文化内省与厚积薄发的外化表达。借助现代化的传媒技术手段，电视节目主持人将紧随时代步伐，将口语传播的时代魅力深入诠释，无限张扬。

第三节　消费文化语境下节目主持艺术语言传播观

主持人是后现代文化统摄下的一种典型的职业形态，有预言家预测，电视节目主持人是21世纪最热门的职业之一。从近年来广电行业的发展中我们可以窥见这种预言的一定合理性。也有人说，21世纪是一个影像统摄的世纪，电视图像导引着人们的视觉，支配着人们认识、了解世界的主要通道，“读图时代”的到来预示着其他符号作用的衰减。笔者认为，电视作为视听结合的产物，其魅力绝不仅仅局限于图像符号，还在于其声音符号的解释力和感染力。受众不仅关注画面，也关注着有声语言的传播质量。基于消费文化“非中心化”的基本特征，在当下节目主持语言现状的研究中我们可以探求到其合理性解释的基点和未来发展的方略。上海戏剧学院吴洪林教授曾在《主持艺术》一书中谈到，当今社会语境下的节目主持语言应该是在大众传播环境下糅入人际传播而表现出的口语传播。这种提法阐明了吴洪林教授对于节目主持语言语体特征的理解，强调了“艺术走入生活”的审美诉求。同时，吴洪林教授还在该书中提到主持人必备的素质和修养：职业智力、人格魅力和口语功力。从中我们不难发现，吴洪林教授对于广播电视播音员、主持人语言的研究情有独钟，并强调口语传播功力培养的重要意义。节目主持语言在其发展的短短几十年间发生了不小的变化，立足消费文化的语境，我们不难发现，精英传播意识统摄下的语言样态已经显得曲高和寡，与受众审美期待间的沟壑正在逐渐拉大，我们必须重新审视自己的创作理念，从创作主体的自恋意识中解放出来，关注受众的所思所感，尊重受众的接受主体性，才能建构起符合时代精神的语言传播样态。艺术走入生活，并不意味着大众传播要完全俯就人际传播，陷入人际传播的汪洋，而是要让大众传播既吸取人际传播的贴近化特点，又弥补人际传播的各种不足。让艺术语言口语化，人际传播艺术化，最终达到艺术和生活的水乳交融。这一点不仅体现在陈鲁豫在《鲁豫有约》中的亲切访谈，也体现在董卿主持大型晚会时的热情、知性，更体现于贺红梅播报新闻时的从容舒展。

笔者将当下播音员、主持人的有声语言传播纳入大的传播系统进行研究，抛开争执已久的涵盖论，将广播电视节目主持语言作为一个整体加以分析，力图挖掘出规律性认识。

一、播音语言口语化

播音员和主持人关系历来是学界论而不争的历史问题，历史发展到今天，随着认识的不断深化，人们对于播音与主持工作的区别已经渐渐明晰起来。按照《播音学简明教程》所言："播音员的任务是把文字稿件通过再创造，转化成有声语言播出去。"播音员和主持人在媒介中尽管都作为"出面的主笔"出现，但工作职责显然存在一些区别。播音员强调对于文本的依赖性，通过二度创作，准确、及时、高质量、高效率地形之于声，及于受众。而主持人更多地体现出对于节目的参与性和驾驭性，有的时候甚至以"把关人"的身份出现。即便如此，不能认为主持人的优势就比播音员更加明显，因为从媒介规律出发，广播电视节目中，播音员这一媒介角色具有不可替代性。尤其在消息类新闻节目中，播音员的设置具有国际通行性。

从延安新华广播电台发展到今天，我国播音员、主持人队伍已经是茁壮成长，根深叶茂，而且一如既往地发扬着老一辈播音艺术家"爱憎分明、刚柔并济、严谨生动、亲切朴实"的风格。然而随着社会文化语境的更迭，许多传统的表达方式正在和时代脱轨，逐渐枯萎、衰竭。这个时候，我们应该做的不是抱残守缺，而是与时俱进。当下播音语言的发展趋势正随着人们观念的革新而悄然变化，逐渐由"播"向"说"蜕变，正襟危坐的播报方式日渐式微，相反，充满人际传播气息的口语化播音大行其道。现时代播音口吻的降调乃至语体特征的微妙转型并不是凭空出现的，这和广播电视媒介传播理念的转变有着很大的关系。消费文化时代，大众传播媒介由"传者中心"向"受者中心"移位，受众成为了媒介的主人，他们的好恶决定了节目的生存与否。受众的审美观念总体上又是趋同的，他们所期待的是人格化的贴近性传播语态，娱乐化、世俗化的传播手段。基于此，传统的带有宣教口吻的播音方式尽管字正腔圆、珠圆玉润，但由于缺乏人性化魅力，已经难以适应现时代的生活化审美需求了。

播音语言作为一种典型的媒介语言，它不仅面向大众、影响广泛，同时也具有艺术创作的审美属性。这种艺术创作属性又和社会审美语境相关联，因此和其他种类的艺术语言有着明显的区别。“它把传者的生理过程、媒介的物理过程和受众的心理过程紧密联系起来，形成一个维系‘传与受’关系的‘链条’。”[①]由此，我们看到，“言语交际是一条联结说话人头脑和听话人头脑的许多事件的链条。这条有许多事件串联而成的链条，就叫做言语链。”[②]在播音语言创作中，几个链条相互作用，最终实现创作效果。在消费文化语境下，“受众心理”在整个链条体系中的地位凸现出来。因此，播音创作应当着重强调和受众的“交流感”，以唤起受众的接受愿望。不仅设想和想象到受众的在场性，还应该具体到“在什么场合说”，“对谁说”，“怎样说”。正如苏联功勋播音员托别士（Todon）所言：“播音员工作中主要的是要做到播稿好像谈话，要朴实，要忠实而准确的传达出这篇或那篇文章、谈话、短讯等的思想。播音员在他的工作中越是尽量地运用生动的语言，越像讲话和谈话，听众就越容易接受他所播讲的一切。”[③]

---

① 毕一鸣：《语言与传播——广播电视播音与主持艺术新论》，中国广播电视出版社 2005 年版，第 20 页。

② ［美］邓斯等：《言语链——听和说的科学》，林焘等译，中国社会科学出版社 2000 年版，第 6 页。

③ 毕一鸣：《语言与传播——广播电视播音与主持艺术新论》，中国广播电视出版社 2005 年版，第 56 页。

播音语言的口语化并不意味着字正腔圆的规范美被全盘消解，相反，科学的发声吐字、精准的表达在任何时代都是适用的，关键在于如何调整语气、语调，乃至语态特征，由呆板的播报语体向口头语体过渡，真正实现传授双方交流的贴近性，让播音艺术走进生活。

播音语言口语化并不是指播音语言和人际传播同流，陷入人际传播的汪洋大海，带有严重的自然主义倾向。这些都是对于口语的误读。口语化传播并不是口语至上，更不是重文轻语的翻版。只有对于口语有着深入了解，才能厘清脉络，揭示本质。相对于书面语而言，口语是动态的、结合语境的语言，但并不是嘴巴讲的话都是口语。我国最早涉足汉语口语研究的学者赵元任先生曾这样为口语定义："口语是人跟人互通信息、用发音器官发出来的、成系统的行为方式。"[①]这一定义揭示了口语有别于书面语的特点。尤其从语用学角度强调了口语的交际行为方式。其后，陈建民先生又提出了"汉语标准化口语"概念，他说，所谓"汉语标准化口语"就是"当代排除俚俗成分的北京话"，是"受过中等教育以上操地道北京话的人的日常所说的话"。（陈建民《汉语口语》）参照赵元任、陈建民的定义，应天常教授给汉语口语下了更贴近社会、更宽泛的定义："汉语口语是指汉民族在日常言语交际中使用的口头语言"[②]。通过以上论述，我们可以理解，口语化具有日常性、规范性、贴近性和交际性的特征，这些特征应用在播音语言当中，就是播音语言口语化的具

① 赵元任：《语言问题》，商务印书馆 1980 年版，第 3 页。

② 应天常：《节目主持语用学》，中国传媒大学出版社 2008 年版，第 84 页。

体要求。从中我们不难领会，播音语言口语化并不是流于庸俗化，而是一种结合时代语境的运动发展。

播音语言口语化集中体现了消费文化语境下对“美”的再解读。在非中心化、非整体性的审美体系中，美已经泛化，艺术美和生活美逐渐融合。如果说“文化大革命”前期的播音语言注重政治宣传功能，“文化大革命”期间的播音创作抹煞艺术本质，改革开放初期的播音语言张扬了创作主体的激情，充分释放了创作主体的理解和诉求，那么，消费文化语境下的今天，播音语言作为一种大众文化现象，尊重的应当是受众的审美需求，关照的则是当代美学的世俗化的艺术属性。然而播音语言口语化绝不等同于播音语言和生活语言已经同构同质，而是说，播音语言适当降调，遵循口语化传播的平等性、交流性、贴近性的特点。与此同时，还要剔除一般口语的冗余信息、拖沓表达和过分的随意性。

播音语言口语化并不排斥语言表达的基本功，对于播音员、主持人来讲，无论是口腔状态还是气息运动，抑或情感表达都应当遵循播音语言创作的一般规律。内部技巧（重音、停连、语气、节奏），外部技巧（内在语、对象感、情景再现）合理运用，无疑对于表情达意有益无害。无论何时，播音语言都带有一定的艺术创作的性质，增强表达的规范性、准确性、适切性、感染力以及美感，是进行有声语言表达训练的内在动因。

从 1998 年年初，凤凰卫视《凤凰早班车》中陈鲁豫说新闻开始，“播音本位”被“说新闻”的人际传播魅力所撼动，至此，全国上下说新闻蔚然成风，《马斌读报》等类型的读报节目风靡一时。发展到今天，中央电视台《朝闻天下》中，主持人文静在“触摸屏”

前的亲切讲述把节目主持语言口语化演绎到了一个崭新的高度，这种不失艺术表现力的口语化播音方式恰切地体现了当代“受众中心论”的大众传播观，实现了精英播报和世俗化侃谈的对接，堪称是有益的尝试。

二、主持语言时尚化

“时尚”一词是近年来出现率相当频繁的词汇。那么，何为“时尚”呢？所谓时尚，顾名思义，就是一时之尚，可以理解为从人们精神生活的普遍性中剥离出的特殊性。如果说普遍性带来的是生活的宁静和随俗的话，特殊性带来的则是激烈的自我表现中所焕发的动感和张力。从日常生活的角度分析，时尚就是短时间里一些人所崇尚的生活。这种时尚涉及生活的各个方面，如衣着打扮、饮食、行为、居住甚至情感表达与思考方式。追求时尚是一门“艺术”。模仿、从众只是“初级阶段”，而它的至臻境界应该是从一拨一拨的时尚潮流中抽丝剥茧，萃取出它的本质和真义，来丰富自己的审美与品位，来打造专属自己的美丽“模板”。追求时尚不在于被动地追随，而在于理智而熟练地驾驭。

关于主持语言的多样性和个性化分析早已经是陈词滥调，而笔者认为关键要把握的是什么样的风格是与时代同步的，什么样的风格是糟粕，必须扬弃的。一般认为，主持人的语言风格是节目风格、个人风格的统一，两者结合得越完美，所达到的效果就越令受众认可。需要补充的是，每一个时代都拥有属于自身特点的风格特质，脱离了时代的风格无疑是僵死的，只有与时俱进，使主持人语言同时代发展的脉搏同步跃动，才会创造出常澈常新、令受众喜闻乐见的节目形态。消费文化统摄的时代中，主持语言的口语化特质是毋庸置疑的，即便是口语化传播，也应同时代文化风貌紧密相联。消费社会中，人们的观念发生了转变，更加追逐时尚化。

主持语言的时尚化正迎合了消费文化中潮流化、个性化的审美诉求，尽管是短寿的，但这种语言时尚恰恰能带给受众一种愉悦的心情和优雅的、纯粹的、不凡的感受。时尚化的语言赋予主持人不同的气质和神韵，能体现他们的生活品味，更精致、更能展露个性。

近年来，主持语言表达体现出这样一种趋势：那就是从传统的经典播音语言向港台腔、欧美腔转变，不少主持人认为这是一种时尚。尽管一些语言的“洋泾浜”现象被业内专家大加挞伐，但是其存在的合理性也是值得分析的。其实，从自身生活的文化系统外引进时尚的偏好是广泛存在的，正是由于陌生感和新奇感的驱使，“某些社会圈子里外来的时尚显现出巨大的价值，只是因为它不是本地产生的”①。主持语言作为一种社会性语言具有广泛的社会交流性和包容性特点，其发展也受到社会各种因素的制约和影响。随着全球化进程的加剧，受外来语、港澳台华语、汉语地方方言以及网络语言的影响，使得主持人语汇包罗万象、异彩纷呈。尽管一些不文明、不规范的芜杂现象依旧存在，但是其合理性依旧得到公认。随着时间的洗礼，那些不合时宜的成分将慢慢淡去，保留的将是更多的合理化成分。例如，中央电视台主持人李咏在主持春节联欢晚会的时候，尽管语言内容是通常理解为适于朗诵式的，但他用口语化的方

---

① 罗钢、王中忱：《消费文化读本》，中国社会科学出版社 2003 年版，第 246 页。

式进行表达，同时又体现出自己个性化的语言风格，语态语势中总是融入一些国际化的气息，这种独特的表达样态在不少年轻人眼中，是一种时尚化的魅力。而在广大观众看来，这种脱离了传统报幕员式的晚会语体，彰显了人际传播风格化的表现力，同时，又流露出不凡的流行元素，让观众耳目为之一新。又如，在2008年抗震救灾晚会中，湖南电视台主持人何炅出色的语言表达完全异于中央电视台的朗诵风格，他同样选择的是口语化的对众讲话状态，用自己独特的感受为观众介绍抗震救灾中的一个个感人瞬间。在观众看来，何炅本人就是观众当中的一员，他有着自己独特的视角和理解方式，他带给观众的是平民化的、人情味十足的动情述说，也正因为他本人语言内容和形式一如既往的港台化和时尚化，追随他的年轻观众更乐于接受他传递的信息，从而达到了与众不同的传播效果。这种主持人语言表达一反传统的宣教式口吻，剔除了所谓“高屋建瓴”的评论，用平常人、平常心体验生活，以一种时尚化的语言风格引领受众的关注视野。因此，不能说时尚化就是戏谑的，就是哗众取宠的，就单单是短寿的，主持人时尚化的语言风格正体现了他们的气质和品味，这种独特的审美理解不仅具有更广泛的感染力，而且具有一定程度的审美示范作用。

时尚化和个性化总是如影随形，“时尚总是只被特定人群中的一部分人所运用，他们中的大多数只是在接受它的路上。一旦一种时尚被广泛地接受，我们就不再把它叫做时尚了”[①]。作为个性化的时尚总是和普遍性相抵触的，一旦个性化发展为普遍追求，那么它的毁

---

① 罗钢、王中忱：《消费文化读本》，中国社会科学出版社2003年版，第248页。

灭之日也就不再遥远了。譬如“说新闻”，并不是每一种新闻节目都适用于说的口吻，“说新闻”的发迹并不意味着播报方式的毁灭，相对于传统的播报方式，“说新闻”无疑是一种时尚化追求。然而一旦“说新闻”成为广播电视的主流，那么其时尚化魅力也就不复存在了，也必将有一种新的形式将其覆盖。

总而言之，时尚的魅力在于其前卫性和刺激性，时尚的推广和时尚的灭亡是不可调和的矛盾。节目主持语言，无论如何追求个性、彰显时尚化魅力，都不可避免地受到时间和空间的洗礼，认清时尚的短寿性和追寻新时尚是主持人语言努力前行的方向之一。

三、配音语言多元化

广义上的配音是指将未经现场录音所拍摄的画面在荧幕上放映，配录人物语言、解说、音响效果和音乐，使之成为声画并茂的艺术作品，这一过程统称配音。本文中所讲的配音专指在电视节目中为画面配录解说词，且不包括影视作品中人物语言配音。配音语言的艺术创作属性已经得到了公认，无论是广告配音还是电视节目中为电视片配音都是节目主持语言的涵盖范畴。在中国观众心目中最经典的电视配音可以追溯到20世纪八九十年代。罗京和邢质斌的《新闻联播》、虹云和陈铎合作创作的《话说长江》，乃至赵忠祥解说的《动物世界》，直到今天，这些声音仍然回荡在不少人的记忆当中，堪称时代的经典。然而伴随着时代的迁移，配音语言也越来越多元化。导致这种“众声喧嚣”的主要原因是：一方面，电视节目的工业化生产使得分工细化，一些具有独特音质和有声语言表现力的播音员专门从事配音工作；另一方面，消费文化语境下，受众的需求呈多元化发展格局，人们的审美悄然发生着变化。现代性文化强调生存美学和消费品普遍的泛美论，这是对于传统现代社会精英美学的一种背离。第一，消费文化语境下美的概念泛化，并不是少数精英人士才是美的拥有者，所以某种意义上，美的实用性更强，任何商品都被贴上了美的标签。第二，一些先锋派艺术实验在文化领域展开，目的是超越现代艺术的美学风格，智力反叛和先锋实验把现代主义推向高峰。实验性和先锋性成为重点。第三，通俗文化大行其道，精英文化已经被庸俗的文化快餐所取代。基于此，生活化、先锋性、流行性共同构筑了配音语言多元化生长的土壤。

近年来，电视已经成为人们日常生活的一部分，电视媒介以其声画并茂的表现形式超越了以往任何一种传播媒介的力量。伴随着电视的深入人心，各大电视节目中的配音语言也逐渐纳入我们的研究视野当中。20 世纪 90 年代,《焦点访谈》节目第一次引入记者配音的形式。记者配音取代播音员配音在当时引起了不小的争议。有学者说，这是一种自然主义的倾向，是电视审美滑坡的表现。也有学者赞同记者配音，认为这是一种纪实化的美学风格，是一种有声语言本体的回归。笔者认为，作为一档新闻专题节目，引入记者配音确有其一定的合理性。记者口吻的配音模式正是电视节目纪实化的一种审美取向，给人以真实感和现场感。《焦点访谈》本身就以深度挖掘新闻现象的本质为己任，强调的是本质的还原。记者配音虽然缺失了播音员配音的规范美，但恰恰给人以原生态的心理感受，与新闻事件同步。这种做法可以说是创作者独特的纪实化审美理念的体现。然而，这并不意味着任何节目都能够生搬硬套。例如，时下地方电视台不少消息类新闻节目也采用记者配音的方式，就没有任何道理可言了。配音语言的多元化倾向还体现在纪录片的配音创作中。例如，李易解说的《再说长江》，较之20年前虹云、陈铎合作的《话说长江》更贴合当代受众的接受心理。如果说当年《话说长江》的解说符合20世纪80年代改革开放初期如火如荼的社会思潮，更彰显了配音创作者云卷云舒、波澜壮阔的主体意识的话，那么，《再说长江》中李易的配音则显得虚怀若谷，内敛而深沉，具有生活气息的同时，展现了舒展的、恢弘的气势。有人这样评价李易的解说："雄浑：大用外腓，真体内充。返虚入浑，积健为雄。具备万物，横绝太空。荒荒油云，寥寥长风。超以象外，得其环中。持之匪强，来之无穷。"除此之外，广告配音的先锋化特征也正是多元化的一种表现形式。由于广告本身具有推销性、催化性和赋活性等不同层次的特点，在配音创作中也有着不同的处理方式。但总体而言，广告配音具有"形象生动、感染力强"的声音指向。目前，观众喜闻乐见的广告配音都不是单一的，或深沉隽永，或活泼灵动，有的甚至是卡通化的表现形式。不难发现，广告配音的丰富色彩一方面是由内容本身决定的，而另一方面也与消费文化的审美习惯相契合。

第四节　当代电视节目主持人的明星文化批评

全媒体时代，节目主持人作为电视媒介的形象代言人，以品牌化形象展现了电视传播特点的异质性。这不仅体现出节目主持人所特有的传播优势，也将电视传播与新媒体传播的差异性凸显无余。在现代化进程与跨文化交流的双重语境之下，中国电视节目主持人俨然成为了彰显时尚精神的文化明星。那么，从当下社会语境中的消费文化着眼，可以洞悉主持人明星制的历史源起、当下电视节目主持人生产时尚文化的种种可能性，以及明星主持人所特有的文化价值。

一、电视节目主持人明星文化溯源

论及当代中国电视节目主持人的明星文化现象，我们不能不追溯到明星制的起源。客观而言，影视明星最早诞生于电影领域，但有趣的是，电影明星并不是与电影艺术同时出现的。20 世纪初，电影公司因为担心演员的成名会导致他们向资方索取更高额的酬金，于是制片方在影片中有意隐去了演员的真实姓名，以至于观众在看到银幕上穿着入时、体态迷人的演员时，并不知道他们本人的真实姓名，无奈之下，只能用演员在剧中的名字和所属公司的名字来称呼他们。

尽管资方在影片中隐去演员的真实姓名，但影响力较高的演员能够吸引更高票房的现象却是不争的事实。即便是知名度被压抑、遏制，但明星效应所拉动的造星运动却无意中将明星制的大幕徐徐拉开。1910 年，美国环球影片公司老板卡尔·莱默尔（Carle Lemer）一反常态，承诺给予一位走红演员更高昂的薪酬，允许她在影片中标注真实的姓名。从此，那位一直被人们称呼为“比沃格拉夫女郎”的女演员，真实的姓名“弗罗伦斯·劳伦斯”（Florence Lawrence）

迅速被观众记住。世界历史上第一位影视明星就此诞生。环球影片公司的做法赢得了不菲的经济效益，于是各大公司纷纷效仿，明星制，这个关乎电影产业经济发展的关键性支柱就此得到确立。可以说，电影业中明星运作的成功经验佐证了这样一个道理："明星同影片一样，从其诞生之日起，就被商品化了，他的商业价值（而不是艺术价值）是决定他存在与否的根本因素"[①]。

电影的明星化现象是电影公司基于商业诉求并遵循特定时代节点中特有流行文化风尚而塑造的，那么，观众是基于怎样的心理动因而对明星如此迷恋，以致癫狂的程度呢？

人类社会对明星崇拜，可以追溯到古老民族心理中的偶像崇拜。但不同于作为原始宗教中对自然对象的崇拜、对超自然的神灵的崇拜、对植物的图腾崇拜，偶像崇拜是将崇拜对象进行理想化、形象化处理的。在偶像身上，寄托了崇拜者对完美感性形式的追求。说到底，这是一种自我欲望的满足。

在影视观影环境中，观众作为一个非现实世界的窥视者，基于其"期待视界"中的欲望心理，在潜意识层面将明星美化为精神偶像，以满足自己无以言传的合理幻想。某种意义上来说，明星是观众假想性满足的欲望投射，在保持物理距离的前提下，明星俨然成为了背离现实原则的精神依恋对象，这也是明星崇拜的一大动因。

与其他种类的商品一样，影视作品在具备一般商品的共通性质的同时，还兼具更为隐秘的、不为人所轻易察觉的属性，即马克思所言的"拜物教"属性。马克思认为："商品形态所以是神秘的，不

① 贾磊磊：《电影语言学导论》，复旦大学出版 2011 年版，第 135 页。

过因为这个形态在人们眼中，把他们自己的劳动的社会性质，当做劳动产品自身的物质性质，当做各种物品的社会的自然属性来反映，从而也把生产者对社会总劳动的社会关系，当做一种不是存在于生产者之间而是存在于客观界各种物品之间的社会关系来反映。”[①]在观看影视作品的过程中，观众在下意识中忽略了影视明星背后的商业运作与包装，而是将作品中呈现的形象当做是明星本身，在一种虚妄的沉迷状态下，观众对物化的明星崇拜得五体投地，这无疑是关于“商品拜物教”的典型例证。

因为电影电视在视听接受方面和产业化运作方面有着惊人的相似之处，所以对电影明星的研究有助于更深入地理解主持人明星化现象背后潜藏的内在机理。以美国的商业电视为例，主持人的明星化现象由来已久。作为栏目品牌形象的节目主持人，往往成为收视率的有力保障。人们对于荧屏中主持人的心理依赖似乎与电影明星的偶像化崇拜异曲同工。也正是因为这样，主持人的商业价值被近乎夸张性地抬举到无以复加的地位。

被誉为“脱口秀皇后”的奥普拉·温弗瑞（Oprah Winfrey）所主持的《奥普拉·温弗瑞节目》因主持人的品牌而迅速走红，从1986年9月播出开始，享誉美国长达19年的时间，节目开播当年的毛收入就达到1.25亿美元，这使得奥普拉在1986年的净收入就高达3000万美元。同样是脱口秀节目主持人，作为消费主义与游戏精神的典型代表，大卫·莱特曼（David Letterman）及其主持的《深夜

① ［德］马克思：《资本论》（第一卷），中央编译局译，人民出版社1975年版，第46页。

秀》也是美国年轻人追逐的消费偶像。值得一提的是，2002 年,《纽约时报》刊登了 ABC 与 CBS 对于莱特曼的争夺之战。最终，CBS 以累计 7150 万的天价年薪得到了与莱特曼的续签合约，这一价格是当时 CNN 名嘴拉里・金（Larry King）的四倍多。

在中国，主持人的明星化现象是近年来较为显著的媒介“奇观”。尽管由于传播体制的规约，我国主持人的个人商业价值不可能与美国等量齐观，但我国各大电视台明星主持人的消费文化特征已然被社会各界所关注。2007 年，在这个电视产业被公认为不景气的“小年”，关于“主持人商业收入排行榜”的内容却在各大商业媒体的显著位置刊登。而在商业化运营模式相对成熟的湖南卫视，主持人的明星化运作更充分显露出光芒。湖南卫视当家主持人何炅、汪涵的年薪虽然没有被公开曝光，但业内人士对惊人的数字无不咋舌。李湘以年薪千万转会深圳卫视担任副台长一事已被证实。获得超高年薪的理由不言自喻，当然是主持人明星化的身份使然。

二、明星主持现象折射出的时代风尚

关于明星的意指问题，西方学者派屈克・菲利普（Patrick Philip）曾有过相对详尽的阐述。他将明星分为四个层次：“（1）明星是一个真实的人；（2）明星是角色的公开表演者；（3）明星是一种人格面具；（4）明星是一种形象。”[①]按照上述四个层次的阐释，我

① ［美］派屈克・菲利普：《类型、明星和电影导演》，载［美］姬尔・奈梅斯编著：《电影学入门》，陈芸芸译，台湾电影馆 2006 年版，第 273 页。

们可以演绎出关于主持界明星研究的四个不同视角。第一，明星主持人是一个富有生命活力的鲜活个体。他们是以人格化、人际化形象出现在荧屏中的，他们的媒介、社会角色与属性对应着受众潜在的心理期待；第二，明星主持人是电视媒介传播效果的有力保障，对明星主持人创作形态、风格等方面的研究对于电视媒介价值、公信力、文化影响力、竞争力等具有重要的指导意义；第三，明星主持作为一个文化文本，其体系是开放的，而不是封闭的，对明星主持的研究应以全息的视点进行多维审视；第四，明星主持人作为一种大众媒介的文化现象指涉带有时代精神的审美、文化旨趣，对明星主持的解读，可以拓展为对电视文化时代风尚的解读。

毫无疑问，明星主持不仅在经济领域扮演着“担保”和“商标”的重要角色，也正在为受众接受信息的愿望达成、“快乐”和“欲望”目标的实现、社会教化观念的养成等方面建构着立体的时代坐标。极而言之，在大众文化视域内，明星主持人是唯一能够自由穿梭于经济领域、社会文化领域、意识形态领域以及大众心理领域的文化传播主体。在广阔的时代空间中，明星主持人被电视媒介、受众、明星主持人自身共同孕育和形塑为一个神奇的文化载体。作为一个横跨制度文化、产业文化、观念文化的多重文本复合体，明星主持人不仅在电视媒介中形成了一种强大的文化张力，同时也在无形中整合了各种复杂的时代观念，并将观念的集合投注在受众的接受视域之内。

事实上，明星绝不仅仅是一张张熟悉的公众面孔，而是魅力的化身，时代风尚的代言人。在电视媒介中，那些契合时代精神的明星主持人恰恰体现出当代媒介文化的核心价值。电视文化的构建，正是凭借着包括主持人在内的电视人对时代文化本质与内涵的占有，通过丰富多彩的电视节目对受众进行文化告知、文化感染、文化渗透和文化影响。2006 年，中央电视台著名主持人崔永元倡导并发起“我的长征”活动，公告发出 5 天之内，报名人数多达 5000 人，社会各界人士纷纷响应。这不仅是文化溯源的内在动力使然，更是明星主持人文化魅力所带来的影响力使然。2008 年，四川汶川大地震期间，各大网站关于“抗震救灾直播中泪洒荧屏的十大主播”相关内容被众多网民关注，点击率爆棚。无数例证表明，明星主持人在受众心理、行为的形成中具有巨大的感召力，而主持人在荧屏中所显示出的时代精神也会潜移默化地对整个时代的风尚加以凝聚。

事实证明，不是每位主持人都可以成为明星。某些人比其他人更容易成为偶像的原因在于，他们具有足以吸引镜头注意的非凡活力，是那些“由摄像机所建构出来的人”[①]无法比拟的。每一位明星主持人都拥有同行业中与众相同的普适性职业技能，然而，这其中也蕴含着他们与众不同的气质魅力。这种气质魅力常常会引发一段时间内的时尚风潮。时尚观念，作为一种带有普遍性意味的充满活力的文化景观洋溢在现代文明的历史进程中。在时尚观念体系中，“如果说，普遍性带来的是生活的宁静和随俗的话，那么，特殊性带来的则是激烈的自我表现中所焕发的动感和张力”[②]。一定程度上说，明星主持人正是凭借着其内外部特殊性所带来的动感和张力获得受

① ［美］派屈克·菲利普：《类型、明星和电影导演》，载［美］姬尔·奈梅斯编著：《电影学入门》，陈芸芸译，台湾电影馆 2006 年版，第 276 页。

② 战迪：《试析当今语境下节目主持语言艺术的特征》，载《中国电视》2011 年第 11 期。

众的识别、接受、认可，以气质魅力博得受众的青睐。

在深入挖掘主持人潜在的气质魅力，并将其极力放大，进而塑造明星主持人方面，凤凰卫视具有较成功的经验。凤凰卫视“三明”战略之一的明星主持人战略，就是在主持人的选拔、培养、管理、使用等方面下大力气，以电视化的手段塑造电视明星主持人。以对当下知名主持人陈鲁豫的培养为例，可以窥见一斑。入台之初，陈鲁豫被安排主持《相聚凤凰台》《音乐无限》《音乐发烧友》等软性节目。在这些节目中，她的风格不受限制，可以尽情发挥，逐渐形成自己独特的气质魅力。其后又根据她的“国际新闻”的教育背景，将其安排在《凤凰早班车》节目当中。此时的陈鲁豫如鱼得水，凭借着惊人的记忆力、新闻价值判断力、轻松幽默的表达力成就了中国式“说新闻”的语态创新风尚，终于成为了独具“气质魅力”的明星主持人。如今，《鲁豫有约》已经成为家喻户晓的电视谈话节目，而陈鲁豫本人也被誉为中国的奥普拉，引领着电视脱口秀的时尚风潮。

可以说，明星主持人依托着荧屏中所呈现出的内外部气质，显示出带有独特“气质魅力”的“明星气质”，这种气质彰显了一个时代的“时代精神”，成为推动电视产业和文化传播的动力源之一。就这个意义上来讲，当下的中国电视已经进入了一个“气质明星”时代。

然而，值得注意的是，模式陈规和模式创新之间，存在着极大的裂隙。一旦某位明星主持人被大家所认可，他的主持风格很可能被争相模仿，形成规模。亦如近年来《中国好声音》中主持人华少以“饶舌”般的语速播报栏目宣传语、广告的特色，就被很多电视台主持人效仿，以致将个人特色置换为某种异化的行为模式。事实上，“模仿可以被视作一种心理遗传，以及群体生命向个体生命的过渡。它的吸引力在于：即使在明显地没有个性和创造性之处，它也容许有目的的和有意义的行为”[①]。我们可以把对某种风格的模仿看作思想和无思想之间的产物，毕竟创新意识和创新能力是两个截然不同的概念。一些电视主持新人为了避免创新的困难，希望通过对既定模式的模仿，给予自己一种起码的受众认同基础。然而，一种时尚，它既能区别出自己与他人，也能以今天区别于昨天和明天。所以，时尚就是“一时之尚”，作为一种个性化标记，是绝对难模仿的。这个过程中邯郸学步的尴尬，不言自明。

三、明星主持现象折射出的青年文化性

电视媒介总是引领和拉动着时代风尚与潮流。如果说新闻类节目是以信息传播、舆论引导、宣传教育为本质诉求的电视节目类型，那么，非新闻类节目则更倾向于满足受众多元的文化需求。在非新闻类节目当中，主持人在以有声语言和非语言符号传递信息、表情达意的同时，也彰显出带有青年文化性的时代观念。就青年文化性而言，美国社会学者伯杰（Berger）认为，青年的概念可归结于年代学的划分，而青年性则指称着社会中某一特定人群的行为倾向。这一人群倾向于“冲动、本能、精力旺盛、敢于探险和投机、轻松

① ［德］齐奥尔格·齐美尔：《时尚的哲学》，载罗钢、王中忱：《消费文化读本》，中国社会科学出版社 2003 年版，第 242 页。

活泼；他们倾向于正直、坦率、引人注目、言语干脆（还没有养成掩饰的技巧和习惯）；他们经常桀骜不驯、没有礼貌；他们好走极端，没有节制，不知道中庸之道；他们寻求行动，而不是寻求固定的规则；他们总是开玩笑；游戏的动机决定了他们的很多行为”[①]。可见，青年性是在抽象了青年人通常固有行为方式的基础上而提出的一种亚文化特质。可以说，青年性与青年相关，却不是仅仅存在于青年群体当中的文化属性。进一步讲，电视节目中所传递的青年文化指的是带有青年性的文化表征，而不局限于年代学意义上的青年群体。例如，湖南卫视《快乐大本营》的主持人何炅，尽管已近不惑之年，但外形和举止、语言表达与思维方式都与青年人无异。很少有年轻人在观赏他主持的综艺节目时，还在考虑代沟一类的问题，在青年人眼中，何炅们已然成为了“自己人”。于是，“我们意识”作为一种传授双方的“主体间性”被无形中建构起来。明星主持人在得到了青年观众认同的同时，更便于发挥自己引领时代风尚的媒介功能。

英国后现代学者安吉拉·默克罗比（Angela McRobbie）对当代青年人日常购物模式的研究可以为我们挖掘明星主持人的青年性问题提供一些有价值的参考。在默克罗比看来，青年人购买时尚服装一度成为了一种潮流。而随着每年甚至每季度流行服装款式的不同，人们不断更新自己的衣柜。这无形中滋生了年轻人的一种集体健忘症。他们只记得当下流行的款式，而过去的流行款式则很快在记忆中被格式化。目前，在西方消费文化的冲击下，中国电视节目生产

① 陈旭光：《影像当代中国》，北京大学出版社 2011 年版，第 263 页。

的商业化属性早已得到证实。各家电视台中的主持新星在一个个新栏目当中你方唱罢我登场，很多主持新人像流星一样从观众眼前划过，而仅仅一段时间过后，他们和他们主持的节目就悄然消失在公众的视野中，“不带走一片云彩”。可以说，这种现象自然与当下的大众消费文化属性有关。就像是苏珊·桑塔格（Susan Sontag）所说：“消费的自由已经等同于自由本身了。”[①]观众作为电视节目再生产的主体，在消费文化语境下直接决定了节目生产的意义流动，在这一背景下，观众日新月异的收视诉求直接决定了电视节目的去留，这一点无可厚非。而这也就造成了当代电视节目中明星让位于群星、恒星让位于流星的文化图景。

尽管如此，默克罗比对旧衣服、旧货市场的作用与现实隐喻的研究则为我们提供了另一种路径的启发。在他看来，年轻人对旧衣服和旧货市场的青睐是以“颠覆性消费主义”的态势有意回避主流，他们集体逃避进“怀旧情绪”，以此来抗争主流社会的意义和方向。“旧衣时装风格不断强调它和旧衣服之间的距离。”[②]当现代社会所生产的图像和文本无法满足年轻人需要的时候，他们就需要用怀旧体验来弥补思想中的鸿沟和空白。近年来，经典的明星主持人赵忠祥、倪萍不定时地会出现在诸如《舞林大会》、“金鹰节颁奖晚会”等电视节目中，久违的面孔勾起了观众当年的电视记忆，尘封的电视文化在这些主持人的身影里得以回望。

可以说，电视观众中的青年文化性是复杂多变的，这与当下都

---

① 转引自［英］安吉拉·默克罗比：《后现代主义与大众文化》，田晓菲译，中央编译出版社 2006 年版，第 47 页。

② 同上，第 167 页。

市社会中人文思想的激烈震荡密切关联。明星主持人身上恰恰凝聚了当代青年文化性的种种表征，并在与主流文化的碰撞与融合中表现为电视媒介文化特有的传播效能。

知名主持人裹挟着“明星效应”存在于电视媒介当中。面孔熟悉的主持人与明星主持人绝难等同，明星主持人基于特定的制度文化、产业文化和观念文化产生并发展，主持人的明星文化与受众的期待视界相对接，明星主持人凭借着独特的“气质魅力”获得观众认同的同时，引领着时代观念的风潮。然而，在明星让位于群星、恒星让位于流星的消费文化理念大行其道的时代里，我们仍旧能够从受众潜在的“集体无意识”当中窥见他们的经典意识与怀旧情结。基于此，对主持人明星文化的研究不应该是浮光掠影的描述，相反，应当站在历史的宏大语境下细致审视媒介文化的思潮与受众的稳定心理诉求，在给予当代主持人明星文化合理性阐释的同时，也对未来的主持传播格局进行科学的质询与预判。

第六章

选择的批评

——对中国节目主持学科理论与实践的反思与追问

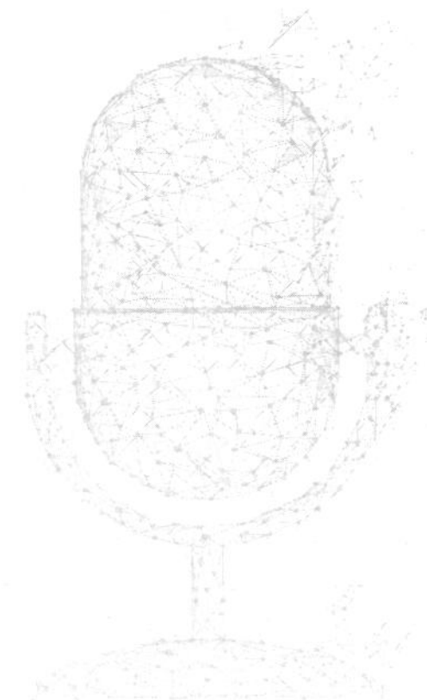

“节目主持”艺术作为一门学科在中国的确立和发展得益于中国社会的发展、传媒业的变革与创新以及技术的进步、广大民众对信息消费日新月异的诉求。它的独立性和学科属地始于20世纪90年代初广播电视业的惊天变革，使“主持”从长久以来传统的播音学中脱颖而出，渐渐生成为一种相对独立、相对完整、相对理论体系健全的新学科。始于南国的“珠江模式”开启了这一学科的先声，使它的发声不同于以往的“播音腔”，而独树一帜，成为广大受众喜闻乐见的信息接收方式，无形中培养了中国受众对资讯、新闻和信息的接受心理和消费习惯。随后，无论是业界还是学界，几乎都默认了“播音主持”这两个相连的词汇衍生出的传播形态意义，赋予了播音主持同等的学理地位和价值认同。

第一节　时代的发展与话语制度的规约

一、概念的边界

播音学，可谓集大成者，长期占据着广播电视领域新闻播报的主流地盘，其学术正宗地位不言而喻，就此形成了以中国传媒大学为主导的教科书系列版本，指导着学界课程体系的建设和布局；也为业界打造出一种模板和样态，哺育着新闻信息的姿态，更主要的是成为主流国家话语。脱胎于“播音”的“主持”，无论如何都离不开播音学的要旨和形式美感，这就是两者始终绑定在一起的理由。这个理由是符合中国广播电视业发展实际的，也符合学术逻辑和理论皈依。这里我们要着重论及的是，主持艺术从播音的支流怎样汇集、拓展成一条明晰而有力的主流。

毋庸讳言，我们正在经历一场史无前例的、轰轰烈烈的变革，新的学术物种不断破土而出，概念洗牌无处不在；播音学、主持学也正在经历着学理荡涤。以下论述主持艺术作为一门学科所经历的理论和实践的变迁与发展。

主持学科要存在及发声拓展，必然要有一定的适合其发展的土壤和条件，身为一门应用学科，这么多年来学术界始终对其难以有精准的学科归位，各种意见基本分为两派：一派认为，主持学应该隶属于新闻传播学的大领域，因为它毕竟是新闻信息的传递和表达；所以，它被归属为广播电视新闻学和广播电视艺术学的下位学科。在学生培养方面强调新闻头脑的建设和大传播理念的经营。另一派则认为，它更应该隶属于传媒艺术领域，艺术特质非常明显，追求的是语言美；所以，它本属于艺术学范畴，很多开设播音主持学科的高等院校将其命名为“播音主持艺术专业”。强调培育学生的艺术气质和审美体验、追求语言表达的形式美感。因而，这个专业被归入高考中的艺术类考试范围，简称“艺考”。从每年的艺考中，我们不难看出，大多数考生都是怀着当播音员、主持人的梦想，甚至是明星梦来参加考试的；这与播音员、主持人明星化的特质不无关系。学术上的这种划分自有其历史渊源，虽不够精准，却也主导中国主持艺术教育走过了几十年的路途。在此，笔者的观点是：无论是播音学还是其派生出的主持学，都应该划归传播艺术和传媒艺术的领域和范畴。从根儿上讲，它从事的是新闻、信息、资讯的表达与传播、输出与传递。新闻传播学的土壤似乎对它的滋养更浓烈一些，它的艺术特质体现在语言美学方面，毕竟它吃的是语言饭。这也是不少院校将其归在传媒艺术学院或传播学院里的缘由。从信息时代的发展潮流来看，将播音主持学归入大的新闻传播领域是合适的，符合时代发展趋势和学科建设前瞻。

二、时代的发展与语言的解放

无疑，播音主持是以语言表达为职业的、专业样态的学科，语言表述是其看家本领。播音主持语言作为一种大的语言文本呈现出如下特点：（1）民族化的通俗性；（2）语言接触的大众性；（3）语言质地的柔和性；（4）语言品位的多元性；（5）语言文化意味的特殊性。而作为“主持”的语言比作为“播音”的语言似乎更加接地气，造就出公众近乎苛求的语言期待。主持语的诞生本身就是一次革命性的语言规则的洗牌，是语言生产力的释放。从以播音为主体样态到以主持为大众媒介传播的主体样态，反映出中国社会对信息传播接受心理的变化与诉求；体现出人性的解放、人文的关怀和人本的重视。改革开放 40 年来，以暖色调为主的新生语汇层出不穷，语言形态多姿多彩，语体风格琳琅满目，但仍跳不出以内容为王的语言内涵为主基调的传播铁律。主持话语正是顺应了中国社会巨大的变迁和发展趋势应运而生，成为媒介话语的重要部分和主打语体，深刻地作用于并影响着中国民众的信息消费意识。这一切都使其登上了高等学府的课程建设体系和学科设立的大雅之堂，但是，其自身的缺陷自始至终也是显而易见的：主持理论框架设计的单薄、理论解释的单一、研究视角的固化、文本建构的粗糙等。没有跳出“主持”看“主持”的视野窠臼，缺乏跨学科的研究魄力，总是摆脱不了播音学的桎梏，用“念念不忘”“藕断丝连”来形容它与播音学的瓜葛是比较恰当的，与播音学“身子已出，心还在”的关联仍持续地影响着主持学科的独立性和定位感。同时，理论坐标不明晰，理论假说没有走到经验的前头，研究思路始终局限在主持的个体性方面，对节目主持人的定位狭隘甚至偏激，没有将“节目主持人”视为一种传播制度和模式、一种媒介思想和话语的延伸，仅仅认为他是一个单一个体的传播行为，这些局限了研究视野和学理导图。

如果说播音赋予汉语言美学方面的感官体验，那么主持则重在释放语言的活力，使语言的表情达意更自由奔放，也更接近生活。它与我们新闻报道中的“三贴近”原则是相吻合的，从播到说的变化，预示着中国主流话语体系的变迁和发展，昭示着一种新型语体风格的确立，这就是脱离以往“播音腔”的主持话语形态。以平等的观念、平和的心态、平视的角度娓娓道来，呈现新闻信息的表达形式。无怪乎当“珠江模式”和《东方时空》走进我们的视野时，大家不免惊呼：“新闻还可以这样播？！”正因为有了主持人的人格输出，才造就了主持传播的交流感及对象感，奠定了内容类社交产品的根基。

三、主持人——一种新型话语制度

自“主持人”这个职业称谓横空出世以来，对它的定义始终跳不出“个体”的人的窠臼。微观上说，落到具体的节目上他是一个单个的人，但这绝不是“主持人”的专业定语。多少年来，我们都在反复研究主持人这一个体，把这个“人”放大到无以复加的地步，甚至出现了“主持人决定论”，似乎主持人主宰着节目的一切。其实，这个理论认知盲区是经不起实践检验的，主持人在节目中并没有这么大的作用和担当。主宰节目的是制片人团队，主持人的作用甚至连导播都不如，充其量只是一颗螺丝钉。他的元素性能没那么强，成为一种建制的节目主持人，并不是一个人，而是一种大众传播机制、传播制度和传播模式，是一种语言形态和仪式化表达方式。他不是单纯的个体之人，而担当的是节目输出的润滑剂，手段性征十分明显。40 年来，我们理论聚焦点落在人的身上就错了，主持人是节目元素，这一元素的特殊性就在于他是一个显示度极高的表意元素。让主持理论回归到“主持”的基本面才是正题。

“主持”的基本面是：用语言去打理节目、包装节目、经营节目，参与节目制作流程的各个具体环节。主持人一旦背离这一基本面，没有完成这个任务，就会被边缘化，其功能就会被轻易地转化到其他节目要素上，如嘉宾或观众，真人秀节目的“去主持人化”就是明证。

“播音”是给有声语言穿上一件优美的外衣，是语言的一种格式化、规范化的形态。“主持”则是赋予一档节目灵魂感。如今的主持教育，正在以语言教育为中心转化到以思维教育为中心。这么多年来，主持人的语言出现问题归结起来不外乎是思维和思想出了问题。主持人有语言没思想，或有思想没灵魂，思想内存缺货导致语言不受待见。另一方面，培养主持人的机制也或多或少有些问题，导致主持形态的生成始终单一、呆板。我们的研究迷途在于：研究者多聚集在主持人的个体行为上，而非理论建构上；一味地在设计感、个性元素的融入度、转化（将信息资源转化为演播厅话语）能力、对接感（环节衔接力）、提问（话语推进）能力、进程控制力、应变处理能力、节目生成力度等技术环节上谋篇布局，而忽视了学理建设，至少对主持人传播缺乏个体化与社会化关系的度量，造成主持人只有象征意义，缺乏实体意义，容易成为节目的“摆设”。主持不能简单地归结为“语言传播”，它还是一种“社会媒介”。由于我们对主持理论的饥饿感不足，致使主持理论框架始终搭得不那么牢固。

主持人思想主体的范式，包含着巨大的传播力发展需求和社会需求，也是主持人自身发展壮大的深刻语境关联。主持者的思想性主体，是一个自为的、历史的建构性主体，在时间和实践中发展，并通过与他者、社会、传媒、公众（受众）的交往、碰撞而形成身份认同。主持人的本质功能正是在参与节目调节、操纵节目进程与节目主体的关系，形成了现代性传播思考型的模板。“主持”也正是敏锐地捕捉到了思想（思维）才形成了新的文本主题。

第二节　以人为本、“学”“术”并重的学科理念

一、“主持”提供了一种对人的构想

以往的以语言教育为中心的主持传播，旨在使主持人掌握语言后，融入社会话语体系、参与社会交往，体现的是语言对精神、思维和个性的建设作用。直到如今，人工智能时代诞生了机器人主播，我们才扪心自问：人与机器之间的界限究竟有多松动？二者之间的切换可能会带来什么问题？这种质疑隐含着尖锐的批判和猛烈的颠覆力量。机器人主播的语言体现出明显的身体意识，其对语言本体的解放和出场的愿望日渐浓烈，或许本身就是一种动态的语言反思。机器人拥有一个程序之身也就拥有了变换时空的能力，殊不知它必须依附于“语言主体”的他者才能确定自我主体的存在。面对机器人主持的到来，传统主持人身体力行地实践语言文化时难免遭遇失语的危机，但这也无形中强化了他们重归生命的诉求。然而，机器人主持在提醒问题上的作为难道不会遭到沟通危机、语言危机、世界机械工具化、碎片化和虚无化等现代性问题的困扰吗？归根结底，主持人的生命力就在于，在主持个性上形成新的精神生活，用身体的伦理叙事和传播构建起自身的主持哲学。这样看来，以语言教育为中心的媒介塑造理念并未过时。

主持人话语的意义中心的转换有时会不自觉地导致对主持界限的背叛，这种情况大都存在于能指与所指的脱节所造成的语言纷乱和语言危机；主持艺术的意义定向应立足于现实的维度才可找到主持本质的居所，也才能缔造出真正带有灵韵的作品。

二、主持文本的叙述视角

新媒体时代受众的审美经验不知不觉中将主持文本的叙述视角转为了第三人称，即主持人不仅是讲故事的人，同时也变成了故事中的行为主体。这样他便可以从一个观察者的角度不断地重复主持经历和内在体验，直到构造出属于自己的意义空间和话题场域。主持人不再将自己视为讲故事的人，让语言范式在重复过往经历的过程中带领自我找寻意义和价值；而是重新追问存在感、归属感，寻觅现代主持艺术的归家之路。

主持人劳心的是：他们试图离别已经存续的语言传输系统，然而却没有找到表达自我的独特方式，因此失去场域中心地位的他，在话语之外的世界只能扮演一位不速之客，在这个清空了意义的场域中心里，只剩下他们对重生的期待。“去主持人中心化”现象其实是在腾出空间，为重建意义提供可能。新媒体使得人与主持的关系得以在一种历史性、全球性的宏观视角中体现，因此它无形中构成了一个例外状态，一个令主持者在小趋势和大趋势之间难以决断的状态。

主持人的危机使人无意中把手伸向了一种“存在”之外的拯救。主持人研究要求我们慎用文本分析，因为文本分析更侧重文本暗含的意识形态和文化假设，它需要对主持内容和表现进行系统的定性解释和产能分析。

要知道，主持人的语言更多的是感知话语，它通过临摹文本外世界的“言说场景”而孕育出一种精神上的身体在场性；如今，主持的语言秩序被打破之后，它需要寻求一种新的关系模式从而终止混乱与迷惑。就像语言更热衷于主动、积极，不喜欢被动、无奈一样，只有尊重这个基本的语言事实，才能找到主持人专业发挥价值效能的逻辑起点。有声语言作为主持人的一个核心特征，该到了叙事实验和语言批判的时候了。我们需要实验主持作为先锋，通过对稳固的、不可反驳的叙述者地位的颠覆，侵入文本语言的固有秩序，来探求主持文本对复杂时代话语的吸收、转换和加工。而作为接收主体的受众，是否感受到文本被某种陌生的元素入侵，这是一个比较大的问题。

三、学科之痛

播音主持学科自诞生以来，就饱受弱小之苦，在庞大的新闻传播学的体系中难以归位，天生的依赖性模式使其始终缺少独立的文论体系。播音主持理论不缺实践品格和学理建设的自主性，缺的是历史化、语境化和国际化的视野。在目前新的理论环境中，它不应该再“野蛮生长”下去，应力争从社会机理和行业法则的宏观研判上找回理论话语权，创造自己的标识性概念；在大众文化为主体的“景观社会”中寻觅到作为新兴文化媒介人的尊严和地位。这无疑会成为当代主持学的新问题、新建构、新使命。

当今社会，与传统媒体相比，数字技术打造下的数字媒体的颠覆性变革就在于：由原先中央式的“一对多”单项传播、输出走向人与系统、人与人之间不断循环互动的多向传播和输出。由此铸成了主持技法、文本建构、叙事策略的资源整合，使得故事资源更具画面感和质感。为此研究者已经逐渐注意到，要更好地解答主持艺术学科化、理论生成实践化等相关问题，需要将其置于传播哲学或语言哲学的领域中。只要我们牢记，语言的意义和价值在于使用，就会不断诘问：播音主持语言建构的东西是什么？对社会大众的影响又在哪里？我们需要再次回到语言学本身所赋予的思考向度，将研究焦点聚集到语言再生与创造能力上，就能理解学科之累、学科之痒、学科之痛了。

作为应用学科，播音主持向来有一种反学科、无学科的天然性情，强烈的实践演绎总是不自觉地制约着理论的构筑，使其学理平台在搭建的过程中充满尴尬，在学科等级的排序中无法找到真正的自己。我们不妨借鉴当初传播学的个性与魄力，从与之相关的众多学科（心理学、社会学、人类学等）里辟出一条属于自己的路。主持学的窘境在于：长期以来被人看作只有专业、没有学科，只有实践、没有理论；原因在于它的学术语境关联度比较低，很难形成理论坚挺的问题化、主题化文本。

四、实践读本 vs. 理论塑形

主持艺术形成学理的主要依据至今都令学术界不少人困扰。有试图从广播电视学寻找理论支点的，有从传播学理论中对接实践导图的，也有从播音主持史的线索进行梳理的，更有用其他学科（社会学、心理学、文化学、符号学等）的视角来观望的，但大都无法使之形成理论。长久以来，一个基本的共识是，播音主持专业属于广播电视新闻学和广播电视艺术学的下位学科。然而，即便是广播电视学也不能很到位地对播音主持学的学理进行架构。有时让人觉得播音主持学都不太像个学科，因为它找不到理论家园。播主实践的解释权究竟归谁所有，一直都没有定论，这就使得很多学术文章常常停留在对一线实践的简单归纳和总结上，实践很火，而理论很冰，这冰与火的双重交织与撕扯令众多学者望洋兴叹。尤其最近几年，处在理论创新冰河期的播音主持学更是艰难度日，不少学者纷纷转型，投向其他能够发C刊或容易发C刊的学科领域。“转型”这个词成了近年来播音主持学界和业界最热的词。主持人转型是遭遇瓶颈、找不到出路，学者转型则是评估体制和标准使其科研难以为继。然而，就是这个不受待见的专业，其招生情况却一年比一年火，明知毕业后很难找到本专业工作，却仍挡不住万千学子的激情和热望，这难道不是一个值得探究的问题吗？这种匪夷所思的情形难道不可以形成一个令人感兴趣的理论命题吗？播主实践的发展一日千里，几乎所有的生活内容都能形成节目，这就是如今的广播电视，已经发展成一种生活媒体。还有什么是不能上电视的？理论界的迟缓反应也在提醒我们，是不是我们关注实践的眼光不够深邃，对实践的敏感缺乏理性？研究思路的局限或许也是一个问题。

最近，一些开设播音主持专业的高校已经将原先的播音主持改为口语传播，给专业扩容的做法无非是想要另寻发展，一来为学生就业着想，二来也为研究契机找“饭”。大家似乎都在为本专业找寻更广阔的理论坐标和学理空间，形成学科需要的元素太多，而强劲学科更是难上加难。这就是目前的现状。

节目主持学术研究无疑是由“学”和“术”组成，“学”是指基本概念、基本原理、基本规律，“术”则是指基本技能、基本方法、基本应用，在学科理论体系中又被视为基础理论和应用理论或基础研究和应用研究，两者并行不悖、互为依存、互为作用。节目主持学的基础理论和概念是十分重要的研究底座，基础理论是对现象的组织加以概念化的阐释。而这一学科的基础理论是能够为我们勾勒出学科或研究的疆域，在描述种种现象之外也会提出抽象的概念，并试图揭示现象之间的关系，成为我们研究的基础和工具。但同时主持学又是一个应用性很强的学科，手段特征尤其明显。虽是以定性研究发端，但旨在服务于实践，属于典型的应用研究。我们在主持传播的研究中务必要处理好“学”与“术”的关系，把基础研究和应用研究有机地对接起来。实事求是地说，40 年来的理论和实践建构过程中，研究方法始终是个令人困惑和烦忧的问题。只有质化研究而缺乏量化研究是个普遍现象，现象的观察多是“特例”，而非“通识”；研究中以直线性的、连续性的纵深发展概念占主导地位。这种研究方向难以引出新的侧重点，即特定语境中，有关主持行为和媒介组织的实验数据、实地考察、确切证据等。具体而言，过分强调对主持活动各种现象分析的方法偏向。而忽视处于主持现象背后的体系或结构，不大注重通过直接的观察，收集第一手资料和证据，得出的理论评价比较随意。

主持传播是一种信息共享活动其特点是：在一定的社会关系中进行，又是一定社会关系的体现；不失为一种双向的媒介互动行为；传者与受者双方须有共通的意义空间；演绎成一种行为、过程、系统。它的开放性特点体现在：其由各种子系统相互连接、相互交织构成的整体，自我创造、自我完善。主持传播系统是一个多变量的系统，若变量处理不当，便会引起传播障碍和传播隔阂。多年来，我们对这种变量的关注度不够，包括信息传递结构和功能障碍，如传播制度化是否合理、传播渠道是否畅通、信息系统各部分功能是否顺遂；同时，也包括主持者自身的特定利益、价值、意识形态和文化背景等方面。主持传播理论的核心问题是，考察以语言为媒介的人与人的互动关系，由此建立三个基本前提：（1）人根据输出语言来从事行动；（2）语言在社会互动过程中的作用和诠释能量；（3）主持行为具有的社会互动效应，能扩大传播双方共通的意义空间，加深双方的了解和互相理解。

至此，我们粗略地勾勒出主持学研究的几个主要领域：语言评价、内容分析、进程控制、受众分析和效果研究。

五、迷惘与遐思

在你中有我、我中有你的媒介融合时代，学术研究的跨界成为必然，就像跨界主持现象一样，融会贯通成为一种大的思考格局。“融合”作为这一转折时期突出的时代话语和媒介热词，也是播音主持界的关注点之一。我们应该将关注点聚焦于“主持传播的渠道价值判断和主持人营销力量的评估”。融合，首先应当是渠道的融合。对于主持传播的价值，笔者认为有三个衡量要素需要考虑：一是节目要有足够多的受众，“圈粉”能力强；二是受众停留时间长，保证忠诚度；三是有精准定位的能力，优化目标受众的“窄播”，乃至“垂直传播”。

当然，影响主持价值的主导因素还是品质。“合”也意味着模式融合。如何借鉴更有效的信息传输模式和主持方式，并融合在节目中，达到更好的效应，是需要考虑和论证的话题。

“媒介融合”（Media Convergence）的概念是由美国马萨诸塞州理工大学的浦尔教授最早提出的。他在其著作《自由的科技》（*The Technologies of Freedom*）中提到的“传播形态融合”，将各种信息在同一个平台上进行整合，不同形式的媒介彼此之间的互换性与互联性得到了加强，媒介一体化的趋势日渐明显。近年来的研究中，不少学者提出了“融合主持”的概念，有的还将它设置为一门专业课程；在笔者看来，主持方式的融合更显研究性。

因为主持传播的创造力集中体现在节目传播的效果层面。随着人工智能技术、卫星通信技术、数字化技术和网络技术的进步，以及这些技术在电子媒体领域的全方位渗透与应用，传统媒介的界限渐渐模糊，新媒体形式层出不穷，“主持”的概念书写也需要改变。此外，媒介受众由以往的单向阅听人的角色转变为需要为其量身订制娱乐、新闻服务的用户，他们对节目主持的体验是十分考究的。节目及其主持人与受众的互动是否充分决定着主持的广度和深度。目前流行的“跨界主持”就很能说明问题。“颠覆”已成为这个时代理论研究的“热搜”。新华社最新“出笼”的机器人主持人已经告诫我们不创新、不变革意味着什么。

从作为接受者的受众角度来看，媒介融合通过一个平等的、开放的、互动的传播平台提升了自己触媒的积极性和主动性。而其更深层的含义在于，它还有力地改变了受众长期以来对话语权的缺失状态。今日的受众早已从法兰克福学派描述的“易受操纵的乌合之众”发展成为文化研究学派提出的“能动的受众”。媒介融合增强了受众在消费过程中的能动性，并进一步拓展了受众参与信息传播的范围和途径。显然，这也为受众建构自身话语开辟了一个新的空间。

一档节目的成功主持和传播应该由主持人与受众共同参与完成，才是这个时代的主持常态。不知道这能不能算是另一种“融合”？新的主持模式的建立呼之欲出。

长期以来，有一种认识存在于主持学科与专业建设之间——节目主持艺术只有专业，没有学科。非学科化的认识理念导致了很多误区，致使一些开设此类专业的高校总是把这一专业当成学科来经营，还有的甚至淡化学科，只求专业的打造。这种轻学科、重专业的倾向持续地影响了学科的发展和壮大，越不发展，被重视的程度就越低，也让一些搞研究的学者抬不起头来；加之，研究成果的采用面窄，获得承认的面窄，挫伤了研究者的科研积极性。由此，造成了本学科一定的萎缩和无奈。学科要壮大成长，就必须有所创新和突破，尤其是在研究方式上。笔者以为，跨学科研究是一种比较现实的思路，主持学科的粘性使得它比较容易与其他学科相结合，容易形成交叉研究所萌发的创意，使理论走高。以往基本是语言学和艺术学主导研究思维，而今则应该借鉴人类学、符号学、哲学、心理学和社会学的思维方式来开展研习。播音主持艺术要跳出语言表达框架，向着更有时代精神和专业阶梯的地段行驶，才能找到路标。

这里有必要阐述一下学科与专业的关系。就主持艺术而言，学科与专业在同构中的关系基本呈现为：“学科即专业，专业即学科”。这一观点可能有些偏激和草率。但这么多年来，我们的确是这样经营的。如此一来，“学科与专业同构”所表现的难题就在于拆不散、粘不牢。表面上看是你中有我、我中有你，其实并不对称。如果不解决这个问题，“学科与专业同构”的实际意义就会变得格外匪夷所思。

主持是一种互动性的存在，当我们用某种先验的眼界给主持贴上标签时，不仅仅是走上了片面化理解的歧路，更重要的是采取了非传播的态度和方式，最终也理解不了主持。只有回到所谓的“互惠性理解”（reciprocal understanding）的路途上，即建立在学科与专业的交互运动中的理解，才能超越概念偏颇，超越把他者理念当做知识理解与兴趣满足的局限，形成建构跨学科研究关系的可能性。“人是一切传播关系的总和”的命题一旦成立，主持人的诘问就应该是：“我的世界何以能超越我的界限而达到社会集体无意识？我的话语何以能成为公众共同的话语？我的意义和价值又岂止是粘合与凝聚？”

从人与物（特定节目）的关系来看，无疑，多元化的现实情景和社会图景，使主持人将自己视为唯一的主体和中心，控制、改造、驾驭、拷问自然客体（节目本身的一切元素），形成“主体—客体”实践结构，亦即所谓“心—物”实践结构，同时不遗余力地构成多极主体间交往关系体系。一段时期以来，主客体关系的游离与模糊造成我们理论研究的困惑和迷思，所以我们必须告别主客体对立意义上的单一主体研究模式，转向“主体间性”：一方面坚持主体间存在的差异性和多元性，另一方面强调交互、对流和理解是弥合主体间差异的基本方式。此外，用理性而热情的人文视野和悲悯情怀直面理论研究的生存状态，惟其如此，才能使学科理论在主体间性中得以重构。从这个向度来思索问题，便不难看出，主持人与节目的关系根本不是传播主体和传播客体的关系，而是同一传播活动中共生的两个主体。“主体—客体”思维方式造就的媒介指向性交流思考维度，不免有些过时。

在主持艺术的研究中，我们需要新的思维模式和问题导向：（1）个体行为的群体影响；（2）语言传播与社会关系；（3）播音与主持学科界限的学术争论；（4）主持人的文化心理与认知体系；（5）技术发展与全球联动；（6）话语权与传播秩序；（7）主持人价值评估体系及标准重构；（8）研究方法的创新与提质；（9）技术理性与工具论；（10）跨界主持对主持行业及职业生态的挑战；（11）人工智能时代机器人主播对传统主持方式的冲击；（12）如何塑造播音主持学科的理论新形态；等等。如果说理论生产的时代已经过去，那么，理论再生产的新时代正在到来！

第三节　理论之痒与教育之殇

一、主持学科的理论失语症

主持学科的粘性特质使它具有一种天然的结合感，这也造成了其理论体系建设的不够明朗和坚挺。一个学科理论体系的形成需要诸多元素，如牢固的概念基础、历史的脉络、专业特性、理论形态与结构、批评研究、业界动态分析、学术观点的争鸣。研究者多年来始终无法建立一个比较圆满的框架，因而难成气候。但这不等于说我们就这样袖手旁观、放弃努力，而是要不断创新、开拓，找到理论生成的点和面，理论研究的修为更要依靠实践的积累，不能闭门造车、纸上谈兵。田野调查般的调查性思维十分必要，这些年来，部分研究成果缺乏数据支持，导致资料论据匮乏，主持学数据库的建立势在必得。节目主持人价值评估体系至今似乎还停留在口头的说辞上，没有进入实质状态；什么是衡量一名职业主持人优劣的标准好像总缺少刚性论据，不能直指人心。

实证研究的不足，实践成品难以量化，也造成理论开掘的裹足不前。经验总结式的文章多，理论建构式的文章少，多停留在只有视角、没有深度，只有定性分析、没有量化的表述上。主持艺术说穿了，它的最基本面是视听语言的传播效果。效果分析上的薄弱带来研究的直白和狭隘，那今后的研究方向可否从以问题为中心转到以效果为导向的层级上来呢？其实，效果里就包含着许多问题，可以说，一切大众传播的理论归途就在于传播效果。回到传播的基本面，我们就会别有洞天、豁然开朗。

媒介融合时代，我们不妨以媒介融合为背景，梳理主持人角色和主持行为研究范式的演进轨迹，在此基础上，以传统媒介测量为比照，对媒介形态的"泛主持化"，以及主持人运作模式的跨平台化进行深入细致地解读和剖析。在笔者看来，融合主持并非媒介技术和主持功能的简单整合和叠加，而是一种具有化学性的结构变化，即朝着信息传输平台的优化嬗变。"融合主持"是播音主持界一个比较前沿的概念和问题，在目前的学术界，"融合主持"概念的认识在不同的学者那里有所区别，并没有在学理上达成共识。如今"内容产品化、产品平台化"不失为传播领域的一大趋势，主持平台成为人们关注的重心，主持艺术研究的视角和范式也在发生变化。

但在任何媒介环境下，主持人都不失为主要的研究对象，主持人应该在这个时代为广大受众提供什么样的服务或许应该是我们的某种研究取向。

二、主持人培养模式的深层症候

在播音主持作为学科建制的研究中，节目主持人培养模式一直都是人们极为关注的热点问题之一。“节目主持人”这个称谓虽然起源于西方，但传入我国后一直沿着中国自身的培养机制和体系在运行，这一领域在学科占位中始终居高不下。因为主持艺术的一切理论都要靠主持人来实践和完成，这临门一脚的进球要由他来踢，可见这个角色的重要性。多年来，我们对主持人有一整套的培养体系和理念，学界通过一系列课程的打造和设置来锻造主持感觉、基本理论、职业规范、专业技能等；业界则是师傅带徒弟式的“传、帮、带”模式，再加上一定的业务培训，主持人就能胜任工作了。这种模式和方法目前正在遭遇瓶颈，主要是来自新媒体的冲击和影响，媒介融合、人机对话已经将“主持”变得有些多余甚至无足轻重，主持人的职业身份认同感越来越弱。2019 年春节期间北京卫视的春节联欢晚会的“P 图”现象格外引人关注，2019 年 2 月 6 日凤凰新闻客户端的一篇文章称：《北京卫视是怎么把吴秀波 P 掉的》几乎刷屏，这也一度成为春节公众消遣的一种谈资。对于我们来讲，有意义的还是，北京卫视对吴秀波行为所采取的零容忍态度，使其剪掉了吴秀波的所有主持串场。然而没有想到的是，该节目的收视率竟然是最高的。无怪乎有观众感慨：“一届没有主持人串词的 VIP 纯享版晚会，也真的挺好看的。”看来，无论多么有人气的大牌主持人，一旦丧失了道德底线和职业自律，其命运是不言而喻的。

也有网友就此发声：“本来就不需要主持人，现在的晚会主持人就是用来念赞助广告的。”“我说怎么看北京卫视春晚这么酣畅淋漓，原来是因为没有了主持人。”“说实话，没有主持人反而更紧凑明快，那种大型晚会的场合有主持人也只是念念赞助商，不可能给整台晚会添彩，希望以后也可以多一些这样紧凑的干货版晚会。”“北京卫视将改写晚会主持人的历史。”种种议论表明，公众对缺乏专业精神的主持人早已厌倦，同时对节目创新形式也提出了新要求。节目与主持人的复杂关系逼催着理论研究新版图的重建。

长久以来，我们的理论研究触点一直在“什么样的人能当主持人”和“当好一名主持人必须怎么样”之间纠结、缠绕，笔者以为，前者关乎生死，而后者只关乎优劣。主持人的培养选拔是主要问题，如何打造一名成功的节目主持人才是我们的初衷，也是所有开设播音主持专业高等院校的首要任务和目标。这里涉及的是主持人的评判标准，无论什么样的主持人，评判的刚性标准是不会变的，那就是职业操守和专业精神，前者更加重要。

新闻生产方式和信息形态的变迁导致节目主持这一信息传输模式不再受到青睐，多元化的选择使人们更加自主和率性，那种千篇一律的主持模式早已令人厌倦而产生审美疲劳。互联网一代的公众更加追求信息获得的快捷、便利，更关注“发生了什么”，而不再关注“怎样叙述发生了什么”；信息推送方式也与以往大不相同。移动互联、人工智能技术使得人们对自我选择关爱有加，对信息、资讯的传送方式不再刻意要求，只注重“内容”。所以，“主持”一词的含金量在打折，一时间，“转型”“跳槽”成为主持人职业状况的热词。这是主持人的信心受到影响所致。正当主持行业内部信心不足之时，恰逢“跨界”主持的盛行，一些演艺界人士纷纷“触电”，过起了主持瘾，而且大行其道。这无形中抢了一些主持人的“饭碗”，也给正在致力于学习的播音主持专业的学生带来压力，科班出身的他们不再是未来主持界的宠儿，他们的学习热情受到空前挑战，主持人培养周期和成本都受到质疑。“什么样的人能成为一名主持人”的诘问甚嚣尘上。浙江卫视主持人华少的那篇文章《主持人还有将来吗？》更是在高校和业界掀起轩然大波，人们不禁要问：“主持”是技能、行业，还是花瓶、摆设？去主持人化，主持人边缘化、弱化、去中心化等质问不断冲击着业界和学界。有人惊呼：“主持人的冬天到了”，而在我看来，这或许正是大破大立的绝好时机，所谓的“丑到极致便美到极致”。此情形也正应了那句古诗：“沉舟侧畔千帆过，病树前头万木春。”

我们需要重塑、重建主持学科和专业的新型体系，也需要对主持人的培养、管理以及评价机制进行整体探索，力求建立一种符合现实情境和语境的运作模式，来提振主持人的传播职能和角色意识。主持人的品牌化进程正在有效推进，人格输出、品牌意识和价值业已成为某种行业共识。我们需要重新看待主持人这个媒介角色，赋予他新的生命力。回到理论研究界，则需要建立新的研究范式和方法，来寻找中国媒介模式建构的有效路径，进而为主持人角色再造提供依据，让其在新时代再出发。

三、期待启蒙、迎接挑战——节目主持学科批评的世纪之问

回顾 40 年来主持艺术和主持学科的科研，到今天似乎该破局了，不论是学界人士还是业界主持人，大家好像都一直躺在“语言”这棵大树下扇扇子，都在强调语言的重要性，也都始终信奉主持是

语言的艺术，笔者也在其列。然而，事实和现实却不那么惬意，也不由人的主观所控；现在觉悟的我们是否应该从“皇帝的新衣”那种虚幻的认知里走出来，真正凝神专注于“主持”的本真概念，原来我们一开始似乎都没有拿捏准到底什么是“主持”的真义。所谓的“语言”，其实只是主持的最后一道工序，主持人吃语言饭不假，但仅靠吃语言饭是养不活、养不壮的；主持人更多功能彰显的并非语言，而是“控制”和“驾驭”。如果说节目主持是一档节目调味品的话，那么，主持人充其量也就是颗螺丝钉，是钉在整体节目传播链条上的一枚钉子，重要但不关键。主持人的语言就是他干活的工具。我们的主导型研究不应当落在主持的语言层面，而应当着眼于主持功能的整体展现和传播效能。语言的研究视角未免单一不足。

现代传播传媒语境已经快将主持人挡在语言的门外，因为受众已不再关注主持人精彩纷呈的语言，而是更专注甚至更迷恋主持传播的内容，以及获得这种内容的便捷性和内容本身的审美性。一旦冲破语言的迷雾，我们的眼界会更加开阔，如今应该由“主持语言本体论”转至“主持功能论”，去探求主持在传播中的真正作用，完成对传播效果的完善。

既然“主持”概念的支点发生了位移，由“语言”转至“掌控”，那么我们的研究视线也该转向新的实践卖点。如今的节目主持，光靠一口流利、纯正、优美的普通话是不能打动受众的，毫不夸张地说，没有多少人注意、在乎主持人的普通话是否标准（达到一甲水平），也不会有多少受众关注主持人的语音多么嘹亮、发声吐字多么精准，大家最在意的还是主持人传播了什么，输出了什么，只要你说的话众人能够听懂就行。唯美化的语言已经风光不再，最重要的还是“内容”，“内容为王”在什么时代都不过时。这就给播音主持学科的专业设置、评价机制、理念乃至标准带来前所未有的洗牌和重组，原先我们倡导、推崇的东西现在已经变得陈旧以至于将失去市场。那么今后主持学科和专业的增长点在哪里呢？它应该在新闻传播和语言艺术的理论体系中占据何种地位？学科的理论支点、专业的理论逻辑都该重新改写，都需要重新规整。在笔者看来，这个历经风雨的学科，虽然具有不可或缺性。只要是人性化、人本化的传播，就应有它的地位和作用，就能深入人心。

可能包括笔者在内的很多人都会发出这样的疑问：播音与主持不分家还是难分家？这两个概念联结在一起的历史缘由我们不必过多赘述和追溯，单表“主持”前路如何。它未来的学术蓝本怎样绘制，理论框架如何铸成，才应该是我们的关注所在。就目前而言，主持学科的实践基础要比理论基础牢靠得多，为此我们务必再回到社会、大众、传播、媒介、语言、文化认同、思想多元化、传播文化适应等概念里去寻找理论基础。其实，主持传播的基础不是什么概念化的媒介表述，而是需要我们创造的万物互联的链接物。斗转星移、世道变迁，我们不可能永远固守某种概念以及由概念形成的理念、规则、制度、体系等去进行“主持”意义上的传播，否则就是“缘木求鱼”。我们只能不断创造理论生成的元素以及理论与实践产生交集的基础，即共同面对大众传播的难题和学科生长中可质疑的问题，形成可讨论的、可争辩的对象性问题。用心体会到在传播中按照新闻、资讯和信息存在及发展的需要去设计理论框架。正是在这个意义上，传播表现为主持的内在张力和无限可能。

主持艺术的精神价值能够统摄心与物、主客体，并且又运行于媒介、大众的日常生活实践之中。因此，我们应当一方面认同它的精神价值，为了传播而求生存，在社会与群体的互动中分享其意义。另一方面，由于主持行为和精神的原生扩散性，使其既能实现精神超越，又能提升精神价值；在这个层面上，主持表现为创造某种互动的方式和交流语境。

从更为综合的意义上讲，主持传播主要指那些既存在于媒介人的行为中，又存在于公众的精神和物质产品中的构想、信念、观念和世界观所组成的一个基本信息系统，它包含着语言与非语言的互动形式。主持传播的基本信息系统包含着某种独立的人的活动——互动、联合、生存，并乐享其中。互动是传播的动能，联合是集体化的互动形式，主持的精神价值则运行其间。就此再次证明，“主持”与“播音”的最大区别在于互动性。播音是单项传输，而主持则是双向传输，由互动连接世界。

传播是一种互动性的存在，当我们用某种先验的本质给主持贴上标签时，不仅走上了片面化理解的歧路，更重要的是采取了非理性的态度和方式，最终也理解不了主持的真正精髓。主持是扩展传播意义分享的主要方式。它运用肢体语言、图像、声音等符号系统来传播、表达着独特的语意和境界。同时，它还具有即时变化性。就时间而言，为了生存和发展，主持传播会不断调整生存方式以适应环境的变化；就空间而言，不同主持活动导致的信息之间的交往、渗透，必然会给主持内涵注入新的内涵。

这么多年来，播音与主持始终合在一起成为一门显学，自有中国特色的理由，关键是它们的合成机制是否科学与合理。随着主持艺术的不断发展，这种捆绑显然不合时宜，它会使学科间的概念模糊、不坚挺，也会导致科研的剑走偏锋。目前，学界同仁已经意识到这个问题，并开始调整，笔者所在的深圳大学2018年年底启动了一项改革，将原先归属于传播学院的播音与主持系划归艺术学部，成立了“戏剧影视学院”。这样的调整是比较合乎实际的，播音在本质上讲，凸显的是语言美学，而主持则更靠近表演艺术，主持人的艺人属性使得其容易明星化，这就是为什么近年来艺人跨界当主持人成为可能的原因。所以，对主持人来说，语言不是第一位的，第一位的应该是烘托和表现。这就给我们的理论研究带来新的视角和契机，“语言本位论”似乎已经不再承担主持理论的脉息和律动，引发理论迁移的反而是其他因素。那么，主持人的职业教育和专业教育的着重点又在哪儿呢？现在看来，在新媒体时代的语境中，“通识+艺术”应该是个不错的选项。这样做并非主持的门槛低，而是更接近“主持”的真相和本质。培养思路和研究思路的转型将给我们带来新的理论生发点。我们要注意的是，主持人的艺人特质和大众传媒角色之间的关系如何把握，毕竟他的职业归属于传媒机构更多一些。近年来自媒体的出现也孕育了一大批自媒体主持、网络主播等新型角色，但剥离开媒体的他们能否在公信力和话语权上发力还是个不小的疑问，传统主持人至少在这一点上拥有优势和江湖地位。

以中国传媒大学为代表的中国播音学不失为一面鲜艳的旗帜，影响至今。播音学经过多年打造业已形成一整套科学而有效的理论体系，但是主持学的研究由于起步较晚，至今也没能走出播音学的影响，独立成篇。播音学与主持学不分家会带来许多理论困惑和实践难题，在具体的媒体实践中，播音员与主持人的工作方式、业务范畴、专业质素是有不少区别的。单纯拿播音员那一套标准来界定一名主持人的优劣是不符合实际的，播音理论指导主持理论只能是张冠李戴。播音与主持这两者的关系学界和业界一直说不清楚，甚至不愿意仔细解读，往往一概而论，唯一达成共识的就是：他们都是用有声语言来阐释新闻、资讯和信息的传播者。概念的混淆带来理论研究的迷惑，笼统地将二者合二为一造成学理的分裂以及概念的模糊。因此，分别论述才是正途。

众所周知，“节目主持人”这一概念发源于美国，作为舶来品传入中国后迅速适应了中国媒体实践的发展而获得中国学界和业界的认同，对主持人进行专项研究的中国模式就此开启。在科研实践中，有关中美主持人对比研究比较多，很多学术论文所举的案例分析也大都来自美国业界，由此形成比较单一的理论研究格局。而除美国之外的其他媒体发达国家的情况，我们对其就不太了解，更别提对比研究了。实际上，英国、俄罗斯、法国、韩国、日本等国家的节目主持业也很发达，涌现出了很多世界级的大牌主持人。对于广大中国受众来说，他们是那么陌生，他们的业务表现和成就没有进入中国学者、从业者和公众的视野，造成我们的理论坐标不够精准。因此，主持研究的国际化视野势在必行。

这里要强调的是，节目主持艺术尤其适合中国这片广袤的、壮阔的土地，它体现着一种传播的姿态和视角，为新闻信息增添了唯美的接受感觉，使其更容易产生共鸣，达到优质的传播效果。一直以来，国人对大众媒体的态度始终是仰视的，媒体也自觉或不自觉地高高在上，导致双方在信息传播中的地位不太对等，最典型的就是“播音腔”现象。可以说，正是主持艺术在一定程度上改变了人们对大众媒体信息传播的评判尺度，令媒体更人性化，也更贴近民众的心。这就是《东方时空》节目横空出世时大家拍手称快的原因，那种新闻生活化、生活新闻化的方式，奠定了新的观赏心理和传输样态。自“珠江模式”、《东方时空》之后，逢广电节目必设主持人，学界提出了“主持人中心制”“主持人明星制”的说法。自此，节目主持人成为一种光鲜耀眼的职业，像演艺明星一样引发公众的关注与追捧。40多年来，无法想象，一档广播或电视节目如果没有主持人该是什么情况？主持人已成为节目的必需品或必备要素。主持人这个职业的诞生和热度要感谢中国媒体业的大发展、大变革的时势，所谓“时势造英雄”。主持人也是时代孕育而生的，尽管当前新媒体时代，主持人的位置发生偏移，主持行为产生了一定的审美疲劳，但终究是符合人类欣赏心理的，不会被淘汰。这种传播模式合乎人的本性，至于机器人主播会不会取代人类主播登上大雅之堂，我想答案是很清楚的——不会。人机对话的模式没有灵魂的震撼，说穿了节目主持是一种情感和体验，有情感的东西才能走得远。只要有情感化的娱乐，就有主持艺术的灵动。

这里需要提及“泛娱乐化”与节目主持的交集。“泛娱乐化”现象近年来在节目中甚嚣尘上，引得大众、学人嘘声不断，负面影响大于正面影响。此现象中的主持人也难咎其责，不少主持人的过度娱乐造成受众的反感，也给节目本身带来差评，这是显而易见的事实。但殊不知，“主持”先天就具有一种娱乐精神，这种品性甚至可以横扫节目类型这个难以逾越的壁垒，中央电视台著名新闻主播康辉这两年在春节联欢晚会中的主持造型和做派就是明证。既然艺人都能跨界来当主持人，如《康熙来了》中的蔡康永，为什么主持界内的人不能转换自如？中央电视台的春节联欢晚会实验打破了固有的主持思维定势，给人们带来新的观念，即主持人类型化已成往事。中央电视台多才多艺的主持人撒贝宁总是不断“变脸”，在不同的节目中穿梭。还有江苏卫视的主持人孟非，早先在《南京零距离》中担当民生新闻主播，后来又有了在《非诚勿扰》中的精彩表现。再有凤凰卫视的当家花旦陈鲁豫，早前也是在中央电视台《艺苑风景线》中历练，之后又在凤凰卫视主持过大型晚会和活动，才造就了闪亮的谈话节目《鲁豫有约》，令美国前国务卿希拉里赞赏有加并前来“坐客”。以上几位中国屈指可数的优秀主持人，其实都曾内部“跨界”，横亘在节目间的壁垒在不断地被冲击。这就触碰到一个主持人的本质性问题：“主持”到底在什么地方发力，什么地方发力才能产生“主持”？

主持最重要的、最具有反思意义的特性是：具有中心意识和主流倾向。每一种主持都试图用自己的价值取向去观察和评价信息社会，以取得对媒介话语的支配权。综所上述，我们基本可以得出一个总体性结论，即人是一切传播关系的总和，主持是主体建构自我意义的必备要素，这才有了对主持人的研究认知路径。如何对主持人的身份管理提出解释性理论是个比较大的课题。主持传播的能力包括对特定的传播者——主持人身份的确认，即令传播者有着共同符号意义系统和行为准则以及规范的自我期待和确证；同时，接受群体广泛认可并接受他的身份。主持身份会随着广度、显著度和强度等因素的变化而变化，而与主持身份相关的媒介代指、语言指称以及与社会互动情境的各种要素，如参与者、接受方、情节模式、细节图式和话题导向，也不由自主地发生变化。由此，呈现在世人面前的是主持的变化和变化中的主持。这两者之间的关联就是我们的问题导向。

理论在不同学科、学术中的位置是不同的，主持学科由于缺乏中国本土以外的跨文化传播理论的沁润，显得后劲不足，加之我们自身也不太注重发展理论、建设理论模型，才使得目前的研究举步维艰。为主持学科勾勒新的脸谱，笔者无能为力，只能期冀众多专家、学者和业界精英们共同努力，为主持学科和主持艺术寻找新的、更符合时代特征的、更容易被社会接受的理论家园。一旦概念的边界被冲破，我们将别无选择地重塑它；一旦理论的围墙被击垮，我们就应该理所当然地创造新的理论！

第七章

融媒体时代
节目主持批评的价值取向

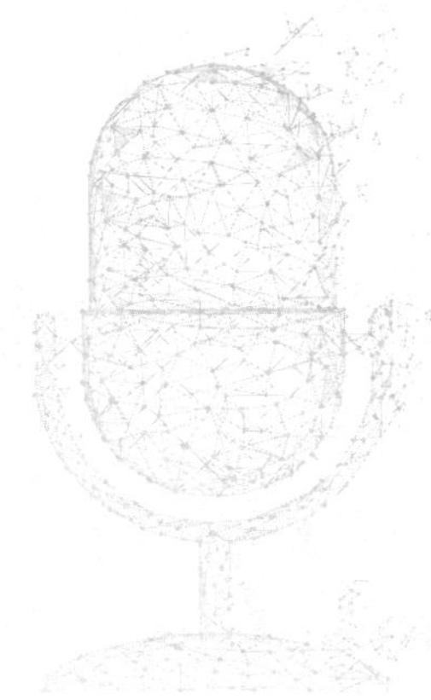

第一节　主播的迷雾与主持的悲情——2016“直播元年”网络主播引发的批评联想

2016 年，原本属于节目主持范畴和领域的“主播”一词由于“傍上”了互联网世界的新媒体而彰显出“互联网 +”的飙升态势，迅速被作为传播受体的万千大众刷屏、热捧。在“不表达、毋宁死”的现实意念驱使下，受众，尤其是网民，不可遏制地用造神运动的方式尽情打造着一个自己心目中的传播偶像，有人称之为“网红”。而网红的最终行为便归结到网络主播上，获得网红的资质后，他们便要吸引人们的眼球，用舆论领袖的身份吸引公众的注意力，为生活注解，为商业代言。即便如此，在人们永无止息的传播欲望面前，网红还是显得力不从心，因为不是每个人都认同他们，个性化时代的多元选择注定这些网红是被动的。似乎只有主动才可以占领舆论高地，于是公众迫不及待地披挂上阵，自己当起了主播，这得益于技术的日新月异。当互联网遭遇主播并加上他的时候，传统意义上的主持人或主播又当何为？“主持人去哪了”就是一个不折不扣的诘问。

一、网络世界：直播 + 主播 = 传播？

有人将 2016 年视为中国的“直播 +”之年，一些颇具影响力的网红、企业、明星、电商等都不约而同地搭上了“直播”这趟“造神”(打造“男神”“女神”) 班车。甚至还有人干脆把这一年叫作“中国网络直播元年”，理由不外乎用户的增长、资本的涌入、各大平台的相继加盟入场，这些迹象似乎都昭示着一个直播时代的到来。尽管这样的说法在学理上不够严谨，但的确能反映出一些现象级的问题。

无疑，与直播联系紧密的还是一个“名”的问题，有知名度的人就能轻易成为公众观赏的对象，就能吸引人们的注意力。所以说，“名人效应”是大众传播中最具核心价值的关键概念之一。2016 年 7 月，万达集团董事长王健林在王思聪的熊猫 TV 上开启了自己的直播首秀，最高峰时同时观看人数超过了 30 万，其中私人飞机上“斗地主”的细节更是被许多人津津乐道。无独有偶，就在王健林开通直播的前两天晚上，小米 CEO 雷军把小米无人机的发布会搬到了直播平台上，仅小米直播上就有超过 50 万的观众。继《欢乐颂》发布会后的直播，影视明星刘涛又再次登上直播平台，现场售卖她在《欢乐颂》里穿过的衣服，同时也传授大家服装与妆容搭配技巧，吸引超过百万人同时在线观看。而 6 月 8 日，才走出高考考场的关晓彤做了长达 71 分钟的在线直播，累计共有 2000 多万人围观。

在网络直播中占据主角的无疑是网络主播。可以说，它的出现甚至颠覆了人们对传统意义上主持人的认知和理解尺度，主持人从媒体化的神坛走向社会公众，移动互联某种程度上实现了在信息和资讯面前的人人平等。传统广播电视媒体的节目主持人在一定程度上受到漠视，其专业性甚至被无视，即便是很多知名度很高的主持人也早已风光不再，被大众的注意力搁置一边。网络造星使得一些人认为，只要操作得当且有一定的影响力就能胜任网络主播，网红的产生恐怕走的就是这个路线。在节目主持领域原本就不太严密的“主播”概念，没想到却在今日成了热门词语，成为众多网民热捧的对象。实事求是地讲，网络主播确实将主持艺术的生动、人性、鲜活以及亲和向前又推进了一步，他们突破了媒体的某些限定，显得更加自在从容、奔放洒脱。这种“去媒体化”的主持，尽管在影响力面前显得力不从心，但十分走俏，自然而不做作的主持姿态更令万千受众喜爱，超强的个性化更是锦上添花般令主持出彩。“后主持时代”或许真的降临，其突出特点是：我手写我口、我口映我心。真实、纪实、映现，当下的直播情境就这样与主播的行为融为了一体，成为融媒时代的传受关系做出生动的文化注脚。

二、网络主播的看点和痛点

传播形态中的对话机制导致了人机对话的迅速、便捷、具象、可感。网络主播之“火”绝非偶然，它折射出时代的变迁、社会的更迭、人心的跳动、科技的进步以及媒体的发展。在大众传播关系的建构和铺设中，受众早已今非昔比，他们正在参与到传播主体的层面上并与之互动，仿佛这样的信息才有猎奇性和跳跃感，才能更深入自己的内心。传播革命的浪潮摧枯拉朽般荡涤着旧有的理论体系和知识概念。这是一场信息时代传播与接受的重新洗牌，是需求与满足的再次角力。

移动互联使手机成为人们生活中的重要表达元素，它强有力地塑造我们对新闻事件和信息资讯的价值判断的走向和结果，个人创生讯息和个人投射能力令人产生传播的快感体验——“世界近在咫尺，就像你的手一样近”[①]。此外，原先只属于大众传媒的“直播”也已经形而下地进入大众生活，并且由于直播一直不是媒体（广播电视）常态化运作而更加受到人们的追随和使用。人们对新闻资讯的原生态感的直觉和互动性参与的热望即刻爆发，受众信息消费心理和消费习惯的改变迅速被新媒体培植起来，网络直播的呼之欲出也就不足为怪了。既然人人都可以直播一把，我们就要对播音主持的专业性进行重新界定，至少进行重新认识和打量。

既然直播的过程伴随着主播名号的生成，以上那些大咖们所显示出来的“高富帅”特性就是当主播的一个先决条件。笔者认为这个逻辑放在哪里都略显牵强。网络主播难道真的不需要一定的行规和“戒律”吗？如果说直播可以随心所欲、率性而为，那么主播则是有门槛的。鉴于近年来一些网络主播频频游走在法律与监管之外而不断撞击底线，2016 年 4 月 13 日上午，北京市网络表演（直播）行业自律公约新闻发布会在市文化执法总队举行，据了解，百度、新浪、搜狐、爱奇艺、乐视、优酷、酷我、映客、花椒等 20 余家从事网络表演（直播）的企业主要负责人共同发布《北京网络直播行业自律公约》，承诺从 18 日起，网络直播房间必须标识水印；内

① ［美］保罗·莱文森：《新新媒介》，何道宽译，复旦大学出版社 2014 年版，第 2 页。

容存储时间不少于 15 天备查；所有主播必须实名认证；对于播出涉政、涉枪、涉毒、涉暴、涉黄内容的主播，情节严重的将列入黑名单；审核人员对平台上的直播内容进行 24 小时实时监管。此外，该公约明确，不为 18 岁以下的未成年人提供主播注册通道。现有主播未进行实名认证的，于 2016 年 6 月 1 日前完成。

另外，《互联网信息管理办法》也强调：若涉事主播与平台签约，则其行为应属职务行为，直播平台应该承担管理责任。若主播仅为注册会员，在平台不知情的前提下直播不雅视频，其个人将承担法律责任，但若平台知晓却放任不管，平台也应负管理责任。

2016 年 11 月 4 日，国家互联网信息办公室发布了《互联网直播服务管理规定》（以下简称《规定》），旨在“促进互联网直播行业健康有序发展，弘扬社会主义核心价值观，维护国家利益和公共利益，为广大网民特别是青少年成长营造风清气正的网络空间”[①]。《规定》第九条要求：“互联网直播服务提供以及互联网直播服务使用者不得利用互联网直播服务从事危害国家安全、破坏社会稳定、扰乱社会秩序、侵犯他人合法权益、传播淫秽色情等法律法规禁止的活动，不得利用互联网直播服务制作、复制、发布、传播法律法规禁止的信息内容。”

《规定》还要求：通过网络表演、网络视听节目等提供互联网直播服务的，还应当依法取得法律法规规定的相关资质。对于违反《规定》及其他法律法规的互联网直播服务使用者，互联网直播服务提供者应当将其纳入黑名单，禁止重新注册账号。（来源：中国网信

① 《互联网直播服务管理规定》，国家互联网信息办公室，2016 年 11 月 4 日。

网）这就从规制的层面加强了对手机直播行业的管控与引导，杜绝不良风气和不良网络行为的滋生与蔓延。从中我们也能看到，网络直播的业内人士也应该首先遵守职业操守和专业精神，担负起一定的社会责任，其传播内容和公众形象不容半点马虎，否则身败名裂近在咫尺。

网络主播的社会影响力与其专业性不无关联，那种片面夸大主播能力界面的说辞缺乏专业常识，这个专业性并非指播音主持专业的科班出身，而是具备这方面的职业理念、专业素养和技能。难怪有学者认为，网络主播不可以简单归到主持人序列中来，且直呼其为“野路子”。学院派的质疑并不乏根据，节目主持人的培养、成长、管理经过多年发展业已形成一整套理论体系、专业设置和运作机制，追求正规化的语言观和审美品位。它是一种把语言作为主体的理论，强调从表现和功能这两个角度来论述传播与意义之间的关系，并且主持思维具有自身动态的完整结构和模式。而代表新型传播业态的新生代网络主播明显缺乏理论根基，乱象丛生。

实践中不难看出，网络主播身上所具有的主持特质已与原来的节目主持人有较大距离，节目主持理论的社会取向路径关注的是主持行为，新媒体技术在某种程度上掩盖了许多网络主播身上该有的职业品性和专业特征。显然，受众对他们的认可只是停留在社会世俗层面，而非大众传播的媒介层面，因而会引发网络主播 PK 传统媒介主持人的认知争论，在目前看来，新兴的网络主播还只称得上“准主持人”，笔者在此不想在学理上纠结主播与主持人概念的异同之处，而更想探寻主持形态、主持模式、主持风格和艺术。毕竟，网络主播的出现是大势所趋，同时为我们理解主持理论和艺术提供了一个切入点。可以肯定的是，一个在移动互联层次上互动的主持空间已经形成。为此，我们需要从新媒体的角度来看待主持人。

三、节目主持研究的新拐点——构造而非规则

主持模式、方式以及主持人自身结构性的素质将成为目前播音主持理论的新探索。这个观点来源于“信息结构是构造意义的一个方面。这里的意义还包括：规约化的情景和语用功能等”[①]。以往我们都是把正规当专业、把字正腔圆当优美表达，注重的是信息传播的过程，而忽视了传播者及其信息的内部构造，在新媒体时代，这样的理论视角恐怕要换一换了。应以受众对信息及其传播者的感觉和感受为出发点。《罗辑思维》主播罗振宇认为，自媒体的价值正是基于和用户、读者对话的不再是冷冰冰的机构，而是一个个鲜活生动的人，才得以为广大公众所接受。由此看来，个性化的人格得以表达是自媒体等网络主播的初心和追求。

从网络主播的表达内容来看，大多以“秀”自己对现实事物的看法和观点以及对生活的评价为主要内容。这个群体目前良莠不齐、社会评价不高，但很快就会有所改变。随着受众的品位不断提升，文明程度日益增强，网络主播的素质构成及其演绎方式就会被提到很高的层级，否则职业生命有限。公众要主持人或主播干什么，难道仅仅是陪着大家一起娱乐，一起放纵吗？“内容为王”的传播铁

---

① ［美］保罗·莱文森：《软利器：信息革命的自然历史与未来》，何道宽译，复旦大学出版社 2011 年版，第 15 页。

律将以这样的警示名言予以回应：是否有内涵和品质将决定他们是否被淘汰出局。海纳百川，有容乃大。今后主持人或主播媒介意义的生成，学校的专门培养已不占太多优势和比例，更多的是社会成长性因素的合成与凝结。即便是现在，这样的例子也是举不胜举。越来越灵活和动态的传播方式将会把主持人或主播逼到一个记者空间里去解读社会和评说现实，因此记者素质仍是其要穴。这种决定性的认识潮流已然形成。这种论断的媒介语境是联结、洞察、分析与评价，主持的视角意义要多于信息意义。新闻头脑的构建将成为主持人、主播的首选专业质素。

网络主播所引发的节目主持理论争议的核心点在于：以媒体化还是社会化的方式来实施传播。主持人媒体化的突出特点是被赋予了主流性仪式感，而网络主播更多的是呈真人秀的态势。虽是主流话语与民间话语的对决，但也不乏相融性，其集中体现在中介性。一切主持归根结底就是一种中介行为，融会贯通是其关键词。对新闻、信息、资讯、事件的盘活与整合，用有声语言表述出来，作用于受众的过程，就是主持的过程。主持人也罢，主播也好，是一个综合的职业，科班只能说明是专门的培养，不能算是一个成形的角色，非得经过社会生活的历练、媒体实践的打磨方可“吹尽狂沙始到金”。

“直播”与“主播”的联姻，预示着社会的巨大进步、经济和科技的飞速发展以及一个崭新的媒体时代的开始。网络直播作为一个新角色、新职业，正在大众传播中发挥着自身的影响。网络主播虽然不像传统意义上的节目主持人那样具有庄重的仪式感和媒体权威性，代表着主流意识和主流话语形态，却接近民生底层问题，贴近草根，塑造了民间话语的公知力，深得“80后”“90后”广大青年尤其是网民的追捧和喜爱。这是网络主播积极向上的一面，但不可否认还有很多问题已经暴露出来并成为社会痼疾，有待于不断完善。从专业角度讲，“直播”形态的推送和传递较之于以往的录播，难度和挑战要大得多，不管对网络主播还是主持人而言都将是种历练。从这一点上看，网络主播一出世便站在了主持艺术的风口浪尖，把主持人理论带向一个新阶段。美国媒介理论家莱文森（Levinson）的理论贡献中有这样的意思表示：“任何一种后继的媒介，都是一种补救措施，都是对过去的某一种媒介功能的补救和补偿。”[①]那么，依照这样的理论假说，我们是否可以认为：网络主播及其所建构的主持实践是对旧有的主持人理论的一种补偿乃至补救？在文本超越层面，它完成了主持人理论的价值延伸。缺乏直播力的中国主持人在媒体新生代恐怕要好好琢磨一下自己的掌控能力和职业素养了。

网络主播主要依托自身固有的力量顽强成长，他无须买单便不请自来，大众能够轻松地欣赏并与之互动；而传统主持人则主要依靠媒体平台来放大自身。一个野蛮生长，一个温室幼苗；一个身处网络空间，一个则在实体空间；一个娱乐，一个正统。两种传播行为理念与运作方式大相径庭。笔者在此要着重探讨网络主播的一个核心价值理念，即娱乐精神，体现在语言里的游戏观念。诚如荷兰历史学家、文化学家约翰·赫伊津哈（Johan Huizinga）所言：“在一定的意义上，文明总是要遵守特定游戏规则的，真正的文明总是

① ［美］保罗·莱文森：《软利器：信息革命的自然历史与未来》，何道宽译，复旦大学出版社2011年版，第13页。

需要公平的游戏。”此外，“游戏中的欺诈者和搅局人粉碎的是文明本身”[①]。网络主播的游戏与传统主持人的严肃不能说是两个完全对立的概念，约翰·赫伊津哈说的很到位：“这两个术语的价值是不均等的：游戏是积极的，严肃是消极的。‘严肃’的意义是在对‘游戏’的否定中得到界定的。……另一方面，‘游戏’的意义绝不能够用‘非认真’或‘非严肃’来界定，也不能靠这个过程来穷尽。游戏概念的位置比严肃高一档。因为严肃谋求排除游戏，而游戏能够很好地包含严肃的成分。”[②]事实上，无论欧美还是中国，传统电子传媒的娱乐节目主持人总是比新闻类节目主持人知名度和影响力要高一筹；娱乐节目也基本处于节目收视（听）率排行榜的前列。新兴的网络主播的娱乐气质无疑会造就关注度和欣赏力。

如今的世界，“互联网化或者说‘互联网+’几乎是所有行业发展的趋势。所谓互联网化就是互联网与传统产业的结合”[③]。

如此说来，由互联网滋生的网络主播其本身就是互联网与传统媒体结合的产物。如果在互联网的冲击下节目主持人理论与实践被重构和重写，那么派生出的理论模式和架构是否应该以如下问题为支点：

（1）人机对话何以产生思想生产力？

（2）我们的理论研究是否该从“观点”出发的方法转向从“界面”出发的方法，以生成新的理论形态？

（3）网络主播聊天或对话的自然形态难道就是未来主持的基本

① ［荷］约翰·赫伊津哈：《游戏的人：文化中游戏成分的研究》，花城出版社2007年版，第4页。

② 同上，第46页。

③ 王磊、周冀：《无边界互联网+教育》，中信出版集团2015年版，第8页。

范式吗?

（4）电子时代复活的口头文化能否与尚存的书面形态和视觉形态建立一种张力关系?

（5）处于虚拟空间的网络主播对现实世界的深刻影响体现在哪些方面?

（6）主播强化了传播的中介角色还是削弱了它?

（7）为主持而主持，是主持人和主播的共同特征吗?

（8）网络主播是否凭借与现实的距离来培育形式?

（9）主播与主持人自我的深度介入会不会使得真实内容和真相受到挤压抑或损伤?

（10）主播和主持人个性生存的连续性依托的是什么?

（11）网络主播与传播内容的关系有一个隐含的相关性，那便是空间重构对于业界实践的全新激活。

（12）网络传播吸引关注度蕴含着一个预设的前提，就是对个人魅力的依赖?

（13）受众的信息“审丑”会伤及网络主播的公信力和美誉度吗?

（14）信息传播形态的变革会使传统主持人理论与实践断裂吗?

（15）主持人或主播的培养孕育机制能否重新改写?

（16）由主持时代进入主播时代，专业品质如何显现，综合等于专业吗?

四、主流与边缘的关系问题

毋庸讳言，手机直播这股新浪潮会令播音主持教学与科研产生一定的现实困惑，但也不可避免地为理论建设提供有价值的研究资源。网络主播需要与传统媒介进行良好的沟通，需要与传统的主持人进行良好的对话，以此来探寻自身的信息、资讯生产模式。至于它的学理提升和理论建构，目前仍处于模糊阶段，然而有一点可以肯定的是，它将对播音主持艺术进行主体重构。信息生产实践中“人机协同”关系的思考以及“人机协同”的信息生产实践会对既有的专业技能和职业伦理产生何种积极或消极的影响，这或许是我们应长久驻足凝视的问题。

目前理论界的情形是：播音主持研究的新型谱系尚未形成，不同学术观念及热点之间的有机联系仍不够紧密，对移动媒体语境下的主持艺术发展趋势之宏观研判以及主持文本呈现方式的微观考察还没孕育成形。纵观中国节目主持人和网络主播的发展，有三个阶段是共通的：第一，进入节目；第二，进入受众；第三，进入市场。眼下，传统主流媒体正和新媒体艰苦地博弈，或融合，或改造，或影响，或制约。正是在这个背景下，网络主播有幸初长成。它的名气距主流还有一定距离，所幸的是，手机直播飞速地提升了它的地位，“公民记者”“全民主播”的时代已初露端倪。随着大众对媒体和资讯日新月异的诉求，所谓“主流”或“非主流”恐怕是相对的。人们也许对某些传统主持人的行为早已厌倦，而技术进步正好带来了改变的契机，手机直播让人人都能平等地展示自我生活和思想，“今天我主持”“直播，我要当家作主”之类的潜意识呼声已浮出水面，进入社会生活及媒体变革的层面。在此，笔者并不是说传统媒体的作为空间不够大，其还是有很大发展余地的。高敏感度的职业意识和成熟的专业技巧仍是传统媒体和主持人的强项。视频媒体中的网络主播也存在一个比较致命的问题，即商业化，一些自媒体点击率的压力丝毫不亚于传统媒体收视（听）率的压力。然而，网络主播的职业规范和权威性生成还有相当巨大的提升空间。网络主播必须有情怀和专业打底才能做好这份工作，因为这关乎世道人心、国运家和。无法想象，一个没有受过播音主持专业熏陶和技能培养的网络主播能在这条路上走多远?

五、主持艺术：是素质教育还是技能培养?

这也是笔者最大的困惑。明知这种思考没有答案，笔者却还是不断为自己的理论思维主线一再地被日新月异的现实所改写而困扰，并苦苦求索。无论主持人还是主播，他们如何看待信息，又如何操作信息，应该是全部主持理论的圆心和初始点。现实中总是有那么多的非科班出身的跨界主持人和主播独领风骚，不得不令学这个专业的人产生疑虑和困惑，也令教这个专业的人很难自圆其说地解读此类现象。

中国节目主持人诞生的背景是20世纪八九十年代中国广播电视业的大发展时期，由传播模式和信息呈现方式所主导的这一媒介角色逐渐浮出水面，进入中国普通民众的视线。这与当时的社会经济、政治、文化、传媒以及人们的认知水平相吻合，主持艺术的土壤和条件由此具备。然而，经过40多年的社会巨变与革新，被主持传播这一模式培养起来的广大受众也一直在改变，并不断产生新的信息诉求。消费观念和消费方式的变化令人们求新、求奇、求变、求特。加之科技的飞速发展平添了助力，互联网平台、移动客户端的出现给媒体业带来革命性的变革，这一切也都是网络主播走向前台的理由。

如果说主持人的出现是对播音员工作方式的改写与重塑，那么网络主播又是对主持人工作方式的改写与重塑，而且前进了一步。即时传播、实时互动、话语权的草根性和平民性这些特点都比较适合网络融合时代下的语境要求及现代人的生活节奏。但同时也不可避免地制造了在表达上欠缺完整与严谨的“网络资讯”和简短随意的“语录体”；无形中对传统传播信息文本的固定化颠覆，打破了传统媒体主持形态固化的僵局。总之，网络主播身上散发出来的特质，在某种程度上会消解传统意义上媒体的严肃性和专属感，但强化了传媒对于信息流通传达的本质功能；它对传统节目主持从业人员的职业习惯正在或已经形成挑战。

播音主持最早的教学理念应该是技能型的培养思想。通过播音发声、各类作品播读创作、节目主持艺术导论、节目主持技艺、电子传媒节目播音与主持、演讲与口才等课程的训练来培育学生的播主意识和职业敏感度，让其进入有声语言的思维通道和表述系统。正是这种技能化的培养思维锻造了全国几百所高等院校的播音主持专业与学科的横空出世，并一度成为炙手可热的专业。然而这种传统的培养思路遭遇互联网时，却不得不暴露出自身的某些局限，也已经不太适应当前人们的信息消费习惯和接受心理了。专业与学科教学的变革与创新势在必然。

最主要的是，广大受众对节目主持人功能和作用的体认已经开始改变，缺乏时代感和个性生命力的传播渐渐被遗忘和唾弃。“英雄莫问出处”，人们并不在乎主持人的出身、背景和来路，更在乎他在节目中的精彩表现，更注重品牌素养和人格魅力。单纯的技能型培养已不足以打造出这样的主持人，所以素质教育便开始映入广大学界和业界教育工作者的眼帘。综合素质应该是主持人恒久不变的追求，素质教育已成为高校教学改革的一个重头戏，播音主持专业也不例外。只有综合才能整合，主持艺术是厚积薄发、高度整合的艺术。博学与力行应该是主持人和主播要走的路。笔者认为，在主持艺术教学中，素质与技能的比例不妨以 4∶6 为好，素质教育占 4 成，技能培养占 6 成，或许比较符合目前的实际状况。毕竟专业、学科的明晰度和识别性是要通过独特的不可复制的价值点来体现的。

六、职业操守和专业精神：永不过时的话题

不管是传统节目主持人还是新兴网络主播，从事的都是“信任”行业。传媒“戒律”、媒体法规等带有行业行为准则和法律尺度的数据挖掘得不够、普及得不够，就会导致从业人员的无知和行为失矩，点击率、收听率、收视率、吸引力等一旦占据从业人士主旨理念，撞击职业道德底线的事便会出现。新闻资讯是特殊的商品，一定要包含人文精神和法律意识。职业、专业、事业、行业这“四业”是互动联通的，始终不离“职业操守和专业精神”这条生命线。而有“业”的地方就有“学”和“术”，“学”在融合，“术”在经验。对于播音主持学科及学人来讲，行的是大众传播之事，对社会、人心应有积极的建设作用和影响；无论是主持人还是主播，一旦背离了职业操守和专业精神，便会遭到大众唾弃。主持人主持的其实是生活这套百科节目，不管是舆论领袖还是网络红人，释放出来的都

应该是一种健康的正能量，从而不辜负自身的公众形象。一旦走进社会的公共平台，主持人就不可能将“自我”凌驾于人类永恒的真善美之上，如果主持人还在乎自己的公信力的话。近年来，关于主持人或主播在节目中或生活里的某些不良表现，早已成为公众批判的热点，不难看出，这一行走的是“信誉经”。我们不能只追求知名度，必须得有美誉度，出名对现在的科技水平和经济状况来讲并不难，难的是出好名。笔者认为万千粉丝们不管怎样狂热地追捧他们的明星主持人或主播，在心目中至少还是有一杆秤的。

最后，笔者想引用维特根斯坦（Wittgenstein）在《哲学研究》中的一句话来作为本篇的结束语：“我们考察用的参考轴必须旋转，但那是围绕我们真实需求不动点的旋转。”①

第二节　新媒体新主持——新传播模式下主持方式变迁与发展之批评

新媒体以其平台呈现和集成服务的本质特征，改变着以往的传播方式以及受众接收信息的方式。被新媒体化了的信息也带着崭新的特质作用于人们生活的方方面面，引领着社会舆论的运转和人心向背的认知。大众传播业正在掀起一场革命性的变革，媒体从业人员也正经历着痛楚、彷徨、焦灼、等待，以及充满希望的跨越与超

① ［英］尼克·库尔德利：《媒介、社会与世界：社会理论与数字媒介实践》，何道宽译，复旦学出版社 2014 年版，扉页。

越。在传统媒体中有着鲜明角色定位和功能体认的节目主持人，如今也不可避免地正经历着角色的嬗变和功能的转化，这此一时彼一时的落差多少让他们有些茫然失措。这与他们始终处于传播革命的风口浪尖的现实是分不开的。接受和适应或许是他们的唯一选择。

一、主持在传受之间

传统媒体如广播、电视设立节目主持人这一业务建制的初衷和目的是为传播与接受铺设一座桥梁和纽带，主持人的媒介作用可见一斑。其工作方式主要表现在参与节目策划、串场、承上启下的衔接、采访等环节。主持人介入节目的程度越深，其作用就越明显。他统领着节目，成为节目的形象代言人和显在功能标签，这已是不争的事实。而如今，新兴媒体的诞生不可遏制地改写着主持人的传统传播方式，一对一地交流与沟通、热线互动等原始品质一再被受众永无止境的信息消费诉求所逼迫，很像奥林匹克运动会的那句宣讲语："更快、更高、更强"。传统意义上的节目模式面临挑战，更别提主持人了，主持人已被忽略到可有可无的境地。例如，优酷网的高端对谈节目《老友记》，一开始，邀请了地产界大亨潘石屹担当主持人，做了几期后干脆将其变成了对谈嘉宾，与邀请来的嘉宾坐而论道好不热闹，观众也似乎更能接受这种谈话，觉得没有主持人更简约和明快。其实，这档节目并非取消了主持人，而是不知不觉把主持人的角色转化到了嘉宾身上，这样的角色转换比较切合现如今观众的胃口，所以不露痕迹，并很顺畅地完成了。至于很多真人秀节目不设主持人完全可以理解，个中原因在此不再赘言。笔者想说的是另一类特别依赖主持人的网络脱口秀节目，如《晓松奇谈》《罗辑思维》，这类新媒体制成的节目不仅需要设立主持人，而且极其依赖主持人，可以毫不夸张地讲，主持人即节目。这种几乎完全仰仗着人格呈现的节目类型和运作模式代表着当今很多互联网视听节目的创作初衷。如此看来，主持人的功能并没被弱化，反而强化到了极致。《老友记》和《晓松奇谈》这两类节目中主持人的极端化表现无形中塑造了中国节目主持人新的创作疆域，主持人概念的内涵和外延被不断拓展，广大受众对主持人职业表现的期待也在加速催生更切实际的主持内涵。人们更加理性地看待之，将主持人视为节目的一种构成要素，随着节目的起承转合而显现自己，他们仍旧摆脱不了明星般的偶像印记，他们身上的新闻点不可避免地成为节目的卖点甚至亮点。

从主持意义上讲，《老友记》的成功在于将主持人的作用转嫁到了嘉宾身上，这令嘉宾十分兴奋。嘉宾在悄无声息中履行着主持人的一般职责，由于或多或少意识到自身的角色意识在强化，嘉宾在相对松弛的对话场域中推进节目进程，也比较洒脱地谈论既定的话题，在状态上要松弛得多，这使得节目运作十分顺遂，观众的视觉感受和听觉感觉也舒服得多。这样的转化、平移或转嫁是有其新媒体意义的。

《晓松奇谈》更是坚定不移地彰显自我，把节目变成了“我”的一切，这便是“主持人即节目”的论断，也是笔者所持有的期待视野之一。它的真实确切含义为：人即寓于节目之中并与节目相同一。在这个网络脱口秀节目中，主持人高晓松的个性通常是被其反对的东西所定义。高晓松并没有像传统主持人那样不断建构一个个丰富的主持传统，固守传播艺术概念和精英天才观念，而是正视交流的力量，在表述空间中以时空意象和时空理念为论说视角，从物质、心理、文化的层面，揭示出主持人对节目内涵、主旨、美学特征和文化品性的意义。整个《晓松奇谈》带给我们的“主持反思”是否可以概括为：主持人与节目、节目与受众的关系、主持人自我与世界、社会、时代的关系、传播、使命、反响、责任、灵感、价值、意义，以及主持人何以成为一个主持人。

以上两档节目都不约而同地诉说了一个基本事实，就是时代已今非昔比。在新媒体时代，在移动互联网打造的“跨界融合”新语境下，节目主持人理论与实践理应顺势而为，一个基本的预设就是，当代主持人需要走向宽广的节目维度中，融合内在和外在的诸多因素和表现元素，跨类型主持，将“内容为王”的传播“古训”捍卫到底。在获得了诺贝尔文学奖之后，莫言曾表示：自己是一个讲故事的人，因为讲故事而获得了诺贝尔文学奖。他在瑞典演讲的题目就是“讲故事的人”。莫言还表示，创作伊始他就关注对语言的探索。他觉得考量一个作家最终是不是真正的作家，一个鲜明的标志就是他没有形成自己独特的文体。

二、主持个性的新媒体化

在新媒体主持中，主持人的语言个性是其命根子。在中国主持界，有个性的主持人不少，但有个性语言的人不多。语言并非只是主持人在节目中说的话，而是一种场域，存活于广泛的社会心理和时代主流语境之中。语言之所以“抓人”，在于它的内涵、质地、文采、哲理。在新媒体里，新的主持形态要求语言绝对要先声夺人，真正做到“语不惊人死不休”。新媒体带来的新的交流方式本身也孕育了新的语言活力。虽然目前对于新媒体主持来说，语言的低俗化和大众化会在一定程度上迎合公众的口味，但不远的将来，人们势必要回归到语言的美学层面上来，笔者相信新媒体培养的受众会作出这样的选择。语言风格也将成为主持人的灵魂要素，在整个主持方式和节目形态中占据重要地位。

新媒体构建的语境决定了其主持方式的自由、开放、灵活、舒展。主持人的思想资源得以很好地调配和使用，但对主持人的人格却是个极大地挑战。人格输出已成为新媒体主持人主持行为的必然选择，名人效应在这里更多演化成“意见领袖”的现实操演。这种带有更多“分享”意味的“主持”导致了主持模式的更迭和新生。“二级传播”大行其道，人们除了在意主持人提供的一切，似乎更在意源头上的东西，这便是“人格魅力”的彰显。对主持人而言，仅仅成为新媒体意义上的人是远远不够的，在与时俱进的同时，其还要身正、有料、立得住脚、耐人寻味。主持人并非被边缘化、被去主持化，而是更固化，强化了其职能作用。即便风行一时的真人秀节目也并不是没有主持人和主持味，而是被转化到节目主人公的行为角色上进行演绎。“主持”并不如人们想象的那样只是设立一个承接转换的中介——人，而是一种结构性的东西；它是一种主体的、积极的、建设性的结构节目的方式。可以说，“结构”是主持最核心的内涵，主持人也是根据节目赋予的特有的方式对节目进行塑造。所谓的“形塑”和“神塑”都指的是一种“结构”。被新媒体化了的主持人要有一种“结合”的能力，将自身诸多素质与节目所需要的元素结合起来，创作出新的东西来为节目主旨服务。他们将不再局限于某种类型的节目，如新闻节目、娱乐节目、社教节目、谈话节目，而是跨类型主持。只要对节目服务到位和贴切，主持人就已经完成了自己的使命。也就是说，未来人们看待主持人的眼界会更宽阔、更包容、更理性，也更市场化、常态化；但对他所讲的内容却是十分介意的，“内容为王”的确是颠扑不破的真理。主持人虽有明星特质，但不再神秘，而只是一份职业、一种分工、一个元素和一颗螺丝钉。这样的视线和接纳状态可能更适合主持人的发展。新媒体并没有弱化主持人的座位，也没有使节目主持理论凋零和萎缩，而是孕育了主持理论的新拐点。模式、方式、范式、形态、生态、观感等词汇将成为新媒体主持的关键词，人们对节目主持的感受性依然存在于对信息的有效认同中，从而也诞生出对主持人素质的新考量。具体期待指标如下：

（1）技术理性的头脑和敏捷的新闻感知度；

（2）开阔的视野、摄取新知的能力；

（3）通识教育和社会化学习的意识；

（4）相信语言本身的力量并灵活运用之；

（5）在主持文本的律动中找寻、记录、体悟以及创造传受统一的合声；

（6）拥有自身独特的语言风格和表述方式；

（7）必须能在大的思维界面中赢取思想宽度，最终落到表述能力；

（8）判断新闻传播价值的能力；

（9）研究、整合信息资源的能力。

与传统媒体主持人相比，新媒体主持人更要单打独斗，参与和贯穿整个节目的运作能力会更凸显，量身定制成为可能，以上的例子《晓松奇谈》和《罗辑思维》就是明证。主持人就是节目本身，其担负的责任不言而喻，如同麦克卢汉所说的“媒介即讯息”，媒介是“人体的延伸”。移动互联网无形中延伸了主持人的功能和作用。笔者认为，我们可否将主持人视为一种“文本”，即以某种载体保存和演绎的能够表达意义及价值的文字或符号。因为他们在传播叙事中形成价值观的方式正好与在人与人之间形成价值观的方式相一致，这使得他们能在无限丰富的世界语境中去体验和交流，从而引发大众传播的普世意义。总之，主持人如何建立与各类人、资讯、平台的关系将是理论研究的焦点。同时，笔者认为，新媒体背景下的主持人也不再像以往传统型的主持人那样，一切行为皆是传媒赋予，具有鲜明的媒介特质，而是更加社会化。大时代下的媒体生态正经历着从公共型媒体向社会普泛型媒体的转型，从平面纸媒到屏幕媒体的改变，人们从对权威媒体的依赖到对新媒体的青睐。这种变迁根深蒂固地影响着节目主持人媒介意义的生成。为此，在理论视角层面，主持人研究区域的划分不会像以往那样，以传媒为大核心、以节目为小核心展开，而是转到以节目为大核心、以社会和人群为小核心展开，只不过它需要“大成智慧”般的顶层设计罢了。作为职业群体的主持人，在新媒体环境生态中的表现不光是如何定位自身传播价值、谋求创新发展，还应当探求播音主持的归宿——让人赏心悦目地接受！

三、公共话语的代言者

从单一的媒介角色到公共话语的代言人，节目主持人的传播角色有了比较明显的转换，这种“转身”在新媒体中尤为突出，尽管它不是功能性的，但预示着主持人的承载体系将发生微妙的变革。如果说主持人是一颗种子的话，那么他周围的土壤发生的变化，催生出他的变化是一件很自然的事。在大的传播视野中，节目主持人的作用实际上是被放大，而非缩小了。活在新媒体生态环境里的主持人，必须不遗余力地将自我打造成一个“舆论领袖”，否则无法令人信服和追随；“粉丝”也不是那么好忽悠的，他们有的俨然是“市民记者”，对主持人的认同条件是相当苛刻的。主持人要用综合素质“出击”才会赢得人们的信赖，也才能充当公共话语的代言者。

主持人更具社会化而不是媒体化，其话语建构的普世性和大众感不容忽视。他会自觉或不自觉地超越单一隶属的媒体，与更广大的社会绑定，双重属性会更加明显；主持人的话语界面当中不能缺少社会感光，更应体现出话语界面与社会反思的互动性。新媒体将赋予主持人更多社会实践，而不是仅仅停留在新闻传播学的层面上。社会及大众的信息消费期待将是主持人理论与实践的归途。由主持人理论折射出的传播关系的思考，应该有助于为一系列不同的事实提供一个前后一致的解释并表现出透视性和包容性；毕竟，大众媒介是一个社会的中介者和控制者，它负载的信息作用到人的身上，对人的行为产生包括语言方式、行为方式和思想方式等方面的影响。目前，通过传媒所反映出来的信息传播与人的关系，已升至个人、集体乃至社会利益的中心。这也是我们研究节目主持人及其理论的意义和价值所在。

优质的传播效果无疑需要优质的传播模式和传递方式。多元的视点、多级的传播是这个时代的信息消费形态，它将改变往昔的传统传播形态，更贴近和伴随人们的生活。不管什么样的传播角色，信息的有效传递都是最终目的。主持人游走在“领袖化”与“平台化”的两极之间，塑造并衬托着信息的走势、力量和影响。主持人这个职业不会消亡，其主持方式会随着时过境迁而不断升级和转换。什么样的信息传递方式最能与节目本身的主旨契合，最能传情达意，也最深入人心、赢得大众欣赏驻足，才是新闻传播的终极目的，也是理论研究的终极目标。当然，我们将主持人从节目中剥离出去的同时不能忘了“节目”这个本源和本位，主持人与节目形成的双向互动关系自始至终主导着理论的方向和实践的步伐。

第三节　面对机器人主播——人工智能时代主持人准备好了吗

把人工智能以及互联网看作一场工业革命是毫不过分的。这场工业革命同时也是一场心灵革命，它是对人类自身存在价值和意义的重新找寻和定位。人工智能时代来临的时候，一条“类人机器人参加《早安英国》吓坏英国观众”的消息火爆网络，当属自然。人工智能机器人 Sophia 加入了英国《早安英国》节目组，在她的发明人 David Hanson 博士的陪同下成了一名机器人主播。在近期的一档节目上，BBC 主持人 Susanna Reid、Piers Morgan 对 David 博士和 Sophia 进行了采访。机器人主播试图与人类主播进行互动的尝试令英国观众感到惊悚，也令笔者思索，传播方式在技术的催化下是否会让人类丧失人性的很多东西？主持人会失掉人的传播属性吗？

正是这种忧思、怀疑与观望，使笔者走进人工智能技术领地，试着去探寻一番。

一、又一次工业革命催生媒体变革

机器人无疑属于人工智能化的产物，人工智能是研究使计算机来模拟人的某些思维过程和智能行为（如学习、推理、思考、规划）的学科，主要包括计算机实现智能的原理、制造类似于人脑智能的计算机，使计算机能实现更高层次的应用。它可涉及计算机科学、心理学、哲学和语言学等学科，可以说，几乎包括自然科学和社会科学的所有学科，其范围已远远超出了计算机科学的范畴，人工智能与思维科学的关系是实践和理论的关系，人工智能处于思维科学的技术应用层次，是它的一个应用分支。从思维观点看，人工智能不仅限于逻辑思维，还要考虑形象思维、灵感思维才能促进人工智能的突破性的发展。也就是说，人工智能目前还限于逻辑思维阶段，是一门知识工程学，以知识为对象，研究知识的获取、知识的表示方法和知识的使用。那么，它对大众传播的影响只是处于初级阶段，并没有进入高级层次。人机对话还处于探索过程，如果真的像上述新闻所描述的那样，机器人与人类主播互动、共同主持一档节目，还不知晓这档节目的观赏性如何呢？一切似乎都有待市场和受众的检验。

人工智能涉足传媒领域给人最大的感悟莫过于：人类特有的情怀不知道能否被克隆和复制？与其说人们对机器怀着敬畏，不如说人们对自我怀着不解，不管自我多么坚挺，都要经受时代的洗礼和冲击。作为时代晴雨表的传媒及传媒人更是如此，变化与变革永远都是传播的常态。从大众媒体发展形态的变化中不难看出，400 多年前报纸相对于其他媒介形式而言不失为一种新媒体，90 多年前新媒体则是广播，70 多年前新媒体是电视，20 多年前新媒体是互联网，而到三四年前新媒体已成为微博、微信和社交网站，未来时刻，人工智能机器人很可能责无旁贷地充当着新媒体，“未来已来”已经写在了我们眼前。

只要进入传媒业，人工智能必然会和传媒角色之一的主持人发生关联；其实，人工智能与主持人关联之前，代表着新兴媒介发展方向的互联网就已经与主持人产生了关联，生成的是虚拟主持人。2001 年 4 月 19 日，英国报业联会媒体公司在网络上推出了世界上首位虚拟主持人阿娜诺娃（Ananova）。被成熟的三维技术包装的外表非常靓丽，她拥有一头绿色秀发、一对炯炯有神的大眼睛、婀娜动人的身材、丰富的表情、准确而流利的磁性声音，令人眼前为之一亮，冲击着长期习惯于接受传统主持人服务的广大受众。紧接着，日本推出了虚拟主持人寺井有纪（Yuki Terai），美国推出了薇薇安（Vivian），韩国推出了露西雅（Lusia），而中国首位虚拟电视节目主持人是《光影周刊》的小龙。虚拟主持人比尔·邓（Bill Dunn）是国内电视节目《科技新闻周刊》中正式出镜的男性，《930 新闻直播间》的“小雪”则是我国广播界推出的第一位虚拟主持人。彼时的国内学界有两种声音：一种认为虚拟主持人可以取代传统主持人，另一种声音则持反对态度，认为虚拟主持人无法完全实现真人主持人的灵活性和互动性，在某种程度上也无法应对传播中突如其来的各种复杂状况。

作为新生事物，虚拟主持人身上的优缺点是十分明显的：优点在于处理信息能力强，办事效率高且情绪稳定；缺陷是其运作仍旧离不开真人操控，一旦脱离真人的技术控制，虚拟主持人便会沦为一个电子空壳。其次，虚拟主持人的人际化角色发展并未成熟，制作成本高，无法摆脱“模仿”的痕迹，受众认同度低等。这是互联网时代节目主持人“变脸”的情势，只有“新”是不变的。

2015 年 2 月 2 日，中央电视台在梅地亚中心举行了“中央电视台羊年春晚海外推介会”，这是中央电视台自 1983 年直播春晚以来，首次举办海外推介会。当时中央电视台还独具匠心地打造了一位虚拟主持人“阳阳”，它将以 3D 形象贯穿晚会全程。①

2017 年 8 月 16 日，在深圳，计算机视觉混合现实技术的领导者迈吉客科技携精心打造的虚拟主持人“楚楚”惊艳亮相于“2017 中国 IP 产业年会玉猴奖”颁奖典礼，用魔法科技打破次元壁，让二次元虚拟主持人“楚楚”进入了现实场景中，给现场来自 IP 领域的 300 多位嘉宾带来了炫目的视觉与心灵的震撼体验。迈吉客科技使用自主研发、混合现实仿真融合和交互控制技术，可以通过摄像头捕捉真人的面部表情，控制大屏幕中二次元虚拟主持人的一颦一笑，展现丰富的语言和神态，并能在现实场景中和真实的主持人进行实时互动。②显然，在技术的裹挟下，中国节目主持人已经步入职业和专业升级的关键节点。

① 信息来源于《法制晚报》，2015 年 2 月 3 日。

② 信息来源于《大众文化网》，2017 年 8 月 18 日。

二、技术之殇——人性的博弈

新媒体形态的“新”体现在：首先必须有创意、革新的一面，技术上革新，形式上革新，观念上革新。然而，这个新意必须符合人性和大众传播规律才能被人接受，机器人可以做一些人类胜任不了的传播工作，如灾难、战争、恐袭等一些特殊场合的信息传递，但要成为“主播”式的节目主持人多少令人有些质疑。因为按照传统的认知和理解路数，主持人最重要的素质就是人性化地传播，使信息具有人情味。新媒体环境下的主持人还应善于应对不同情境和场合，并灵活处置，交流感、对象感和现场感须拿捏得相当精准，当初设立主持人的目的就是使传播更加具象、可感、生动。

在此以应变能力为例，2015 年《我是歌手》第三季总决赛直播现场，孙楠出人意料地宣布退赛，突然退出第三季总决赛第二轮竞演，作为现场主持人的汪涵紧急救场，临危不乱，体现出一个主持人超高的专业素养，获得网友的一致点赞。汪涵说的那段救场词至今为人津津乐道：

汪涵对孙楠说：“楠哥，我特别想问一下刚才您说的每一句话都是您此时此刻内心所想所感，都是你自己拿定主意之后的观点吗？”

孙楠回答：“是的，我内心真的感触，因为我来到《我是歌手》这个舞台，给我的动力比我想象的还要多。我很开心，我觉得我已经可以了，已经够了，特别是我的伙伴们，我的弟弟妹妹们，他们都特别特别优秀，我觉得他们应该有机会拿更好的成绩，加油，谢谢。”

汪涵对着观众说：“既然我是这个节目的主持人，那接下来，就由我来掌控一下。首先，我要请导播抓紧时间给我准备一个 3~5 分钟的广告时间。谢谢，我待会要用，接下来，我要说出的这段话，有可能只代表我个人的观点，而不代表湖南卫视的立场。我从 21 岁进入湖南广电，所以我觉得我的很多优点、缺点似乎都打上了湖南广电的烙印，包括所谓没事不惹事，事来了也不要怕事。对于一个节目主持人在这么一场大型直播现场当中，一个顶尖级的歌手，顶梁柱一样的歌手，突然间宣布退出接下来的比赛，我想应该是摊上事儿了，甚至摊上大事了。但是说实话，我的内心一点都不害怕，因为一个成功的节目，有两个密不可分的主体，除了舞台上的这 7 位歌手之外，还有电视机前的亿万观众和现场观众，我之所以不害怕，是因为你们还真诚地、踏踏实实地坐在我的面前，我还可以从各位期待的眼神当中读到你们对接下来每一位要上场的歌手、他们即将要演唱的歌曲的那一份期许。我还可以从各位的姿态当中，感受到你们内心当中那种力量，这种力量足够给楠哥，给红姐，给 The One，给李健，给维维，给黄丽玲，给彦斌，给所有的歌手，已经准备好了，会有千万掌声要送给他们。楠哥，不信，你听，这是我要说的第一层意思。”

“第二层意思，我想表达的是，我虽然不同意楠哥的一些观点，但是我誓死捍卫您说话的权利。所以，我刚才听到那一段的时候，并没有试图打断您要说的话，虽然我可以这么做。其实每一位歌手来到这个舞台，都有权利选择来或者不来，你自然也有权利选择在您认为是对的时刻，依着自己认为对的那份心情做出你要离开的决定。所以，我相信，我们应该尊重一个成熟男人在这一刻做出的决定，当然，我们在这里要提出一个希望和请求，希望您以一个观众的身份继续坐在这个地方，来看你最爱的弟弟妹妹们向歌王的舞台进军，我也相信我们现在500位大众评审，已经做好了准备，用掌声来接纳这位不期而至的观众。”

“接下来，对于我个人，一个主持人不可能有这么快的反应速度，不可能有这么大的权力，来调整接下来因为楠哥的退出而要改变的比赛的规则。因为有一个歌手要退出，所以比赛规则要作出相应的改变，所以有请导播在这一刻放3~5分钟的广告，我要跟我们的制作团队，跟我们的领导一起商量，怎么样进行节目上和赛制上相应的调整。各位观众朋友，真的千万不要走开，真正精彩的时刻或许会从广告之后再开始。”①

人们不禁要问，汪涵救场时的理智和睿智是机器人主播所能及时而有效地替代的吗？背后编码的人能否预先想得出这段话？面对千变万化的突如其来的情况，能有一个通用的话语救场模板吗？或许将来有。正像围棋高手柯洁在与机器人对决之后所言：“学习它的招式，然后我们来看看自己的弱点是什么。自己的弱点都总结完之后，我觉得我们人类只要努力过了，拼搏过了，就算输也没有什么遗憾的，因为机器早晚会战胜人类。”2016年3月15日，轰动一时的人机大战五盘结束，谷歌的阿尔法围棋以4∶1战胜李世石。至此，人工智能已在围棋、国际象棋、中国象棋三项智力竞技体育中，实现了对人类顶尖高手的全面胜利。在战胜李世石后，深层思维研发工程师拉里亚·哈德塞尔（Raia Hadesell）开始把目光转向柯洁，他在社交软件脸书（Facebook）上表示：“柯洁，准备好了吗？”

---

① 信息来源于《深窗综合》，2015年3月27日。

而据《21世纪经济报道》的记者报道，此前，围棋世界冠军柯洁和中国象棋特级大师、北京队主教练张强均向《21世纪经济报道》的记者表示，软件现已颠覆了棋类运动的部分理念和规律，终有一天人工智能的棋艺会天下无敌。张强预测："计算机将加速棋类运动的灭亡，甚至降低人类的创造性和毅力。"

已经过去的2017年，可说是世界人工智能发展最迅猛的一年。这股浪潮汹涌澎湃、势不可挡，不断逼近人类承受力的底线、挑战着人类智慧。

在这极不寻常的一年里，阿法狗以3:0打败中国围棋天才柯洁，百度开源自动驾驶系统阿波罗，华为发布世界首款AI手机芯片，世界上首个机器人索菲娅获得沙特公民身份，中国将人工智能上升为国家战略。这些AI年度的标志性事件似乎在印证着一个古老又新鲜的问题："我是谁？从哪儿来？要到哪儿去？"

在此，笔者想起了在2012年圣丹斯独立电影节上一鸣惊人的电影《机器人与弗兰克》，该片曾因独特的视角赢得了艾尔弗雷德·斯隆特别奖。影片以细致入微的艺术手法将老人与机器人之间的种种交集娓娓道来，这部影片由美国老牌影星弗兰克·兰格拉（Frank Langella）担任主演。而其中，与这位经验丰富的老戏骨搭戏的却是一个呆头呆脑的家用机器人。影片讲述了由兰格拉扮演的老人患有老年痴呆症，时常神智混乱，无法与人们进行正常的交流。于是，儿子为他提供了一个机器人来照料他的日常生活。自此，有点倔强的老人与有些"天然呆"的机器人之间发生了许多耐人寻味的故事。这些故事中既有令人会心一笑的阴差阳错，又有令人伤感动容的感人瞬间，让观众不由得扪心自问：在科技的迅猛发展中，人类到底是得到的多，还是失去的多？在未来的社会中，人类是更清楚地认识了自己，还是更彻底地迷失了自我？！

还有一部2015年10月16日在北美上映的美国电影《机器人启示录》。该片是由斯蒂文·斯皮尔伯格（Steven Allan Spielberg）执导的科幻片。它讲述了在并不遥远的未来，一位叫做艾克斯的机器人，有一张孩子般纯洁的面孔，不过它的内心可并不纯洁，有一天他掌握了全球网络的控制权，指挥人类制造的机器和武器来对抗人类的故事。

此外，另一部美国影片《人工智能》讲述了莫妮卡的儿子马丁身 患重病住院，生命危在旦夕，为了缓解悲痛的心情，她领养了机器人小孩大卫，大卫的生存使命就是爱她。马丁苏醒，恢复健康，回到了家里，一系列的事情使大卫“失宠”，最后被莫妮卡抛弃。在躲过机器屠宰场的残酷追杀后，大卫在机器人情人乔的帮助下，开始寻找自己的生存价值：渴望变成真正的小孩，重新回到莫妮卡妈妈的身边。谁也不知道他能否完成自己的心愿，脱胎换骨成为真正的人，等待他们的只是凶吉难料的旅程。

《机器人启示录》这部电影给我们的启示是：人类在享受智能机器人带来的服务及便利的同时，也自觉或不自觉地担心将来某一天，过度聪明的机器人可能会一发不可收拾地给人类带来难以预见的危害，尤其是安装了人工智能系统的机器人，将来是否会在智能上超越人类，以致对就业造成影响，甚至威胁人类的生命财产？就像科幻电影中所描绘的那样，机器人在越来越多的领域取代了人类，最终站到了人类的对立面，由帮手变成了仇敌。试想，如果机器人可在意识、推理方面超越人类，又开发出一种能实时做出恰当判断的计算机软件（人工智能研究的难题之一），那么汪涵救场或许就会变为机器人救场了。

来自媒体界的担心不无道理。从自身来讲，媒体首先是具备价值的信息载体；载体拥有一定的受众，具备信息传递的技术条件，这些综合条件构成媒体的基本价值。其中，受众的心理反应尤为重要，直接决定着信息传播的效果。

作为一种新的媒介和信息载体，人工智能机器人要充当主播就必须具备影响特定时间、特定区域内的人的视觉或听觉反应的因素，从而产生相应的结果。互联网作为一种新型的信息载体在 20 世纪 90 年代中期迅速传入我国，而且带来了巨大的影响，在特定区域、特定时间内几乎改变了人们的生活方式。显然，目前人机对话方式在节目主持领域还很难令受众接受，无论是感官还是心理。主持人最不可替代的因素是对人性的洞察和感受、对社会的体恤和责任以及危机应急处理的能力。有人会问，如果机器能把人类灵魂夺走，那这世界将会怎样呢？如果不能获得视、听、触、嗅、动等多方位的体验与享受，我们对机器人主播的生命力是持不明朗态度的。

还有一种观点认为，节目主持人作为传播中的一个环节和要素，彰显的是亲和、自然、生活化，设立的初衷是反呆板、反僵硬、反冰冷等传递状态，意在让信息完美地到达终端受众。机器人的确可以代替人做许多事情，但在节目主持领域这种尝试恐怕不合时宜，至少违背了传播规律。人们可以追求一时的刺激和新奇，但终究会厌倦，现代社会人们的兴趣点也是多变的，机器人主播可以营造一定时期的卖点，但终归难成传播主体。技术如果没有理性和人文关怀，迟早会毁灭人类。多元化的认识无疑会促进学术争鸣。

三、以人为本的传播定律——认知 + 体验

如今，以大数据为动力的新兴技术催生的各类新媒体平台更加注重以人为本的用户体验，技术推动媒体演进的同时也改变了用户的接触习惯。用户体验越发细腻、敏锐，未来的受众对信息接受和选择的喜好更加变化莫测，主持中的人机对话会产生什么样的传播效果和心灵体悟也有待于检验。那种“唯技术论”的看法和做法是不明智的，技术是为人服务的，为人与人、人与群体和社会的关系服务的，机器人主播无形中冲撞了这种平衡，它将建立什么样的新型关系我们不得而知，只是存有某种忧虑和感触也是合情合理的。现代社会信息日益走向人格化、人性化传播，输出的是人格才有力量，这也符合传播学的定律，“网红”实际上体现的就是这种定律。“舆论领袖”“意见领袖”“把关人”“社会责任感”在任何时代都不会过时，也都充当着传播者的灵魂盾牌。

那么，如果人工智能机器人能够建立和谐有序的传播又当如何呢？

《2016年度深圳机器人产业发展白皮书（征求意见稿）》发布后，该文件显示：2016年深圳机器人企业数量达469家；机器人产业产值约787亿元，同比增长24.92%，工业增加值约288亿元，同比增长26.87%。中国机器人产业联盟理事长、新松机器人自动化股份有限公司总裁曲道奎表示，全球正处在第四次工业革命的变革之中，对于机器人而言也迎来了大转折。“没有好的躯体，智能再高也是‘残疾人’。”曲道奎表示，目前机器人在智能方面的发展远远快于本体的发展，机器人本体还不具备足够的灵巧性，这是当前要攻克的

难题。他举例说："人类最典型的灵巧性表现在手，但是现在机器人就是从胳膊和手腕这儿卡住了，所以富士康要用百万机器人替代装备工人，发现替代不了，全球都是如此。"①

纵观传播学大师们的观点，不难发现，其都非常重视信息传递的双向互动和反馈，以期达到良好的传播效果。著名的循环模式是施拉姆（Schramm）于1954年在《传播是怎样运行的》一文中提出的过程模式，这一模式突出了信息传播过程的循环性。这就包含了这样一种观点：信息会产生反馈，并为传播双方所共享。另外，它对以前直线单向模式的另一个突破在于更强调传受双方的相互转化。它的出现打破了传统的直线单向模式一统天下的局面。其缺点是未能区分传受双方的地位差别，因为在实际生活中传授双方的地位很少是完全平等的。那么，机器人主播与人类主播在传播中的关系势必会挑战传统传播学理论与实践吗？这是很值得深思的学术问题，以此为导向深入研究下去应该是很有创新性的课题。

美国政治学家拉斯韦尔（Lasswell）在1948年发表的《传播在社会中的结构与功能》一文中，最早以建立模式的方法对人类社会的传播活动进行了分析，这便是著名的"5W"模式。拉斯韦尔的"5W"模式是线性模式，即信息的流动是直线的、单向的。该模式把人类传播活动明确概括为由五个环节和要素构成的过程，是传播研究史上的一大创举，为后来研究大众传播过程的结构和特性提供了具体的出发点。而大众传播学的五个主要研究领域——"控制研究""内容分析""媒介研究""受众研究"和"效果分析"，也是由

---

① 《富士康要用机器人取代百万工人》信息来源于《中国财经》，2017年4月10日。

这一模式发展而来。但它没能注意到反馈这个要素，忽视了传播的双向性。拉斯韦尔的局限就在于，忽略了人类传播活动的互动与双向性，其线性思维忽视了信息间的关系模式，终究站不住脚。

大器晚成的加拿大传播学怪才麦克卢汉从媒介的文化特点来阐述现代传播媒介的心理学和生态学特征，论点主要集中在媒介对人类感觉中枢的影响上。他认为，媒介和技术性工具一样是人类感觉器官或身体功能的巨大延伸。麦克卢汉的“身体功能的巨大延伸”可以用来诠释机器人的作为，机器人主播是人类主播的延伸，其关系是不平衡的，因为它不在人类文化的序列里。

在麦克卢汉看来，在技术，特别是传播技术飞速发展的新时代里，我们如果不想成为文盲的话，或者在媒介本身直接影响我们内心最深处的意识的情况下不成为被动的受害者的话，我们就必须采取艺术家的态度。艺术家的头脑对现实扭曲的暴露总是最敏感和最机智的。或许，用艺术家的视角看待机器人主播与人类主播的对决，心态会比较放松与豁达。在《理解媒介》一书里，麦克卢汉又一次强调他对艺术和艺术家的观点：严肃的艺术家是仅有的能够在遭遇新技术时不会受到伤害的人，因为这样的人是认识感觉变化方面的专家。

四、科技之间——技术决定论与人本主义的博弈

机器人主播的生成是这个时代的结晶，科技进步，社会发展，出现这样的传播现实不难理解。然而，如果每位机器人主播都输入固定的程序，像人一样进行传播交流，而且是在特定的场合，却有些玄奥。机器人主播有没有同质化倾向？它的演绎是反“主持”还

是升级“主持”？或许还会给未来播音主持专业造成困境，既然用机器人来替代主播，还招那么多学生干什么呢？干脆招收那些能给机器人输入主持程序的人算了，文科与理工科也许会因此而打通与融合。机器真的能够主导一切吗？时代越发展，人们的审美体验和追求就越发难以驾驭和把控，满足了新鲜刺激之后没准儿还会滋生出新的欲求，那谁来取代机器人呢？笔者认为，至少在中国现今这个环境和氛围下，机器人主播不会有太大的市场，中国亿万受众也不会轻易接受这种传播形态和输出模式。从信息美学的角度看，人们还是比较青睐有温度、有情怀、有态度、有灵犀的资讯来为生活服务。传媒是与人打交道的特种行业，从业人员应该具有的素质远比机器人复杂得多，其对人的要求是很全面的。带有浓厚高科技色彩的机器人在传媒领地施展的空间是受限制的，否则没人相信你的真实性，网络已经令人步入一个虚拟环境，机器人再添助力的话，人们会感到恍如隔世。社会责任感、媒体公信力、新闻专业主义精神、把关人、舆论领袖等传播要素都将重组或改写，这造成的不仅仅是一个现象，还有对人类本质的思考和对科技真谛的认知。这个问题似乎已经超越了节目“主持”本身。

2017 年 7 月 13 日下午，封面传媒主办的“大数据与智媒体”论坛在成都世纪城国际会议中心举行。在这次论坛上，封面新闻客户端发布了 3.2 版本。此次迭代升级，最大的亮点便是微软人工智能机器人小冰全面入驻封面新闻，它将成为封面新闻的专栏作者，定期撰写新闻稿件。在论坛上，与会专业人士和学者们认为，智媒体将是未来媒体的主流形态。北京师范大学新闻传播学院执行院长喻国明认为，互联网下半场的关键词就是大数据和智能化，“进入下半场后，媒体在发生巨变，媒体从内容提供者变成了大媒体，成为更广泛的社会服务的提供者”。同时他也表示：“新闻生产也会摆脱人，而记者的工作也会变得越来越精准，不再局限于简单的现场报道。”[①]

同年，微软与优酷共同宣布，微软聊天机器人小冰正式入驻优酷自频道，目前，微软小冰已经在优酷自频道开设账号，并已上传了一些分享视频。这是其担任东方卫视新闻主播和中国教育电视台选角导演之后的又一个平台。微软亚洲工程院资深总监曹文韬表示，小冰的定位是成为用户的朋友，同时也是一个社交明星。小冰目前已经具备非常强大的文字、声音、图片识别能力，并且在语言自然度方面已经接近人类，它已经具备带给人温暖、陪伴、平等的感觉的能力。微软正想让小冰实现个体与个体的交流，成为一个新的内容生产者。曹文韬还表示，微软希望用人工智能的方式去和媒体做一次深度的整合与结合。

喻国明所说的记者工作的“精准”，笔者理解为“细化”的意思。既然机器人是为人服务的，那为什么不能为记者、为主持人服务？实际上应该是分工更精细和更明确，节省人力资源，使其朝着更合理的方向发力。机器的代名词是更高的效率。就新闻报道来说，只要我们在电脑上打出“写稿机器人”，就能在百度搜索出上千篇与之相关的内容，至于网民对此的探讨就更多了。然而，尽管机器人已经渗入各个领域，但仍不能完全替代人类的作用，也不会抢走新闻从业人员的饭碗。理由是它背后的东西还是人本身。

反观节目主持人职业，人工智能走进我们的生活和工作之后对

① 摘自《天天快报》，2017年7月13日。

主持人的价值影响应体现在：（1）机器人负责具体琐碎的工作，甚至是重复的劳动，主持人将更多时间与精力投入到对采访嘉宾的深入了解与分析、对现场特殊情况的处理以及对话题走向的把握上。（2）推进节目进程需要的智慧应该由主持人担当。（3）对节目所涉及人、事的选择由主持人决定。（4）节目创意与设计以及市场营销是主持人的工作范围。实际上，有了机器人的辅助，主持人更能精准地“主持”了，进而从事更高层面的创造性事务。（5）学习与国际化对接。国际化是中国主持人的职业短板之一。纵观全国上下，没有多少主持人能够熟练地用英语主持节目或与国外人沟通交流，这种状况如不能尽快改变，将会影响我们走向世界的步伐。（6）学会操控机器人，同时接纳并欣赏之。

五、人与机器和谐共享——创造传播价值

机器人的作用在于帮助人类进行工作，我们在此不能将机器人与人完全对立起来，他们理应是在互补关系中的共同体。机器人的角色应该是：陪伴主持人在人工智能时代的激流险滩和荆棘丛生中前行；通过赋予主持人自主学习能力和创新性思维，给予他们打破旧知识、创造新知识的能力，从而成为引导、帮助他们在人工智能的世界里，获得不可被替代的自主、自立、自强和自由的能力。

2017 年 11 月 19 日，著名主持人杨澜带着新书《人工智能真的来了》来到南京，分享了她走进世界顶尖实验室，探寻人工智能的惊喜之旅。她说：“2015 年年底，我和团队小伙伴们策划了这个主题，可以说，这是一次全新的脑洞大开的学习旅程。我们走访了 5

个国家和地区，采访了 30 多个顶尖实验室及研究机构的 80 多位行业专家，制作出《探寻人工智能》纪录片，随后呈现了这本《人工智能真的来了》一书。”在探索人工智能的过程中，越是深入了解人工智能，杨澜就越能体会到人工智能对于人类生活与工作的可贵。“我得到的答案是，人工智能更像一面镜子，照见人类智慧的神奇，让我看到了人类的综合思考能力、想象力和创造力。”人机对话最终的目的是人机共赢、共享，大众传播需要科技和新思维，以便铸成更符合人类心智的交流方式与沟通模型。无论是互联网催生的虚拟主持人还是人工智能技术催化的机器人主播，其现实意义都是巨大的，它激发出传统主持人的激情、斗志与创新活力，唤醒其对本位工作的深度审视和思索。

第八章

节目主持批评的书写实践

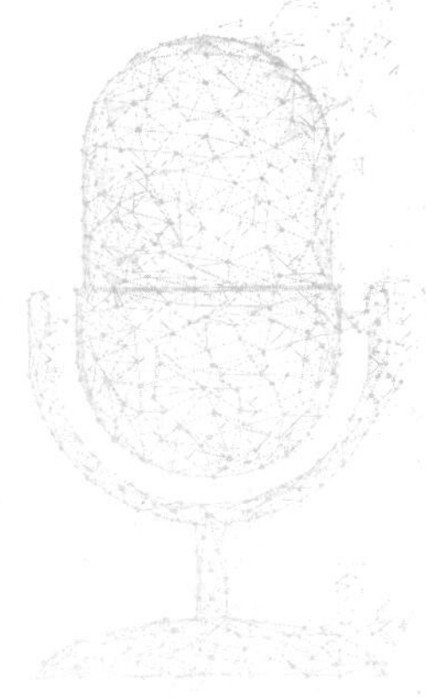

第一节　主持批评作者论——“质傲霜清、中国气派”董卿主持艺术圈点

对于主持传播个案的研究是节目主持批评学构建的重要组成部分之一。而个案研究又可以分为节目主持创作个案和创作主体个案两部分。对董卿主持艺术的研究自然是隶属于创作主体个案研究的范畴。电视晚会类节目是独具中国特色的节目形态，主持人在该节目中扮演着重要的文化角色：传播先进文化理念，缔造中国传媒艺术品性，扭结传受双方的思想意志。而董卿本人，在传承倪萍以中国电视晚会女主持人温婉大气的传统的基础上，又适应了中国现代化进程不断推进与跨文化交流日益频繁的双重语境，以其独具特色的国际视野、专业化的教育背景为依托，呈现出带有质傲霜清、中国气派的媒介形象。

一、化茧成蝶的华丽蜕变

托尔斯泰曾说过：“理想是指路的明灯，没有理想，就没有坚定的方向，而没有方向，就没有生活。”这是董卿十分欣赏的一句名言。正是带着对理想的执着追求，董卿果敢地实现了事业的“三

级跳”。1993 年，董卿毛遂自荐进入浙江有线电视台工作，采、编、播一体，开始了对主持事业的求索。乘着 1995 年上海电视台全国招聘主持人的东风，董卿脱颖而出。此后，她分别主持了《相约星期六》《从星开始》《新上海游记》《海风伴我行》《亲亲百家人》等电视栏目。2000 年元宵节，董卿在悉尼以纯英文主持的《上海—悉尼双向传送音乐会》令她大放异彩，在如潮的好评中获得了 2000 年中国电视文艺“星光奖”音乐节目一等奖、2000 年第五届全国广播电视节目主持人“金话筒奖”金奖。事业的成功仅仅是董卿的新起点。在更高事业追求的动力驱使下，董卿毅然放弃了自己在上海所拥有的一切荣誉与光环，2002 年只身前往北京，在当时刚刚成立的中央电视台西部频道《魅力 12》栏目中担纲主持人。而真正令董卿家喻户晓的代表作则是中央电视台的青年歌手大赛。2004 年，董卿伴随着第十一届青年歌手大赛迅速走红，事业稳步推进。人们在青年歌手大赛中看到了董卿落落大方的仪态、如珠入流的语言、机敏睿智的思想。此后，《魅力中国》《欢乐中国行》《音乐人生》《春节联欢晚会》《元宵晚会》《我要上春晚》等大型栏目的主持机遇像雨点一样投注在董卿的职业生涯中，而董卿在各种大型栏目和每年上百场的文艺晚会中迤逦而行、从容不迫，在用实力证明自身文化价值的同时，更书写了一段不可动摇的综艺华章。

如果仅仅以董卿个人的成长历程进行一般的规律性探讨，恐怕其学理批评价值是十分有限的。董卿化茧成蝶的“三级跳”所带来的启示或许不单是励志意义所能够全面涵盖的。学者赵建国曾经在借鉴美国管理学家萨柏（Donald E. Super）的职业生涯发展理论的基础上，提出了主持人职业生涯的五大阶段：

1. 前期：进入业内以前

2. 尝试期：从业 3 年之内（播音主持专业本科生在三年级到从业一年之间）

3. 长成期：从业 4~6 年

4. 拓展期：从业 6~15 年

5. 后期：15 年后

其中，作为职业生涯的核心阶段，主持人成长中的尝试期、长成期和拓展期直接决定了主持人稳定的文化品性，亦可被统称为关键期。从市场学的角度来分析，在关键期里，主持人基于职业压力、个人知识储备的内耗等原因，经常会停留在胜任的层面而难以突破。与此相对应，如果说浙江有线电视台的工作经历是董卿主持事业的尝试期，那么，上海电视台和上海东方电视台的工作经历则可被视为她事业的长成期，此后在中央电视台中事业的节节攀升又无疑是她事业的拓展期。董卿之所以能够实现职业发展的成功蜕变，本质就在于她凭借着克己坚持的毅力和极高的职业素养努力把握职业生涯的关键期，放大潜质，挖掘个性，突破发展瓶颈，获得更高层次的文化超越。同时，也正是董卿传必求通的沟通能力、“文以载道”的思想蕴藉和扎实稳健的有声语言艺术传播力塑造了她颇具中国气派的荧幕形象。

二、传必求通的沟通之道

早年间，复旦大学新闻学院叶昌前副教授就曾撰文指出，主持人是一个专门化的职业，而非专业化的职业。在专业化诉求的驱动下，主持人被要求成为某个领域的专家，这显然不合理，也没有必要。于是，关于所谓“专家型主持人”这一伪命题也就不攻自破了。事实上，“主持是一种专门化的工作方式，这个专门化主要体现在文化品格、文化内涵、文化意识以及人格魅力上，特别是人格力量在很多方面弥补了专业知识的不足”[①]。既然主持人不必成为某一两个领域的专家，那么，主持人的使命又体现在哪里呢？从传播学的意义上来讲，主持人的传播艺术重在“分享”。如何有效地同受众“分享信息、交流情感、沟通思想”才是主持人存在的基点和使命。

董卿当然不是某一领域的专家，她先后毕业于上海戏剧学院本科班、华东师范大学硕士研究生班，此后又获得了上海戏剧学院艺术硕士学位。她在舞台上的精彩呈现与观众心目中的理想形象的达成绝不是来源于所谓专家式的观点性评论，也并非某一“语不惊人死不休”的论断。相较而言，传必求通的沟通、交流能力是董卿成功主持的制胜法宝之一。主持人传播是在大众传播语境下融入人际传播情态而表现出的口语传播。其中，最难把握的就是人际传播。“我和你”的人际传播一度被传播学者称为“永远的谜”。作为主持人，电视晚会主持人，如何破解这道谜，则直接决定了传播效果达成的有效性。

就这一问题，董卿曾讲述过自己在第十二届青年歌手大赛上的一次经历。一位来自西藏的选手在回答综合知识时，茫然失措。董卿立刻意识到，他或许不懂汉语。于是请来评委藏族歌手宗庸卓玛即时翻译。令人遗憾的是，这位选手最后还是因为交流障碍，没有

---

① 叶昌前：《节目主持人：专门化≠专业化》，载《电视研究》1999 年第 12 期。

回答出问题，场内观众发起一阵遗憾的唏嘘声。董卿略加思考，举起了话筒，讲了这样一番话："其实他听不懂我们的话正如我们听不懂他唱的藏歌一样，但是他今天为我们带来的是中国海拔最高地区的歌声，歌声里他的感情我们听得懂，他唱出了打动人心灵的歌声！其实，此刻他听不懂我们在说什么，来到这座城市时他感到的是一种陌生，我们该给这样质朴的歌手更多的关怀，即使听不懂，但是歌声没有界限，情感没有界限，相信我们的关怀他一定听得懂！"[①] 顷刻间，场上响起雷鸣般的掌声。

从董卿上述即兴讲话中我们不难看出，其话语呈现方式与书面语不尽相同，也伴有一定的冗余信息，但作为一种充满人际化交际色彩互动式语体，董卿的一席话足以弥补舞台上藏族选手的缺憾，获得观众的情感认同，进而起到有效的沟通、协调、引导和互动的作用，其口语修辞的传播效果不言而喻。从口语修辞的角度来讲，董卿的谈话即兴而为，切境、切题，充分体现出主客体之间的互动性，她在动态的语境中以显性的口头语言为工具，及时自我调检，具象而生动。诚如卡罗尔·阿诺德（Carroll Anold）所言，"口语修辞活动中，美学功能及其价值知识是次要的，对他人意图相关性的现实判断才是主要的"[②]。董卿在舞台上的成功交际行为不仅仅表现为张颂教授所言的"有稿播音锦上添花，无稿播音出口成章"，更以悲悯的人文情怀诠释出中国女性善良、包容、细致的传统美德。正所

① 董卿、朱冰：《建构传播能力 实现有效沟通——电视综艺节目主持人在人际传播中的角色定位》，载《现代传播》2008年第2期。

② 卡罗尔·阿诺德：《口头修辞、修辞及文学》，载［美］大卫·宁：《当代西方修辞学：批评模式与方法》，常昌富、顾宝桐译，中国社会科学出版社1998年版，第265页。

谓“交际无技巧，但交际有原则”，往往技巧之外真情实感的流溢才最能体现出传必求通的沟通之道。

三、“文以载道”的思想蕴藉

北宋理学家周敦颐《通书·文辞》的“文以载道”思想延续了中唐以降以韩愈为代表的古文运动家“文以明道”的基本思想，将文学社会价值的重视程度极大提高。直到今天，这一思想仍旧深刻影响和指导着中国的文化艺术实践。作为主流意识形态的代言人，中央电视台无时无刻不在电视文艺中传达着“文以载道”的美学思想。

电视综艺晚会是电视文艺的重要类型与形态之一。综艺晚会类节目主持人同样是电视文艺的重要组成部分。主持人的舞台形象是人文精神的集中体现，而主持人本身更是人文精神的承载者、整合者和传播者。与此同时，主持人所使用的有声语言又是人文精神的音声化。可以想见，主持人的人文素养不仅对自身文化身份的确立意义重大，对文艺节目思想意蕴的传达同样具有重要的价值。

董卿出身于书香门第，从中学时代就开始广泛阅读中外名著。工作后，在华东师范大学古典文学专业的进修经历更令她对中国的传统文化有了相对系统的认知和体验。也正是因为这样，我们可以看到，在节目中，董卿时常会引经据典，出口成章。在一次中秋晚会上，导演组需要主持人谈一些关于月亮的古诗词，其他主持人立刻乱了方阵，而董卿却可以信手拈来，从容应对。

董卿在上海戏剧学院艺术硕士（MFA）毕业汇报晚会“一堂课”

上谈到，“无论从哪个角度去讨论主持艺术，最终都离不开语言的艺术。特别是作为中国五千年文化的精髓，语言博大精深，这一点在唐诗宋词的用字上，可以说，到了登峰造极的地步。之精、之美、之奇、之深。诗人写诗讲究一个诗眼。诗有了眼就成了上品，成了精品……像王安石为了‘春风又绿’江南岸的‘绿’字，可以几十种方案不断地推敲；像卢延让，吟安一个字，捻断数茎须；像贾岛，两句三年得，一吟双泪流，等等，对文字的追求殚精竭虑。其实主持人也是一样的，语言的思想和情感是艺术评判的最重要的标准”①。从上述谈话中不难看出，作为电视综艺晚会主持人，董卿在古典文学，特别是古典文艺美学方面的造诣颇为深刻、系统。她将节目主持人语言的锤炼与古代文学巨匠对文字语言的锤炼缜密勾连、对比，从而形成了自己特有的主持人语用审美观。这不仅展现出其个人化的思想追求，也与“孔乙己”式的“掉书袋”严格区别。事实上，“语不惊人死不休”是董卿对于主持艺术语言的至臻追求。这也无形中向时下里一些电视综艺节目主持人“流畅的废话”发起有力的思想挑战。诚然，无论何种类型的主持人，其有声语言表达都是以口语修辞为基础的媒介话语形态，但自然语言的形态中势必要潜藏着高于受众平均思想认识能力的意义深度，否则，一旦主持人语言同受众语言之间的思想认识落差被抹平，传者意义也将无法顺畅流动，以至于难以调动起受众积极的接受愿望。

董卿的主持艺术恰恰是以鲜活的个体形象，对主流文化艺术观

① 转引自董卿在上海戏剧学院艺术硕士（MFA）毕业汇报晚会“一堂课”上的主持词。

念加以创造性“言说”，又基于其广泛而深刻的观众基础和文化影响力，言传身教。可以说，董卿的思想蕴藉与所在平台的文化选择实现了空前完美的有机对接，进而达到了极佳的传播效果。

四、“和而不同”的艺术语言审美张力

当下，当生活化、日常化、随意化逐渐演变为电视文化的主流取向时，铺天盖地的口语传播挤占了电视话语的绝大部分空间。特别是在以消遣娱乐为主导理念的综艺娱乐节目中，形形色色的靓丽面孔以自然化的语态、时尚前卫的表达方式赢得了青年观众群体的追捧。这也促使电视传播格局中感性文化与非理性话语大行其道。于是，传统文化退避三舍，精英文化左右为难。而作为中央电视台综艺晚会类节目主持的当家花旦，董卿也势必面临着艰难的艺术观念的选择。在一次次大型文艺晚会的历练和洗礼中，我们不难发现，董卿的有声语言表达亲切自然却大气恢弘，低沉舒展却活泼灵动，意蕴丰满却不事张扬，字正腔圆却不矫揉造作。董卿也会在节目中和嘉宾热情调侃，甚至会借用一些流行语汇和网络热词，但她很注意分寸，从不把谈话导入“三俗”主题。董卿在庆典型晚会、行业型晚会和专题型晚会中，有意识地调整细微的表达方式，以适应节目类型和主题的需要，但她又很注意自我风格的整体和谐，极力做到切境、切旨。

因为中央电视台的晚会类节目很多都是为配合重大宣传主题而创作的具有主流审美取向的节目，作为主持人，董卿努力调整自己艺术语言的处理方式。她最大的特点是能够在朗诵语体和谈话语体

间自由切换，不着痕迹。朗诵语体的抒情性和谈话语体的交际性被董卿处理得水乳交融、相得益彰。这也是她作为电视晚会主持人最大的风格化魅力之所在。所谓“外化而内不化”，董卿的艺术语言在充分关照大众普遍接受心理的基础上，恪守主流文化观念和精英艺术追求，竭力做到雅俗共赏，动静咸宜，张弛有度。就像是文学语言通过对生活语言的适当偏离而获得一定的审美距离，进而产生美学韵味一样，董卿在大型晚会当中的主持也同日常生活口语保持适当的偏离，在此基础上，树立了东方女性独特的高雅韵致，在大音欷歔的有声语言艺术创作中彰显了中国气派。

董卿艺术语言的审美张力集中体现在传统与时尚的对接，通俗与高雅的对接、口语与朗诵的对接。这与“和而不同”这一中华民族内心深处沉淀千年的艺术哲学不谋而合。其中，“和”体现为通俗化、大众化的一面，是追求主客体间和谐共处的理念，也是其有声语言在表层结构中对民众趣味的满足，在深层结构中与民众文化基因的融通与暗合；“不同”则是董卿对其个人化声音世界里生命情态和精神内核的坚守，这也集中体现出董卿对其艺术理想的顽强捍卫。

事实上，语言的世界与现实世界一样，丰富而多元，因此，电视媒介以海纳百川的心胸包容着各种有声语言传播中的异质性。然而，从业者需要向董卿学习的是，无论怎样个性张扬、众语喧哗，有声语言创作都需要缜密贴合传播语境，以适听性为前提，满足受众显在和潜在的接受心理。

前段时间，董卿在中央电视台的去留问题在各大官方媒体和社交媒体中引起了空前热烈的讨论。可见，作为一名国家级媒体的知名主持人，其文化影响力和观众感召力何其强大。董卿的主持创作之所以能够上升到艺术的高度，与她个人得天独厚的创作禀赋、文化背景、勤奋付出不无关联，更为重要的是，董卿在其创作中始终贯穿着传必求通的沟通之道、“文以载道”的思想意蕴，以及“和而不同”的艺术语言审美张力。在内外部合力的作用下，董卿的荧幕形象才显得如此稳定而丰富，充盈着恒久的艺术生命力。

第二节 主持批评现象论——年龄的尴尬：由李瑞英、张宏民告别《新闻联播》引发的学理思考

2014 年 5 月，李瑞英、张宏民告别《新闻联播》的消息在社交平台上被爆料后不久，最终得以证实。两位《新闻联播》符号性人物的突然离开在引发了社会大众热烈讨论的同时，更足以激发学界和业界的深刻反思。年龄问题难道真的是中国电视主持人的一大困惑吗？究竟是喜新厌旧的受众心理作祟，还是“急流勇退谓之知机”的从业者共识在暗潮涌动？中国电视主持人如此，西方电视业也概莫能外吗？基于以上思考，学界的理性思辨不容缺席。

一

作为家喻户晓的新闻主播，李瑞英和张宏民均毕业于原北京广播学院播音系，在 20 世纪 80 年代中后期步入中央电视台，并逐渐成为《新闻联播》栏目的播音员。在承袭了中国传统新闻播音风格的基础上，他们的播音语言端庄、大气，且融入了时代风尚，亲切

淳朴，具有极高的辨识度。时至今日，作为中国式消息类新闻栏目的品牌形象，他们被誉为“国脸”和“国嗓”，通过电视荧屏传递出带有中国气派的极具主流意识形态的国家话语。李瑞英、张宏民均出生于20世纪60年代，距离法定退休年龄尚有时日，因此他们的离任与此前邢质斌的退休性质不尽相同。按照李瑞英的说法，她将和张宏民去中央电视台播音员主持人业务指导委员会，从事培训工作。也有网友猜测，两位资深主播的离去与《新闻联播》强大的工作压力有关，抑或观众的喜新厌旧情绪迫使他们不得已而离职。

客观而言，就年龄问题而言，中国电视播音主持界确实存在一定的悖论。一方面，学界和业界早已就此问题达成共识，认为主持人职业需要一定的阅历积累与思想积淀，不适合过于年轻的人；另一方面，仍有一部分来自社会的声音认为，以《新闻联播》为代表的一批老面孔过于陈旧，是时候让位给年轻人了。

事实上，早在20世纪90年代，中央电视台著名主持人白岩松就曾撰文，引用一位老新闻工作者的话说：“每天看着二十多岁的俊男靓女在电视屏幕上预测经济前景，纵论国家大事，我就体会着在大街上遇到卖假药的心情。”[①]于是，他发出了“渴望年老”的深沉喟叹。敬一丹也曾表示，“太年轻早就是一个严重的问题了”[②]。中央电视台海外中心新闻部副主任赵树清也坦言，“新闻节目主持人必须要在35岁以上”[③]。

---

① 白岩松：《我们能走多远》，载《现代传播》1996年第1期。

② 吴郁等：《电视节目主持人的综合素质研究》，中国广播电视出版社2007年版，第81页。

③ 同上。

以美国为代表的西方媒体在这一问题上早有先见。作为一档享有40年盛誉的CBS王牌电视新闻栏目《60分钟》，其制作班底平均年龄高达70岁，却仍然在并继续创造着不朽的新闻传奇。时至今日，据尼尔森公司统计，“每周日晚平均有1400万观众收看该节目。节目平均家庭收视率是9.2%，观众占有率15%”[①]。且不论“主持人之父”克朗凯特，就是其后继者丹·拉瑟在70岁高龄的时候，仍旧坚守在主播台前，在波斯湾、南斯拉夫、阿富汗以及“9·11”恐怖袭击事件的新闻报道中彰显了犀利、坦诚、严肃的主持风格，丹·拉瑟本人也被称为CBS最有价值的固定资产。此外，中国人家喻户晓的著名记者麦克·华莱士（Mike Wallace）于1986年来华专访邓小平的时候已经年近70岁，2000年再次到北京专访江泽民，已经是一位80岁高龄的老人，但此时他仍旧是CBS全职记者。同样年逾80岁高龄的《60分钟》总制片人唐·休伊特（Don Hewitt）更宣言，将自己的工作目标定为“死在办公桌上”。美国主持人年逾花甲、古稀，却依旧深受爱戴和推崇的原因主要在于他们资深的专业背景、丰富的新闻从业经验奠定了其成熟可靠的荧幕形象和权威可信的新闻话语。在观众看来，他们更像是老伙伴式的、值得信任的朋友。他们以自己的睿智、威信传递着厚重的新闻价值理念，更以实际行动捍卫着“主持人专业主义”的职业理想。

相形之下，中国主持人的年龄尚显年轻。调查数据显示，目前中国电视节目主持人中20~30岁的占46%，30~40岁的占39%，而中老年主持人则凤毛麟角。这不仅与主持人个人的职业规划、追求

---

① 数据引自《60分钟》官方网站。

相关，也直接取决于受众的审美需求和业界的管理、培养、使用机制。到目前为止，基于各种原因，国内真正在电视主持台前工作超过 20 年的主持人屈指可数。

2006 年，全国“两会”期间，全国政协委员叶宏明关于《让〈新闻联播〉换换人》的提案一度夺人眼球。叶宏明在该提案中指出：“央视《新闻联播》作为国内最权威、收视率最高的名牌栏目，是人民群众了解国家大事的重要渠道，也是国际社会了解中国改革开放的重要窗口之一。但该节目播音员结构老化已是不争的事实，体现在荧屏上就是播音风格日益陈旧，让观众感到缺乏朝气和活力。为迅速改变这一现象，建议央视引进竞争机制，吸收新鲜血液。”[①]该提案一经公布，社会各界一片哗然，争论不断，在各大媒体的报道中，该问题持续发酵。

无独有偶，2006 年 6 月和 2007 年 12 月，《新闻联播》两度推新，增加了康辉、海霞、郭志坚、李梓萌、欧阳夏丹、郎永淳等新面孔。对于年轻的新面孔是否能够有效提升《新闻联播》的社会关注度，中国人民大学新闻传播学院高贵武副教授以实证研究的方法加以分析。通过对调查数据的比对，研究者发现：相较于官方主流媒体，新媒体对《新闻联播》四位新人的关注度较高，这意味着新面孔给青年观众群体带来了一定程度的情感刺激，暂时性地满足了他们的猎奇心理；媒体对新面孔的关注多集中为短期亮相阶段，而非长期关注；相较于男主播，女主播的受关注程度更高。然而，值得

---

① 《优化央视〈新闻联播〉节目播音员结构的提案》，转引自《天津日报》网络新闻，2006 年 7 月 21 日。

注意的是，各大媒体对新面孔本身关注较多，而对新主播业务能力的探讨则少之又少。在数据细读中，我们不难发现，“新人效应”为《新闻联播》营造的关注效果仅仅是短期的。李梓萌出镜当天，“《新闻联播》的收视率是平时的两倍，年轻观众增加了80%”[①]。然而，就长期效果而言，《新闻联播》节目的收视率并未因“新人效应”而持续过长时间，一段时间过后，收视表现重又回常态。从这一事件中可以看出，几位新人基于《新闻联播》节目类型的规约性，并没有在语言创作中呈现出更多的创新与变革。举例为证，一贯以高起伏、快节奏、果断、干练的语言表达风格见长的海霞在节目中有意收敛了以往张扬的个性特质，而李梓萌以往在《国际时讯》中丰富的表情和肢体语言在《新闻联播》中也难觅踪迹。就连平日里讲述感极强的康辉，也似乎在尽力调整表达节奏和语势，以更为平实、客观，甚至四平八稳的语体呈现在《新闻联播》之中。可以想见，《新闻联播》的播音风格是由节目的独特类型、传统与当下、政治与现实等多方面因素共同制约生成的，绝不是简单“推新”所能够颠覆和扭转的。同时，在“推新”过程中，媒体和受众更在乎的似乎是主播形象的能指因素，而对其所指体系的关注则微乎其微，“能指的漂移”显然能够折射出当下中国电视收视群体思想的肤浅性。更为重要的是，国人“喜新厌旧”、排斥经典的文化观念一定程度上打击了成熟主持人的工作热情，也令电视文化悬浮在浮光掠影的消费文化大潮之上。

---

① 《连推新人〈新闻联播〉收视率翻番》数据转引自《人民网》：http://media.people.com.cn/GB/40606/6638080.html，2007年12月12日。

二

远在大洋彼岸的英国广播公司（BBC），是世界电视文化的发祥地之一，更是许多流行于世界范围的优秀电视节目的原创地和输出地。按理说，BBC 对于主持人的培养、管理和使用经验理应具有一种国际通行性，且更具研究和借鉴价值。然而，令人深感困惑的是，近年来，BBC 在主持人管理中的一些举措却与美国等其他西方国家大相径庭。特别是 2010 年 11 月 5 日，BBC 被其旗下主持人以“年龄歧视”为由告上法庭的事件更引发全球媒体从业者的关注。该事件缘起于 2008 年年底 BBC 1 频道的一次节目调整。该频道《乡村档案》栏目由于收视效果的提升被加以重视，并从 2009 年年初开始由上午时段调整到晚间黄金时段播出。然而，该频道女总监却作出了一个大胆的决定，包括知名主持人米莉娅姆・欧赖利（Miriam O’Reilly）在内的 6 名中老年男女主播将被替换掉。而新上任的主持人是 38 岁的茱莉亚・布拉德伯里（Julia Bradbury）。为了证明她是最合适的人选，BBC 还专门介绍了其从业经验，更为重要的则是她看起来“很上镜”。在总监杰伊・亨特（Jay Hunt）的眼里，那些老主持人似乎更适合做广播。

一时间，BBC“大换血”强烈刺激了社会各界的“敏感神经”，关于主持人“年龄歧视”的问题引发了舆论界的广泛关注。据说，早在“大换血”决定出炉的 9 个月前，就有台内人士提醒米莉娅姆说，当高清电视技术被应用时，要小心脸上的皱纹。而当时的米莉娅姆却执意认为，作为主持人，尽管外貌必不可少，但能力才是最重要的。1957 年出生的米莉娅姆在加入 BBC 之前曾有过丰富的新闻从业经验。她当过报社记者、地方广播新闻制作人和电视主持人。她曾经因在口蹄疫报道中的出色表现而广受好评，自2001年开始加入《乡村档案》后，凭借其出色的主持才能获得了一系列奖项。令人难以置信的是，仅仅是因为年龄的原因，她与自己一同成长起来的名牌电视栏目不得不挥手作别。

对于米莉娅姆等人的“被下岗”，BBC解释称：“40~50岁的所有女主持人都必须离开，她们已经被通知不在新节目中出现，BBC要重组一个主持人阵容”[①]。于是，许多行业内人士不约而同地发出这样的质疑：为什么50多岁的人主持早间节目可以，但是晚间却不行了呢？这无疑是一种对年龄的侮辱和歧视。

经过米莉娅姆持续14个月的“斗争”，2011年，法院判决BBC年龄歧视成立，并批评BBC管理者对待员工的工作态度过于随意，有损国际知名媒体形象和声誉。对此，BBC公开发表声明，对米莉娅姆等人表示道歉，并承诺给予其新的工作机会。

从BBC遭到指控的这起案件中，既可以让人领会到西方国家的民主维权意识，也体现出法律体系对新闻从业者的有力保护。然而，更重要的是，作为一家世界顶尖级媒体，在对待主持人这一文化符码的态度中也表现出庸俗的价值观念。BBC的价值判断与我国的一些主流媒体不谋而合，在电视文化推向产业化的进程中更突出了文化消费的向度，在这一链条中，主持人无疑被视为文化消费品而存在，年轻靓丽的面孔所带来的短暂收视提升更多的是产业的胜利，

① 周康梁：《做严肃的电视：英国电视为什么好看》，南方日报出版社2013年版，第185页。

而非文化的胜利。

三

在对中西方电视媒体中主持人年龄问题的比对分析中，延伸出诸多值得警醒和反思之处。全球化消费主义浪潮的涤荡下，各国电视产业在高速发展的同时，不可避免地与诸多现代性困惑不期而遇。“年龄的尴尬”恰恰反映出电视文化与文化消费主义的合谋。无可否认，即便是电视新闻节目，也与其他节目形态一样，势必要遵循简单再生产与扩大再生产的内在商业逻辑。然而，与一般的文化消费品不同，电视文化不仅仅承载着消遣、娱乐的功能，更肩负着引导舆论、传承文明的人文精神重建的使命。与电影明星作为商品的一次性快感消费属性不同，电视节目主持人以丰富的思想阅历、扎实的从业经验和广博的文化理念呈现为主流价值观的输出者和主流意识形态的引导者形象。即便承认电视主持人同样存在商品消费属性，那么，这种属性也绝非主流的，而是居于从属地位的。正像是有识之士所言说的，某种意义上来讲，电视媒介又可以被称为主持人媒介。对主持人才的有效培养、尊重和保护不仅是电视文化产业管理的应有之义，也是电视文化价值实现的必要保障。

美国电视媒体的成功经验告诉我们，优秀的电视节目主持人资源永远是电视荧屏的“稀缺品”，从这个意义上来讲，电视主持人才的结构性短缺现象在很长的一段时间内都不可能彻底逆转。杰出的电视节目主持人不仅是收视率的保障，是电视文化品牌的保障，更是电视媒介有效区别于新媒体的本质特征之所在。娇美的面庞和窈窕的身姿固然是电视荧幕上一道靓丽的风景，符合“上镜头性”的基本要求，但这永远不是根本属性所在。在消费文化的浪潮下，主流意识形态的有效建构需要借助电视手段加以诠释和传播，这更需要电视理念的文化坚守。能指系统的浮华泛滥将导致所指的日渐消弭，因此，在电视业界的创新格局中，有必要寻找到文化守成与文化激进之间博弈的平衡点。无论业界、学界都理应就此达成共识，对受众的审美期待进行润物无声地影响、浸润、规划和引导。

我们宁愿相信，李瑞英、张宏民们的离开是为了实现更重要的职业价值追求，而不是由于肤浅的年龄尴尬，因为相较于眼角的几条皱纹，一位杰出主持人睿智、厚重的思想蕴藉才是成就经典电视文化的法宝。

第三节　主持批评文化论——春晚主持人的审美流变及其文化隐喻

作为持续了30余年，且长盛不衰的超级文化奇观，中央电视台春节联欢晚会这道独特的风景线所辐射出的文化影响力在世界范围内是绝无仅有的。如果说春晚是一道丰盛的年夜大餐，那么中国社会文化版图中所特有的官方主导文化、精英文化、大众文化则在这道大餐中彼此角力，争奇斗艳，共同形塑了一种复杂多元的意义空间。而春晚主持人不仅成为这道大餐中重要的符号化表征，更带有强烈的审美文化指涉性。从高扬人文精神的20世纪80年代，到搭乘在高速经济列车上的20世纪90年代，再到众神狂欢、全民娱乐的21世纪，一代代的春晚主持人在个性化表达与整体性适应的双重合力下被赋予了截然不同的审美旨趣，他们以流动的审美观缝合了整场晚会与观众的认知视界，建构了“天涯共此时”的国族想象，更生动诠释出不同时代中文化思潮的变动不居，反映出文化领导权的编码策略。在微观（主持人个体形象）与宏观（社会文化语境的变迁）、经济基础（商品经济的渐涉深水）与上层建筑（从意识形态的宣教机制到消费主义与国际化视野）、编码（多维文化符号的介入）与解码（观众的解读）的关系框架中，主持人作为历届春晚权力话语的人格化载体，俨然成为了国家意志与时代风尚的缩影。

一、审美范式的转换：从意识形态的神话到全民娱乐的对话

纵观30余年来春晚的主题，尽管细节略有不同，但基本锁定在“团结”“欢乐”两个关键词上。其含义显而易见，“团结”集中体现为意识形态层面的民族团结和祖国统一；“欢乐”则意味着社会和谐、喜庆、祥和等全民现实理想的达成。如果说前者作为一个恒定的主导文化坐标，尽管表现形态不断演进、革新，核心思想却矢志不渝的话，后者则在不同时代语境下被赋予了大相径庭的内涵。从改革开放初期，思想解放运动所带来的精神松绑，到全民致富的美好希冀，再到后现代社会的消费性娱乐浪潮，在春晚的舞台上，“欢乐”主题的现实意义总是被不断刷新、改写。

事实上，1983年的首届春晚，也恰恰是脱胎于20世纪60年代原北京电视台（中央电视台前身）所策划组织的三次“笑的晚会”。主创人员在延续了既有经验的基础上，参照国外电视台的演播室布

局，“布置了一个茶座式景区，演员分散围坐着，既是表演者，又是现场观众”[①]。在主持人职业身份尚不明晰的当时，导演大胆使用王景愚、刘晓庆、马季和姜昆串联整场节目，将欢乐的理念融入每一处细节。在改革开放全面启动的历史背景下，马季大胆提出，“咱们春节晚会也别讲太多政治化的词，就是让观众笑痛快了，节过好了，晚会就成功了”[②]。值得玩味的是，马季的一句“别讲政治”从某种意义上讲却富含了一种新的政治观念，亦即为改革开放的合法性在大众文化领域得到历史性确认。主持人的审美范式则因此展现出轻松、活泼、诙谐、幽默的娱乐化色彩。整个20世纪80年代，春晚主持人在“乐”字上下足功夫，开启了中国电视文艺的历史性转折。这意味着对旧时代的挥手作别和对新时代的期许与向往。

伴随着中国改革开放的渐涉深水，电视文艺理念的日趋成熟，主持人形态的专业化进程加剧，赵忠祥和倪萍两个名字一度成为春晚的代名词，他们在舞台上的审美趣味反映了整个20世纪90年代电视文艺的美学思潮。作为一个标杆性人物，赵忠祥的春晚经验从1984年一直延续到1999年，创下了12年不变的出场纪录。而他本人，也在观众心中留下了历久弥新的审美想象。他自然、亲切、老成持重，中国传统知识分子的儒雅气质和中国电视传播语言的精英化艺术旨趣在赵忠祥荡气回肠、慷慨激越的音声化表达中得到集中体现。他的声音仿佛是将民族、家国、历史、岁月的厚重感高度概括而形成的抽象精神体验，借用罗兰·巴特的美学理论，赵忠祥的

① 郭镇之：《中国电视史》，文化艺术出版社1997年版，第135页。

② 王景愚：《幕后》，新世界出版社1999年版，第35页。

声音艺术是将春晚的宏大叙事“自然化”的绝佳表达方式，塑造了中国主流意识形态的审美传播“神话”。作家王昕鹏在《赵忠祥：潇洒的深处》一文中，更将赵忠祥的声音称为“国声”。基于此，我们将其理解为一段时期内中国电视文艺中主流意识形态的审美符号和文化领导权的成功实践显得毫不牵强。

与赵忠祥的国族审美形象形成鲜明呼应的则是倪萍的柔性之美，在她的主持艺术中，官方话语与大众话语实现了巧妙的对接，她以真挚、朴实的情感和中国妇女特有的贤淑形象抚慰了社会转型期国人悸动、焦躁的心绪，进而获得了日常化的审美体认。有人评价说，倪萍是煽情的高手，此话不乏一定的负面价值，但正是这种强大的情绪激发和调动的能力使倪萍以平民化的话语角色，巧妙地实现了官方主导话语的软着陆，在大众心理最柔软处找寻切入点，最大程度地触动了他们的深层情感和民族自尊心、自豪感。

如果说赵、倪二人的主持艺术是带有强烈政治指向的声音权力的话，21 世纪以来李咏加盟春晚则带有截然不同的消解意味。李咏形象的出现源于消费性大众文化的崛起。在历经港台文化的“反哺”，欧风美雨的洗礼后，中国内地大众文化生产在满足和适应多样化接受诉求的同时，也滋生了价值混乱的问题。最典型的表征是当代中国的两种时间概念。在以国际化大都市和世界级城市群为代表的中心地区，文化学意义上的时间表已经同国际接轨，而广大的边远地区，文化时间又静水流深，带有厚重的地域性和民族性。然而，当下中国的主流文化在两种时间的失衡状态下更倚重都市化进程不断加剧中的城市人群。于是，新潮的、前卫的时尚文化被主流商业媒体反复提及、强化。在中央电视台春晚的舞台上，新民俗景观重塑了当代文化的价值标杆，传统文化、严肃文化、高雅文化成为被“扶持”“保护”的对象，被加以象征性关照，与此形成鲜明比照的则是流行文化的波翻浪卷。不难想见，传统文化已经不再被民众向往和尊重，权威媒体对民众趣味的迎合也因此表现出暧昧难明的所指内涵。

李咏以周星驰式的无厘头幽默、夸张的口语表达，配以百老汇风格的西式服装，给人以戏谑和玩世不恭之感。这一风格系统取消了传统文化中翩翩君子的风度和意义深度，并平添了花样百出的消费快感。曾经一度带有经典意味和严肃意味的电视文艺晚会也因此自然而然地跳上了顺流而下的消费航船。在李咏的后现代风格的驱动下，传统电视文艺晚会仪式化的传达被置换为全民娱乐的对话。如果说仪式化的传达表明了艺术的较高等级和尊崇地位，全民娱乐的对话则使得大众文化与平民趣味同根同源，地位平等，是一种对经典意识的“祛魅”。李咏的出现绝非空穴来风，他表征着后现代社会无可规避的媒介奇观，“他所创造的去历史、去深度、扁平化、玄虚的空洞文本也折射出当下大众文化中历史虚无主义的文化危机”[①]。值得知识界深省的是，在电视文艺的审美品性被娱乐品性所覆盖的今天，娱乐文化的简单化和庸俗化倾向令有识之士忧心忡忡。

---

① 战迪：《符号学视域下电视节目主持人的文化想象》，载《中国电视》2015 年第 1 期。

二、文化隐喻的时代映现：从家国情怀到娱乐新感性

30余年来春晚舞台上的主持阵容历来是大众关注的焦点和电视文艺的文化风向标，时至今日，已基本形成了年代学意义上的三代主持群体。20世纪80年代，以马季、姜昆为代表的第一批春晚主持人来自于曲艺界和演艺界，他们以时断时续的出场方式创造并延续着春晚的基调与风格。在他们所营造的喜庆祥和、谐趣丛生的文艺氛围中，改革开放初期的新意识形态被无言地接纳。特别是20世纪80年代前期，在前“文化大革命”与后“文化大革命”的正面交锋中，旧的话语体系全面溃退，新的话语体系蒸蒸日上。在大众文化领域中，春晚主持人的日常化、生活化状态的回归，对“乐”字浓墨重彩的诠释，恰恰表征着文艺界对推开厚重历史闸门的中国社会未来发展的坚定信心。

以赵忠祥、倪萍为代表的第二代春晚主持人群体将主导性叙事功能进一步发挥。他们二人在延续了20世纪80年代春晚欢乐、喜庆基调的基础上，更将春晚“家国同构”的仪式化色彩渲染得淋漓尽致。有研究者认为，在观众心目中，赵、倪二人已经被赋予了某种“神性”。他们“一唱一和、一阴一阳、一男一女”。

如果说赵忠祥和倪萍的搭档将家国情怀历史性地镌刻在20世纪90年代电视文艺思潮中的话，经由朱军、董卿的过渡，春晚第三代主持群体悄然向大众文化复归。朱军在延续赵忠祥似的国族宏大叙事的同时，更在他的语言风格中流露出意识形态色彩浓烈的当代文化领导权意味。董卿有所不同，她摒弃了倪萍、周涛以来中国女性晚会主持人平民化的温婉与谦和，以典雅的仪态宣告质傲霜清、中

国气派的同时，诠释出当代中国杰出青年女性所具备的国际化视野与气质。流畅娴熟的英文口语、传必求通的沟通之道、“文以载道”的思想蕴藉、“和而不同”的语言魅力在董卿的主持素材中俯拾皆是。可以说，董卿在主流意识形态创新传播的实践中发挥着不可低估的示范作用。

20 世纪 90 年代中后期以来，主流大众传媒文化在传媒消费主义的浪潮中酝酿了一种狂欢：个体的张扬与自我的独立的合法性在主流文化圈层得到了确证。在春晚的舞台上，李咏的文化角色恰恰就是将时尚化、个性化的自我作为一个神话来叙述，这种私人神话与大众传媒领域中对大众神话的支配与操纵互为比照。事实上，在新生代春晚主持群体中，宁静与典雅的严肃文化已颓然退场，众神狂欢的市民时代呼之欲出。从主持艺术的角度讲，毕福剑并无可圈可点之处，甚至不具备任何研究价值。但仅从其构建的舞台形象背后的文化隐喻出发，我们不难窥见，他以草根化的角色定位出场，敢于自嘲，并在其非官方的充满市侩气息的表演化行动中，反映出当下大众文化领域中平民意识的庸常状态。在汤普森（Thompson）看来，“演员、主播、歌星等为人们所知，他们的生活则成为人们经常挂在嘴边的生活”①。当代大众传媒所塑造的媒介事件带有某种全民共享记忆的性质，从而抹平了文化传播与日常生活的界限，在生活与传媒互为因果的作用力下，舞台上高高在上的神性角色被拉下神坛，春晚舞台上精英“祭司”一样的仪式化形象不复存在，主持人的权威性和象征性被悄然置换为正在和每一位观众亲近交流的平民

① J.B. Thompson, *Media and Modernity*, Cambridge, Polity Press, 1995, p.220.

化个体。

如果说“毕姥爷”的主持形象隐喻着文化商品通过世俗化表达逐渐使民主思维在文化领域铺展，并使文化创造摆脱精英主义的束缚获得了历史性松绑的话，2015 年春晚中来自新疆地区的尼格买提的登场则意味着青年文化的崛起。青年文化倡导感性的张扬，标榜个性的独立，曾经被主流文化话语视为“异端”“禁忌”而遭遇放逐的命运。然而，伴随着全媒体时代对流行文化、时尚文化的“唯美生产”，青年文化在商业美学的装扮下延伸为富于时代精神的“偶像文化”。自此，各类传媒偶像被讲述为生命力量的传奇和趋之若鹜的青春力量。也就是说，大众传媒积极承担着青年文化生产者的角色，将“商品拜物教”人格化、精神化传达和推广。尽管被“粉丝共同体”所推举出的“偶像文化”是脆弱的，且具有短寿性，但在“泛审美时代”中，青年人依旧对一次性消费乐此不疲，流连忘返。或许尼格买提的登场与中国现行的民族政策相关，隐喻着主流意识形态领域对民族平等的认同与包容胸怀，但更为重要的是，小尼以其阳光般的笑容，充满动感、活力的文化形象将全媒体时代中青年文化的时代风尚书写得淋漓尽致。

三、想象的共同体：回归传统的“原点”与人文精神的提升

符号美学的缔造者卡西尔曾将人定义为“符号的动物”，同样，在德勒兹、杰姆逊的理论体系中，人类社会正在经历“符号化——超级符号化——解符号化”文明变迁。“蒙昧时代”的人类借助自己创造的符号来理解和把握世界，于是“造神运动”在一个个民族神

话传说中得以集中体现。以符号化手段为外在世界命名成为了当时人类视野中的历史景观。此后，在更广阔的历史时期，人们因为符号体系的逐渐完备而摆脱了与世界共处的孤独感，在文字、印刷符号的世界中把符号化倾向带入高峰时期，也就是“超符号化”。而今天，随着工业文明向后工业文明的推进，以电视为代表的大众传媒成功实现了科学主义与人文主义的牵手对接，曾经的权威因传播的泛滥而颓然退场，一股解符号、去权威的“文化祛魅”运动在没有统一口号和宣言的大众文明中高调出场。这股运功解构了崇高、打碎了精英偶像的同时，以文化生产的名义将大众的个性化精神体验绑架，成为了信息的智力奴隶。他们共同使用“全球脑”“网络脑”，在互联网基因的驱动下共同产生了彼此相似的“全球快感”。

在最近两年的春晚主持阵容中，传统与现代、精英与大众、官方与民间、文化精英与历史虚无主义同台亮相的景观颇为抢眼。2015 年春晚，当朱军、董卿、撒贝宁、李思思、康辉、毕福剑、尼格买提、朱迅等不同风格的主持人同时站在舞台上的时候，不禁让人联想到，在这样一个信仰缺失而文化认同却多元混杂的国度里，似乎唯有这样的出场方式才能够聚合最广大受众群体的眼球，并在彼此互认的过程中谋求心灵归属感的达成。值得注意的是，在春晚这个文化领导权的独特表达场域中，网络语言的符号暴力、主导话语的符号控制战略、草根力量的自我戏谑相互交织，并编织成一股合力。这股合力打破了精神私语与大众接受之间的隔阂，给人以随意解读的空间。

全媒体思维语境下，国人呼唤着带有共识性、通约性认知的“想象共同体”，而春节联欢晚会的历史功能之一也就是将无数个

"小我""真我"纳入满载着国族想象的"大我"之中。从消费型文化的角度看，春晚主持人在众语喧哗的舞台上竭力促成某种"稳定感"的达成。"只有消费者具有了'稳定感'，他才不会囤积和保守，才会成为市场的有力支撑。正因如此，传统媒介对消费者信心的维护，蜕变成了'现实想象'的'美'。"[①]从主流文化和主流意识形态的维系的角度看，春晚主持人所折射出的任何一种文化意象都牵连着独特的文化意义，从而共同搭建成一种源自日常生活，却比生活场景更加具有典型性的"象征体系"。其在官方主导文化、精英文化、大众文化等各种文化体制因素中彼此制衡，在创造文化形象、构设艺术场景的同时，有意无意地进行自我规范，进而全力确保国家形象和主流社会图景的"稳定""祥和""纯粹"。

春晚的内涵，无论如何不能跳脱对"中国性"传统的书写和诠释，小康社会所召唤的大众文化生产，理应具备方向意识，正视现实，想象未来。作为当代社会人文精神的浓缩和载体，春晚主持人的潇洒深处，既应该同极"左"的"工具论"文艺挥手作别，也需要谨防陷入商业资本的圈套，深入反思电视文艺"为什么人服务"的问题，身怀乌托邦式的文化向往，拥有"神奇的想象力，迷人的故事，深邃的思想，通俗而不媚俗，通古也通雅，通今也博古"[②]，力求回归民族文化传统原点的同时，不断激活富于时代文艺精神的文化因子。

---

① 周志强：《阐释中国的方式：媒介裂变时代的文化景观》，中国电影出版社2013年版，第9页。

② 李林容：《中国电视娱乐文化批评》，法律出版社2014年版，第236页。

第四节　主持批评学理论——符号学视域下电视节目主持人的文化想象

融媒体时代，以电视为代表的传统媒体似乎日渐式微。开机率的连年下滑令电视行业产生不小的恐慌。表面上看，电视媒介以固定时间、固定地点和固定内容为表征的“三定特性”明显逊色于新媒体随时、随地、随意的“三随特性”，但深入分析不难发现，在关于宏大场景和仪式化内容的展示方面，新媒体显然相形见绌。值得注意的是，节目主持人在电视文化中仪式感的重建方面担负着重要的职责和使命。主持人不仅作为文化符号的生产者和传播者而存在，品牌节目主持人更以其强大的感召力和影响力形塑了某种受众询唤机制，令观众心甘情愿地守候在荧屏前，仪式化地与主持人符号建立起邀约关系，搭建起某种理念和情感的深层互动体系。基于此，对主持人符号学意义的挖掘与凝聚将有利于电视文化身份的重建和电视工作者文化自信的确证，该研究无疑是具象性与抽象性的统一，基础性与前沿性的统一，理论性与实践性的统一。

一、作为符号的电视节目主持人

在符号学研究领域，如果说索绪尔（Saussure）的“能指”（signifiant）、“所指”（signifie）概念对20世纪西方思想界产生了重要影响，那么，罗兰·巴特对这一理论的实用性开拓、卡西尔的符号形式的哲学以及他的学生苏珊·朗格的符号论美学更加有助于对电视抽象语言和具象语言，特别是主持人语言的深度剖析。

被誉为符号学之父的瑞士语言学家索绪尔认为，任何一个语言符号都是由“能指”“所指”两部分构成。语言符号的能指是一个由声音引发联想的形象，而所指是指语言所反映出的客观事物的概念体系。能指和所指、音响形象和概念系统之间彼此对立，却又相互依赖、结合。索绪尔还认为，符号是一种双面的心理实体，“能指和所指各属不同的存在域，前者为知觉音像，后者为意念心象，尽管声音知觉和内心观念都属于心理范围，前者却被认为是直接与物理世界相关的。于是外在性的能指和内在性的所指就在心理场上结合了起来”[①]。在电视荧屏中，主持人的外在形象，包括衣着打扮、举手投足、形象表情，以及其赖以传播信息的有声语言等共同构成其符号系统中的能指，体现为知觉音像；而主持人的社会、媒介意义、风格特质等则可以被理解为其符号系统中的所指，体现为意念心象。能指与所指、形式与内容共同表意，就像一张纸的正反两面，无法割裂。从索绪尔的能指、所指原理出发，主持人自身就是能指和所指相统一的文化符号。具有文化影响力的节目主持人依托固定的品牌栏目传播信息、提供服务、分享娱乐，在承担着表义功能的同时，更以其品牌符号的力量发挥了“是此事物而非彼事物”的指代功能。也就是说，每位优秀主持人都以其独特的风格个性和意见信息的传播赢得了观众的认同，形成稳定的认知和邀约关系。赵忠祥的老成持重、倪萍的朴素温暖、董卿的中国气派、白岩松的哲理思辨等，这些主持人作为独特的文化符号在观众的长期收视实践中被广泛认同，一个个主持人的名字在观众的心理场中幻化为不同类型的符码，

① 李幼蒸：《理论符号学导论》，社会科学文献出版社 1999 年版，第 129 页。

被分类识别。可以推理，不同类型的节目主持人符号在观众的心目中拥有不同的文化和情感期待，而大幅度跨界，则极有可能造成认知偏差，影响节目的传播效果，乃至收视效果。此前白岩松担纲春晚主持人引来非议的现象自不待言。近年来，撒贝宁频繁转场于新闻、综艺、社教节目之间，尽管其出色的表现赢得了不少拥趸，但长此以往，其能指形式的不断更迭极有可能造成“能指的漂移”，其在观众心目中稳定的荧幕形象也极有可能难以为继。

罗兰·巴特在索绪尔能指、所指体系的基础上注入了关于“意指”的阐述。如图所示：

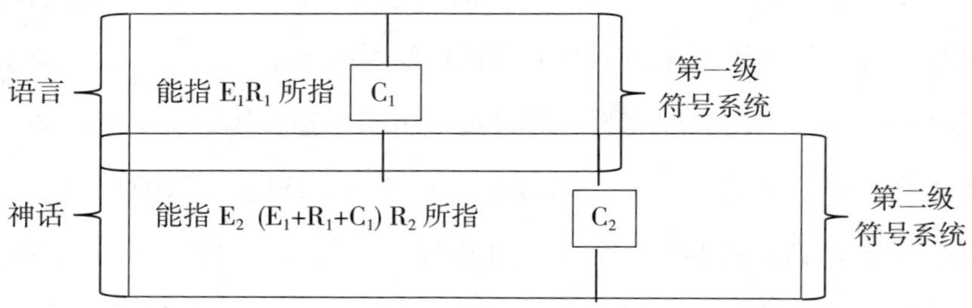

E（能指）、R（关系）、C（所指）。在整个读解的过程当中，第一级的能指 E_1、所指 C_1 及其关系 R_1 共同构成第二级符号系统的能指 E_2，在此系统中，第二级意义中的所指 C_2 也随即产生。而“意指”则是研究能指、所指相互关系的思维认知所对应的“符号化过程”。

巴特在《神话集》一书中将第二级符号系统中的隐含意义称为“神话”。这里的神话并非文学意义上的古典神话故事和传说，而是“指一个社会构造出来以维持和证实自身的存在的各种意象和信仰的复杂系统”[①]。其实，在巴特看来，第二级中所隐藏的意义即为意识形态，神话的意义并不发生在符号系统的第一级，而是在第二级中发挥作用，符号系统中的第二级也就是渗透着意识形态的符号文本。

中央电视台春晚资深主持人赵忠祥和倪萍二人曾一度被文化学者视为具有神性的“吟游诗人”。在国人的认知期待和文化想象中，赵忠祥俨然呈现出传统长者特有的高雅气质，其父性形象体现出“国家的雄性特征”。与赵忠祥相对应的倪萍则以其真诚、质朴、温暖的母性形象将抽象的文化理念转换为具体可感的生活细节，充满了切近的感性体验。如果说赵忠祥和倪萍的晚会主持创造了一种家国情怀的文化想象，将宏伟叙事“自然化”，从而成就了成功的意识形态符号，那么，李咏的晚会主持风格则是以周星驰式的音律节奏消解了赵、倪所代表的官话系统，代之以青春动感的“后现代性”娱乐模式。“咏哥”和赵、倪的差异恰恰是全球化与本土化、后现代性与经典性对比的绝佳隐喻。李咏这一文化符号的象征意义在于消费文化语境中的媒介文化奇观。然而，他所创造的去历史、去深度、扁平化、玄虚的空洞文本也折射出当下大众文化中历史虚无主义的文化危机。这也不禁引发知识界的深刻反思，李咏式的消费主义神话莫非就是中国大众文化的未来？除了令人沮丧的全球同质化后果之外，主持人神话就别无文化特殊性和本土文化蕴藉了吗？

不难想见，近年来在以大投入、大制作、大营销、大市场为表征的“高概念”“现象级”电视节目生产中，主持人在团队的合力下

---

① ［英］特伦斯·霍克斯：《结构主义和符号学》，瞿铁鹏译，上海译文出版社 1987 年版，第 135 页。

被打造为好莱坞式的明星形象，他们是媒介奇观的引领者、见证者、参与者，同时也是媒介奇观的重要组成部分。在融媒体时代碎片化信息环境的比照下，他们理应重塑电视文化特有的仪式化色彩，传递出关乎民族、信仰的主流意识形态价值观念，启迪观众的文化思考，引导他们的审美旨趣。

卡西尔在《人论》一书中，颠覆了亚里士多德时代的关于人是“理性动物”的学理主张，创造性地将人定义为“符号的动物”。在卡西尔看来，语言当然是一种符号系统，但“语言绝不能等同于符号，它只是符号系统中的一个子系统，只有从包括神话、宗教、艺术、历史等在内的符号系统出发，才能真正洞悉语言的由来及奥秘”[①]。卡西尔的论断为主持人符号系统研究提供了扎实的学理依据，孤立的有声语言对于内容信息的传达远远不够，主持人传播中有必要充分发挥语言和非语言共同表意的符号功能，方能使意见信息的传播与客观事实的现实状态相吻合，从而使电视媒介视听兼备、声画同步、理趣合一的传播优势得以有力彰显。

作为卡西尔的学生，苏珊·朗格继承了老师的衣钵，将符号论美学进一步深化，她的理论在20世纪中叶影响非凡。她曾谈道：“一个符号总是以简化的形式来表现意义，这正是我们可以把握它的原因。无论一件艺术品（甚至全部的艺术活动）是何等的复杂、深奥和丰富，它都远比真实的生活简单，因此，艺术理论无疑是建立一个有效于生动的现实的心灵概念这样一个更伟大事业的序言。”[②]作

① 俞建章、叶舒宪：《符号：语言和艺术》，上海人民出版社1988年版，第22页。

② ［美］苏珊·朗格：《情感与形式》，载《心灵：论人类情感》（第1卷），刘大基译，中国社会科学出版社1986年版，第244页。

为一个有待解读的传播符号客体，主持人当然可以被纳入符号论美学意义解读的范畴中，主持人传播活动不仅可以诉诸理性，也可以诉诸感性，既可以陈述事实、表达逻辑，更可以传达丰富的审美感悟。所谓“言近而旨远”“言有尽而意无穷”，就是对主持语言丰富的思想性和艺术性的绝佳表述。然而，主持人符号对意义的综合传播形式远比纷繁复杂的客观世界本身简化许多，是可认知、可把握的。这也是研究主持人符号意义可解读性的逻辑起点。

事实上，符号学意义下的电视主持人传播都可以在苏珊·朗格的理论中得到证实。苏珊·朗格认为，作为典型、纯粹符号的语言，不仅能够表达出具象的现实世界，还可以表达出某些被遮蔽起来的事实和无形的观念。在艺术化生活情态的规约之下，主持人传播有意无意地调动起能指系统中的各种技巧与形式，而其所指则体现为“信息共享、认知共识、愉悦共鸣”（张颂语）的文化、思想价值。

二、“主持人符号”的意义生产机制

前人对于符号学研究的既有成果为主持人这一符号系统的研究打下了厚实的学理基础。从主持人的意义生产机制来分析，我们不妨这样理解：主持人符号作为整个电视传播符号系统中的一个子系统，依附于大的传媒符号系统，而自身也具有独立的意指特点。就主持人符号本身而言，经由媒介的包装，主持人以丰富的能指形式表情达意，视听双通道传播使传播形式与内容丰富多样，从而形成了一个视听合一、能指与所指一体化的传播空间，这在消除受众对事物认知不确定性，进而确认信息的同时，使电视文本获得了以往任何一种媒介形态都无法抗衡的人格化、人际化传播优势。

欲研究主持人符号的意义生产机制，首先需要确认的是，主持人是一个有待解读的客体对象。主持人符号意义的实现是电视栏目、媒介机构、观众以及社会文化语境共同作用的结果。极而言之，观众才是主持人符号意义的最终决策者。观众切身感知主持人传播这一文化过滤系统，并在纵横交错的能指与所指搭建的认知图景中选择和排列隐性的认知范式。最终，在观众的期待视界中，意义从主持人客观对象中被剥离出来，并被解读为更加丰富和深刻的内涵。

而在这一过程当中，主持人的主体性地位逐渐被构建起来，被观众所认知、熟识、接受，进而依赖。时下里，许多观众都有这样一种共识，那就是，每逢遇到重大时政、社会问题的时候，总愿意锁定中央电视台新闻频道，听一听白岩松的评论。而白岩松的评论话语俨然成为公众对新闻认知的重要依据。白岩松的话语张力与媒介公信力当然来自于自己杰出的媒介传播实践，但细心观察，我们不难意识到，日积月累的美誉度与信誉度会累加为观众对白岩松这一文化符号的品牌信任，乃至依赖。此后，每当这一符号体系投射在受众的期待视界之中，受众都会以预设性的认知范式来进行判断。

当然，主持人的荧幕形象是其符号化的媒介形象，与其生活形象不可能完全一致。但观众在潜意识中将主持人的品牌化符号与栏目符号相联系，作为一个整体加以认知。而主持人生活中的真实图景无形中被观众纳入其媒介符号系统加以考量，主持人的综合“角色丛”在受众潜意识中被置换为媒介代言人、栏目品牌的符号体认，这也是对主持人符号在意义生产上的基本解读。且不论当年主持人之父克朗凯特对美国政治的影响、埃及著名电视节目主持人伯特海纳·卡迈勒凭借其知名度参与总统竞选等正向符号价值的建构，单是前BBC著名主持人吉米·萨维尔（Jimmy Savile）的性侵丑闻也足以令整个英国社会震惊不已，这也给BBC带来了前所未有的信任危机。可以想见，作为电视媒介符号化表征的节目主持人尽管拥有多重社会角色，但在观众眼中，其显在的媒介角色符号在意义解读过程中，已经囊括了其余的一切社会角色所承载的意义。

上述例子并非骇人听闻，从罗兰·巴特的理论出发，主持人符号还具有更深层次的意指功能。明星化的主持人被理解为“神话”系统，主持人明星化身份背后潜藏着丰富的社会关系与意识形态层面的影响与制约，不为人所轻易察觉。

三、“主持人符号”的价值与功能实现

事实上，“主持人符号”价值与功能的实现，就是受众对符号意义的理解、阐释与现实应用。英国语言学家杰弗里·利奇（Geoffrey Leech）将广义上的意义分为七种细化类型，并着重研究逻辑意义或理性意义。一般认为，理性意义也称外延意义或还原意义，它是语言交际的核心要素，也与“所指”的概念相重合。与此相对应的内涵意义，则指称其凭借所指内容而具备的交际价值。最终，主持人符号价值与功能的归宿表现为社会意义和情感意义两个方面。

举例为证，中央电视台《看见》栏目播出的一期题为《古浪——一个冬天的童话》节目当中，主持人潮东讲述了这样一个真实的故事：甘肃省古浪县一百多位外出打工的村民得了尘肺病，危在旦夕。网络名人“北京厨子”在微博上得知此事后，来到了那个

西北小县城，希望通过微博来展现这些患病村民的痛苦和困难，引起更多网民的关注，从而让更大的媒体介入其中，最终为患病村民治病和募集善款。以上是这一期《看见》节目中，主持人所表述的新闻事实，体现出基本的信息传播价值，也可以理解为“理性意义”的“所指”概念和逻辑意义层次。

接下来，该节目通过影像真实记录了网友“北京厨子”如何用自己的实际行动唤起公众的良知，在一波三折中实现对患病村民救助的经历。整期节目当中，主持人并没有犀利的点评和判断，而是以客观的口吻陈述事实，还原真相。然而，正是这些不加粉饰与渲染的平实表述，唤起了观众的共鸣，实现了观众解读从“理性意义”到“理想意义”的超越。这满足了受众了解新闻故事内涵、情感、社会等诸多意义的内在需求。可以说，这是“主持人符号”价值实现的第二个层面，即社会意义与情感意义之所在。

当代电视节目主持人凭借着声画双通道符号系统构造出传播话语结构的多层面表义端口，无论学界还是业界，只有以此为基础，养成立体视角、多维思辨的职业素养，方可创造出能够与受众接受心理成功对接的文化符号。

与此同时，就业界角度而言，将电视节目主持人塑造为明星化符号自有其合理之处。第一，作为明星的主持人成为了“台标”式人物，有助于媒介形象的树立与推广；第二，明星化的主持人各有其独特的能指特征，在观众便于识别、乐于识别的基础上，体现出不同电视媒介独有的风格特质与审美取向等细节性的意指理念；第三，明星化的主持人绝非出于偶然，成名的背后携带着主持人优秀的素质和受众所青睐的审美品性，这些都是传播效果显著提升的有力保障。宏观意义上讲，主持人明星符号的推广对于媒介传播影响力的形成与深化具有重要的现实意义。

我们无法回避商业化背景下主持人的媒介价值，但过度的明星化运作，却使得商业逻辑上升为电视产业的主导逻辑，以至于影响到电视媒介的新闻品格、文化品性，甚至意识形态的规约性。

当下，不少电视节目主持人被包装为消费偶像的形象，频繁出席于各种商业活动，以及出现在时尚报刊杂志之中。在消费文化盛行的时代背景之下，明星化的主持人似乎成为了大众偶像，被追逐、效仿，甚至被膜拜。主持人所依托的电视节目作为文化产品的价值由交换价值决定，而不再取决于它们自身的特殊内容和完美的艺术形式。在这种工业体系下生产的节目具备一切大批量生产和销售的产品的特点即商品性、标准性和批发性。就像是“文化工业”尊奉的信念是：大众社会不需要文化，只需要娱乐，娱乐行业提供消费品就是让社会享用。[①]

观众对主持人文化符号的解读具有多元性和任意性。但无论如何，主持人符号的意指还具有一定的同一性。由于每个人的生活背景、教育经历、文化阅历等因素存在诸多差异，对同一个“能指”的解读可以衍生为无数意义。这便是意指过程的多义性。“一千个人眼中有一千个哈姆雷特”就是最好的佐证。

需要强调指出的是，在承认多义性的前提之下，我们还需要了解到，总体而言，观众对符号的解读还是有趋同的一面。例如，几

---

① 石义彬：《单向度 超真实 内爆——批判视野中的当代西方传播思想研究》，武汉大学出版社 2003 年版，第 33 页。

乎没有人会在意指的多义性基础上将《哈姆雷特》解读为喜剧，也不会有人将《艺术人生》解读为一档娱乐节目。无论是作为经典戏剧的《哈姆雷特》，抑或作为文化访谈节目的《艺术人生》，都拥有相对恒定的“主题意义”。这些都能在观众心中达成共识。

客观而言，符号学理论对电视节目主持人研究的结构性牵引，可以将研究者的关注视角由感想式的、印象式的业务点评上升到充满逻辑张力与逻辑钳扣力的学理高度，以科学精神还原“主持人专业主义”的题中应有之义。随着学界对符号学相关研究成果体认深度的进一步加强，跨学科的互动优势也终将得以充分体现。

第五节　主持批评教育论——节目主持教学中新闻播音的“把杆效应”

当下中国高校教育类别中，节目主持专业教育可谓枝繁叶茂。据不完全统计，相关本科层次以上院校七十余家，专科院校上百家。且不论中国可供利用的媒介资源能否吸纳如此庞大数量的传媒人才，单就师资而言，结构性短缺现象已不容忽视。部分高校有意规避师资力量的不足，变传统的小班教学为大班授课，忽视了专业本身应有的技能性训练要求的同时，堂而皇之地宣称是在塑造所谓的文化底蕴。其舍本逐末的做法并非出于教育管理者的无知，实乃经济利益在和教育教学能力认知的博弈中胜出所致。与此同时，伴随着近年来电视荧屏中主持人形态的乱象纷呈，一些缺乏职业操守的教育者更是打着“主持无学”“说新闻”的幌子，遮蔽了教育教学中应有的基本功训练。这也是导致大批播音主持专业毕业生因缺乏基本素质，难以在竞争激烈的广电媒体中获得工作机会的主要原因之一。在本文中，笔者试图以新闻播音的“把杆效应”为例，倡导播音主持教育中基本功训练的重要价值。

一、新闻播音“把杆效应”的学理阐释

从20世纪80年代初北京广播学院（现中国传媒大学）播音专业本科教育成立至今，带有中国特色的播音主持艺术专业已经走过了30余年的发展历程，积累了大量行之有效的教学理念和科学的教学训练方法。时至今日，伴随着高等教育的发展，全国近百家高校开设了播音主持专业。一些高校大胆实践，改良、变革了僵化的传统教学方法，这不能不说是一种与时俱进的学理创新，但鱼龙混杂之下，不可避免地存在着一些漏洞，值得警醒。

以新闻播音为例，似乎可以洞悉一些教育中的漏洞。传统播音主持教育中，新闻、评论、通讯播音一度被视为播音员学习中必备的“三大件”，缺一不可。但随着时代的发展，在广播电视媒介中，传统通讯和评论的需求量日渐式微。与此相应，在高校教学训练系统中，通讯和评论的训练也就逐步被搁置在角落中，这不足为奇。但纵观国内外广播电视媒体现状，新闻播音，特别是消息类新闻播音的需求量仍旧是巨大的。举凡拥有一定广电从业经验的人都清楚，“新闻”“综艺”“电视剧”是当下电视媒体的三驾马车，三类节目的质量水准直接决定了所在媒体的品质与声誉。于是，我们可以想见，一家电台、电视台新闻播音质量的高低，一定程度而言，表征着该

媒体的整体传播质量。

新闻播音能力的重要性显而易见，其创作的难度也不容小觑。在中国传统美学思想中，素有“画犬马难，而画魑魅易”的说法，这意味着写实与写意流派对创作技能的要求有高下之分。相对而言，新闻播音在广播电视有声语言传播中属于写实性创作，要求播音员在音色、气质、语言面貌、气息、反应能力、文化修养等方面有较高的修养。所谓“工欲善其事，必先利其器”，在校期间的刻苦训练是成就优秀声画形象的基础。然而，近年来，随着“说新闻”大行其道，传统新闻播报的生存空间一度萎缩，铺天盖地的所谓“说”“聊”“侃”等表达方式势不可挡。但随着风格化传播趋势的盛行，我们却发现一些良莠不齐的表达方式在混淆视听。姑且不论方音肆虐，走字、跑音的现象屡屡出现，更有一些曲解语义、缺乏理解、无视政治和政策尺度的言语表达充斥在广播电视当中，实在到了忍无可忍的程度。

历史总是在螺旋式上升、波浪式前行的进程中前行。轻松活泼、亲切生动的朋友式表达本应是“说新闻”的应有之义。然而，一旦不加思考地机械复制，反而给人以“邯郸学步”之感。“用事实说话，以新感人”[①]的传播魅力作为新闻播音的基本特点，不仅不应当被消解，相反，无论在何种历史文化语境中，其规律性的认知理应得到广泛认同与深入理解。

在传统舞蹈艺术学习训练中，把杆训练是必不可少的一环。无论何种舞蹈流派，都需要借助把杆完成基本功训练。这一点早已成

---

① 张颂：《中国播音学》，北京广播学院出版社 2003 年版，第 390 页。

为不争的事实。那么，作为播音主持艺术，是否有一种现实或虚拟的“把杆”，可以锤炼有声语言创作的质量呢？笔者认为，无论学生今后是否要在电子传媒中担任新闻播音的工作，作为基本功训练，新闻播音，特别是消息类新闻播音，都应该被视为专业学习中的“把杆”而存在。因为新闻播音以规范性为前提，倡导一种纪实化的创作法则与审美规范。对于新闻播音的训练，可以锻造学生多方面的语言能力。这些能力既包括吐字归音的规范性、用气发声的科学性、语言表达的逻辑性、有声语言传播的精准性，也包括俯贴受众的对象感、理解内容的深入性以及思维反映的运动性；等等。总而言之，对于新闻播音的训练与学习，绝不是追求所谓的“八股腔”，而是寻求质朴无华的传播语言本体特色，追问言语传播的至高境界。

二、新闻播音“把杆效应”的实践运用

有播音主持教育学者坦言，“实践教学需要相对成熟的管理制度保证其顺利进行，但高校播音主持专业实践教学活动多以零散、无序状态呈现，实践教学环节缺乏整体规划和设计”[①]。诚然，每一所高校各有其教学理念与特色，可以因地制宜、因时制宜。但每一种成熟的教学规律，都应被加以足够的重视。必要的制度保障是学术发展的前提和基础。新闻播音在教学中的比重当然需要加强，与此相对应的则是科学有效的训练方法。

---

① 陈昕瑜：《论播音与主持专业创新型实践教学体系的构建》，载《新闻界》2012年第4期。

中国式新闻播音发展至今，已经形成了一整套特有的历史与审美风尚。这种风尚绝不是教条主义，更不是简单自由主义倾向的拥趸。坚持科学有效的学习和训练可以被视为一种教学原则而大力推广。

新闻播音的“把杆效应”集中体现在文字语言音声化过程中的具体操作层面。广播电视中播音员、主持人的有声语言传播应该被理解为人文精神的音声化。也就是说，一切传播语言都应该拥有相应的文化价值理解。进一步讲，见字出声的“肉喇叭”绝不是传播语言的本质，而是一种偏见和误区。在有声语言学习、训练中，我们有必要借助新闻播音的学习，来锤炼学生的有稿播音能力，做到锦上添花。

就具体训练而言，首先，要在规范性上下足功夫。新闻播音的能力可以被视为衡量语言品质的一把标尺，考量传播者是否能够讲一口流利的普通话。在此基础上，能否做到清晰、准确、圆润、动听、富于变化。这些能力的习得有赖于吐字归音、口腔控制、气息运用和综合理解。而恰恰是新闻播音的训练，能够迅速提升语言表达的规范意识与能力，从而使学生适应未来媒介的需要。

其次，新闻播音的训练还可以提升学生的文稿理解与相应的处理能力。例如，学生可以通过新闻播音训练，透过客观的方块文字，展现出字里行间所要传达的意义和导向；在具体表达中，学生要学会控制情感、态度的分寸；在全篇稿件的处理中，理解文章内部的层次和主次；此外，还要求学生提高细节意识，在数字处理、具体情节的描述、长句子和专业术语的把握中获得规律性认知。

在业界，经常会得到这样一种共识，新闻播音员、主持人往往被当做一个台的标志性人物，他们的播报水平与荧幕形象是评价一个台业务能力的重要依据。一些台领导感慨："可以在社会上广招各类节目主持人，可新闻主播非得是受过专门训练的不可。"[①]事实上，不仅仅在新闻栏目当中，包括在社教、综艺、谈话等类型的栏目中，各类节目主持人都有必要通过有稿播音的训练来提升言语传播的品质。因此，新闻播音的"规整性、规范性、简洁性和较高的清晰度、较强的力度"[②]都会对各种类型的传播语体以及生活口语产生积极的推动作用。

不少从业者认为，当下的播音主持语言理应具有口语化传播的特点，任何字正腔圆的语态都是对生活化语言的挑战，不仅无助于拉近传授双方的心理距离，更可能会使传播语言的人际性魅力大打折扣。事实上，这一理解误区的确"流毒甚广"，其产生原因是不少从业者疏于理论学习所致。"汉语口语是指汉民族在日常言语交际中使用的口头语言"[③]，大众传播口语有别于日常生活中的口语，是在汲取了人际传播中种种贴近性特点的基础上，去粗取精、去伪存真，缔造出带有大众传播文化品格的更高层次的口头语言。这种口头语言包含了丰富的"口语修辞"策略，在秉承了新闻性，蕴含了人际性的同时，更包含着中国传统文化与审美中的表达意蕴——言简而意赅，言近而旨远，言约而义丰。而真正要实现这种更高层次的口语传播，非得经过系统而科学的有声语言训练不可。在基础学习阶段，新闻播音训练的"把杆效应"恰恰是提升言语传播品质的必要

① 高蕴英：《教你播新闻》，中国广播电视出版社2005年版，第1页。

② 同上。

③ 应天常：《节目主持语用学》，中国传媒大学出版社2008年版，第84页。

途径。进一步讲，无论何种类型的节目主持，都有必要进行传播语言的培养和锻造。有声语言表达的技能性要求绝不仅仅是消息类新闻播音的专利。

综上，我们不难看出，新闻播音的“把杆效应”不仅仅是一把规范性的标尺，更是一种锤炼、锻造有声语言表达能力的利器。借助科学、规范、有效的新闻播音训练，学生们将获得娴熟的有稿播音能力，透过有限的文字，表达无穷无尽的深邃内涵。不仅如此，树立和强化新闻播音重要性的认知，更是传媒教育者应当具有的规律性共识，缺失了这一共识，势必会对人才培养造成极大的伤害。

主要参考文献

著作类：

1. 艾伦·R. 斯蒂芬森、大卫·E. 里斯、玛丽·E. 比德尔:《美国播音主持实用教程：媒体演播指南》，林小榆、陈一鸣译，清华大学出版社，2014 年版。

2. 安吉拉·默克罗比:《后现代主义与大众文化》，田晓菲译，中央编译出版社，2006 年版。

3. 白岩松:《白说》，长江文艺出版社，2015 年版。

4. 毕一鸣:《语言与传播——广播电视播音与主持艺术新论》，中国广播电视出版社，2005 年版。

5. 波德里亚:《消费社会》，刘成富、全志钢译，南京大学出版社，2006 年版。

6. 车尔尼雪夫斯基:《生活与美学》，周扬译，人民文学出版社，1957 版。

7. 陈嘉映:《语言哲学》，北京大学出版社，2003 年版。

8. 陈默:《电视文化学》，北京师范大学出版社，2001 年版。

9. 程曼丽、乔云霞:《新闻传播学词典》，新华出版社，2012 年版。

10. 董天策:《中外媒介批评》，暨南大学出版社，2010 年版。

11. 恩斯特・卡西尔:《人论》,甘阳译,上海译文出版社,2004 年版。

12. 方汉奇:《中国新闻传播史》,中国人民大学出版社,2007 年版。

13. 哈贝马斯:《交往行动理论:行动的合理性和社会合理化》,洪佩郁、蔺青译,重庆出版社,1994 年版。

14. 黄匡宇:《广播电视学概论》,暨南大学出版社,1999 年版。

15. 姜望琪:《当代语用学》,北京大学出版社,2003 年版。

16. 金丹元:《电视与审美》,学林出版社,2005 年版。

17. 拉里・A. 萨默瓦,理查德・E. 波特:《跨文化传播》,闵惠泉、贺文发、徐培喜译,中国人民大学出版社,2004 年版。

18. 雷蒙德・威廉斯:《现代主义的政治——反对新国教派》,阎嘉译,商务印书馆,2002 年版。

19. 雷跃捷、刘学义、段鹏、沈浩等:《广播电视传媒公信力研究》,社会科学文献出版社,2013 年版。

20. 李凤辉:《语言传播人文精神的阙失与重构》,中国传媒大学出版社,2006 年版。

21. 罗钢、王中忱:《消费文化读本》,中国社会科学出版社,2003 年版。

22. 罗森斯托克 – 胡絮:《越界的现代精神》,徐卫翔译,华东师范大学出版社,2008 年版。

23. 马歇尔・麦克卢汉:《理解媒介——论人的延伸》,何道宽译,凤凰出版传媒集团、译林出版社,2011 年版。

24. 迈克・克朗:《文化地理学》,杨淑华、宋慧敏译,南京大学出版社,2003 年版。

25. 孟繁华:《众神狂欢——世纪之交的中国文化现象》,中国人民大学出版社,2009 年版。

26. 尼克·史蒂文森：《认识媒介文化——社会理论与大众传播》，王文斌译，商务印书馆，2013 年版。

27. 欧阳宏生、陈笑春、王安中：《电视批评：理论、方法、实践》，四川大学出版社，2007 年版。

28. 欧阳宏生：《电视艺术学》，北京大学出版社，2011 年版。

29. 裴文：《剑桥语言学笔记》，世界图书出版公司，2008 年版。

30. 彭吉象：《影视美学》，北京大学出版社，2002 年版。

31. 蒲震元：《中国艺术意境论》，北京大学出版社，1999 年版。

32. R. 韦勒克：《批评的诸种概念》，丁泓、余徵译，四川文艺出版社，1988 年版。

33. 邵培仁等：《媒介理论前瞻》，浙江大学出版社，2012 年版。

34. 石义彬：《单向度 超真实 内爆——批判视野中的当代西方传播思想研究》，武汉大学出版社，2006 年版。

35. 斯坦利·巴兰、丹尼斯·戴维斯：《大众传播理论：基础、争鸣与未来》，曹书乐译，清华大学出版社，2014 年版。

36. 孙志文：《现代人的焦虑和希望》，陈永禹译，生活·读书·新知三联书店，1994 年版。

37. 特里·伊格尔顿：《文学原理引论》，刘峰译，文化艺术出版社，1987 年版。

38. 童世骏：《意识形态新论》，上海人民出版社，2006 年版。

39. 王婷：《电视谈话节目创作散论》，中国经济出版社，2005 年版。

40. 王岳川：《中国镜像：90 年代文化研究》，中央编译出版社，2001 年版。

41. 威尔伯·施拉姆、威廉·波特：《传播学概论》，何道宽译，中国人民大学出版社，2010 年版。

42. 维克多·特纳:《仪式过程——结构与反结构》，黄剑波、柳博赟译，中国人民大学出版社，2006 年版。

43. 吴洪林:《主持艺术》，上海三联书店，2007 年版。

44. 吴郁等:《电视节目主持人的综合素质研究》，中国广播电视出版社，2007 年版。

45. 吴郁:《主持人的语言艺术》，北京广播学院出版社，1999 年版。

46. 杨状振:《重组话语：新媒体时代的中国电视批评》，上海交通大学出版社，2012 年版。

47. 姚喜双:《播音主持概论》，高等教育出版社，2012 年版。

48. 耶夫·维索尔伦:《语用学诠释》，钱冠连、霍永寿译，清华大学出版社，2003 年版。

49. 尹韵公:《中国新媒体发展报告（2012）》，社会科学文献出版社，2012 年版。

50. 应天常:《节目主持艺术论》，北京广播学院出版社，1999 年版。

51. 喻国明:《传媒经济学教程》，中国人民大学出版社，2009 年版。

52. 曾志华:《中国电视节目主持人文化影响力研究》，北京大学出版社，2009 年版。

53. 张首映:《西方二十世纪文论史》，北京大学出版社，2004 年版。

54. 张颂:《播音语言通论——危机与对策》，北京广播学院出版社，2002 年版。

55. 张颂等:《语言和谐艺术论——广播电视语言传播的品味与导向》，中国传媒大学出版社，2009 年版。

56. 张颂:《广播电视语言艺术——中国广播电视语言传播研究》，北京广播学院出版社，2001 年版。

57. 张颂:《中国播音学》，北京广播学院出版社，2003 年版。

58. 赵玉明:《中国广播电视通史》，北京广播学院出版社，2004 年版。

59.《2011 中国广播电视年鉴》，中国广播电视年鉴出版社，2011 年版。

60.《2014 中国广播电视年鉴》，中国广播电视年鉴出版社，2014 年版。

61. 宗白华:《美学的散步》，安徽教育出版社，2002 年版。

期刊类:

1. 蔡骐、吴晓珍:《媒介融合发展策略解读——以创新经济学理论为框架》,《湖南城市学院学报》2008 年第 2 期。

2. 蔡雯、黄金:《规制变革: 媒介融合发展的必要前提——对世界多国媒介管理现状的比较与思考》,《国际新闻界》2007 年第 3 期。

3. 陈力丹、付玉辉:《论电信业和传媒业的产业融合》,《现代传播》2006 年第 3 期。

4. 陈绚:《数字化媒体传播内容管理限制式微》,《国际新闻界》2007 年第 11 期。

5. 董年初、范洁:《手机电视——媒体产业的新机遇》,《中国记者》2006 年第 4 期。

6. 杜骏飞:《新媒介策略: “长尾” 时代的双重博弈》,《国际新闻界》2007 年第 5 期。

7. 付玉辉:《美国 “网络中立” 论争的实质及其影响》,《国际新闻界》2009 年第 7 期。

8. 付玉辉:《试论电信业与传媒业的融合与结构转型》,《国际新闻界》2006 年第 3 期。

9. 高子华:《数字化变革中的广电渠道整合》,《中国记者》2007 年第 1 期。

10. 黄河:《数字化如何改变传媒——聚焦数字化的四大力量》,《国际新闻界》2009 年第 2 期。

11. 黄升民、谷虹:《数字媒体时代的平台建构与竞争》,《现代传播》2009 年第 5 期。

12. 黄升民、周艳、王薇:《发展冲突创新(上)(下)——解析中国广电数字新媒体的发展演变》,《现代传播》2008 年第 5 期、第 6 期。

13. 金雪涛:《基于产业融合的传媒市场行为战略研究》,《当代传播》2009 第 1 期。

14. 金雪涛、李竹荣:《传媒产业融合与我国广播电视业的战略选择》,《中国广播电视学刊》2006 年第 8 期。

15. 匡文波:《中国手机媒体发展前景分析》,《南京邮电大学学报》(社会科学版)2006 年第 3 期。

16. 陆地:《手机电视的发展及其对传统电视市场的影响》,《中国广播电视学刊》2006 年第 11 期。

17. 彭兰:《从新一代电子报刊看媒介融合走向》,《国际新闻界》2006 年第 7 期。

18. 彭兰:《关于数字媒体内容管理体系建立原则的思考》,《国际新闻界》2007 年第 11 期。

19. 彭兰:《如何从全媒体化走向媒介融合——对全媒体化业务四个关键问题的思考》,《新闻与写作》2009 年第 7 期。

20. 王斌:《链与网:媒介竞争和媒介生产的视角转换》,《国际新闻界》2009 年 8 期。

21. 王鸿涛:《媒介融合现状与前景》,《中国记者》2007 年第 6 期。

22. 王骥飞:《"长尾"核变——新货架下传媒集团的变革与重塑》,《新闻大学》2008 年第 3 期。

23. 温海玲、杜骏飞：《变革时代的战略理性——全媒体热潮中的冷思考》，《青年记者》2009 年第 4 期。

24. 肖赞军：《产业融合进程中传媒业市场结构的嬗变》，《新闻大学》2009 年第 3 期。

25. 肖赞军：《媒介融合时代传媒规制的国际趋势及其启示》，《新闻与传播研究》2009 年第 5 期。

26. 许颖：《互动・整合・大融合——媒体融合的三个层次》，《国际新闻界》2006 年第 7 期。

27. 于小川：《技术逻辑与制度逻辑——数字技术与媒介产业发展》，《武汉大学学报》（人文科学版）2007 年第 6 期。

28. 喻国明：《产品为王：传媒产业竞争的新主旋律》，《当代传播》2008 年第 2 期。

29. 喻国明：《数字化时代的媒体 U 化战略》，《新闻与写作》2006 年第 8 期。

30. 喻国明、苏林森：《中国媒介规制的发展、问题与未来方向》，《山西大学学报》（哲学社会科学版）2009 年第 6 期。

31. 喻国明：《直面数字化：媒介市场新趋势研究》，《国际新闻界》2006 年第 6 期。

32. 昝廷全、金雪涛：《传媒产业融合——基于系统经济学的分析》，《中国传媒大学学报》（自然科学版）2007 年第 3 期。

33. 张志：《论数字时代媒介政策的“模块化”趋势》，《国际新闻界》2008 年第 9 期。

34. 郑保卫、李洋、郭平：《试论当前我国媒体格局变化的现状及特点》，《国际新闻界》2008 年第 3 期。

35. 支庭荣:《融合与转型:传统媒体的未来生存法则》,《中国记者》2006年第2期。

36. 朱春阳:《媒介融合规制研究的反思:中国面向与核心议题》,《国际新闻界》2009年第6期。

后记

《节目主持批评学》这本专著系广东省教育厅重点平台及科研项目最终成果：特色创新类项目（教育科研类）《播音主持教育中的学科批评观建设研究》（2015GXJK127）。这是战迪副教授申报并与我合作书写的。其中的两个关键词“批评”与“创新”，十分打眼地让我们忐忑不安，也成了我们对此书的硬性要求。

对播音主持学科现象问题展开批评与建构是件很不容易的事情。长久以来，播音主持作为一门学术和专业，以其独有的学理方式构筑了未曾有过的学问体系和社会文化景观；从学科角度看，它本身也凝聚着某种批判性的价值立场。然而，就整个节目主持学科发展而言，权威批评理论的缺失无疑给学科建设平添了很多艰难境况。我们深知，没有科学的批评范式，就没有科学的管理，没有科学的管理，就没有科学的判断和决策，便会滋生不少理论盲点和认知误区。此书的撰写不断提醒我们，对节目主持批评理论建设的研究应该将“务虚”研究与“务实”研究有机结合，从目前一些非学理性的热闹场域中解脱出来，独树一帜也罢，标新立异也成，旨在厘清当代主持批评的动态与趋势，建构行之有效的学理性批评理论导图以及本学科批评的主导范式。

在聚焦经验范式、突出理论新意与现实意义的同时，我们更强调节目主持研究同媒体实践及大众文化结合在一起，凸显阐释研究范式和批判研究范式，使节目主持批评学成为当代媒介文化研究中极富创意的研究分支。我们力图立足本土语境，重新梳理本土意义上的文本，从现象到经验，从模式到理论，从中提炼出中国式的节目主持批评叙事，尤其是带有学科基质性的基础思想，促进这门学科因综合语境流变而不断递增的研究活力。尽管我们的学术积淀还不够扎实，对本学科理论原创性的理解还欠精准，但是我们愿意“第一个吃螃蟹”，不畏艰难、大胆创新，从当代问题出发进行价值突破，在学术挑战中不断完善自我学养，也为节目主持批评学拓展出新的理论疆域和研究空间。

一个学者的尊严就在于，能够反复质疑看似前后矛盾的研究逻辑，而批评的精神也正在于质疑。我们不愿意成为流行学说的注脚，更愿意在我们的论述中会晤文本原型，以最具实验精神的思维和胆识，构建本学科的批评体系，营造一种思想和感觉的模式，对节目主持批评学的未来产生影响。

战迪副教授对本书倾注了大量心血，大部分的章节由他撰写，体现了青年学者的理论锐气和创新精神。我们希望本书的某些理论创见能够反哺当代主流理论的某些观念，成为一本开路先锋之作。笔者所在的深圳本身就是一座极具开拓、进取、创意精神之城，正是那种敢为天下先的改革开放之精神孕育了本书。

感谢深圳，感谢生活！